V&R

Annelise Heigl-Evers
Peter Günther (Hg.)

Blick und Widerblick

Gegensätzliche Auffassungen von
der Psychoanalyse

Vandenhoeck & Ruprecht
Göttingen · Zürich

Die Deutsche Bibliothek – CIP-Einheitsaufnahme

Blick und Widerblick: gegensätzliche Auffassungen von der
Psychoanalyse / Annelise Heigl-Evers ; Peter Günther (Hg). –
Göttingen ; Zürich : Vandenhoeck und Ruprecht, 1994
ISBN 3-525-45308-6
NE: Heigl-Evers, Annelise [Hrsg.]

Inhalt

Vorwort

Der Mensch charakterisiert sich nur mit wenigen Worten, die ihm
entschlüpfen. Sobald er einen ganzen Satz formt, lügt er.
JULES RENARD, 13. Oktober 1908

Die psychische Realität als Gegenstandsbereich der Psychoanalyse ist viel-
schichtig und vielgestaltig. Das hat nicht nur zur Folge, sondern macht
auch verständlich, daß die Zugangswege der Psychoanalyse zu den Phä-
nomenen ihres Gegegnstandes von Anfang an nicht eindeutig festzulegen
waren und es auch heutigentags nicht sind.

Unterschiedliche theoretische Konzeptualisierungen bestimmen die jeweilige Blickrichtung; unterschiedlich gewählte Brennpunkte der Aufmerksamkeit führen zu unterschiedlichen Wahrnehmungen. Dementsprechend
gibt es eine Vielfalt klinischer Erfahrungen und theoretischer Betrachtungen, die durch die Grundmodelle der Psychoanalyse dennoch zusammen-
gehalten werden.

Diese Vielfalt spiegelt sich also auch in den Bemühungen von Expertin-
nen und Experten, die in den klinischen Einrichtungen des Lehrstuhls für
Psychotherapie und Psychosomatik der Heinrich-Heine-Universität Düsseldorf tätig gewesen sind (damalige Leitung: ANNELISE HEIGL-EVERS).
Eine kleine Auswahl dieser Vielfalt ist gegliedert nach Art der in Theorie
und Praxis jeweils gewählten Blickrichtung zu dem vorliegenden Buch ge-
bündelt. Wir hoffen, daß interessierte Leser daran Gefallen finden.

Wir danken dem Verlag VANDENHOECK & RUPRECHT für die Übernahme
dieser Texte in sein Programm; wir danken der Firma JANSSEN, Neuss, für
die freundliche Förderung.

Göttingen, 1. Januar 1994   ANNELISE HEIGL-EVERS
PETER K. G. GÜNTHER

ANNELISE HEIGL-EVERS und WOLFGANG KEMMNITZ

Blick versus Widerblick: Eine Hinführung

Unwissenschaftlichkeit der Psychoanalyse – dieser Vorwurf bewegt seit ihrem Begründer kontinuierlich ihre Befürworter, verknüpft mit der Diskussion um ein vorgeblich fehlendes Kriterium von Wissenschaftlichkeit: dem der ‚Objektivität‘. Und welcher Maßstab für Objektivität scheint strenger als der von den Naturwissenschaften gewiesene? So schreibt denn auch FREUD:

> Die Psychoanalyse ist ein Stück der Seelenkunde der Psychologie ... Die Psychologie ist auch eine Naturwissenschaft. Was sollte sie denn sonst sein? (1938, S.143 f)

Naturwissenschaftliche Verfahren aber zeichnen sich u. a. durch Beobachtung bzw. Messung aus. In Anlehnung daran werden deshalb auch im psychoanalytischen Bereich ‚Meßinstrumente‘ wie Tests und Fragebögen entwickelt, um zum Beispiel ‚Persönlichkeitseigenschaften‘ festzustellen oder Krankheiten zu ermitteln. Diese Vorgehensweise orientiert sich an einem Leitbild, wie es im Wiener Kreis (zu dem beispielsweise CARNAP, SCHLICK und NEURATH gerechnet werden) entwickelt wurde: den Sozialwissenschaften mit Hilfe naturwissenschaftlicher Verfahren im Rahmen einer ‚Einheitswissenschaft‘ – wie es eine Spielart dieses Wiener Kreises, der Physikalismus, formulierte, zu einem entsprechenden Fortschritt zu verhelfen, wie ihn die Naturwissenschaft demonstriert hatte:

> Es soll im Folgenden die These erläutert und begründet werden, daß jeder Satz der Psychologie in physikalischer Sprache formuliert werden kann; (in inhaltlicher Redeweise:) daß alle Sätze der Psychologie von physikalischen Vorgängen sprechen, nämlich von dem physischen Verhalten von Menschen und anderen Tieren. Dies ist eine Teilthese der allgemeinen These des Physikalismus, daß die physikalische Sprache eine Universalsprache ist ... (CARNAP 1932/33, S.107)

Für FREUD lag eine solche Betrachtungsweise wohl umso näher, da er als Mediziner in einem naturwissenschaftlichen Denken ausgebildet wurde, wonach die Ursachen von Krankheiten ausfindig zu machen waren, um damit ihre Heilung oder Prävention zu ermöglichen. Ein solches grundsätzliches Verständnis findet sich auch heute noch in der Medizin, wenn zum Beispiel in einer Syndromatologie die Lösung der Diagnose-Problematik gesehen wird:

Es ist allgemein zu erwarten, daß ... in Zukunft als Folge neuer Erkenntnisse und als Ausdruck einer damit zugleich möglich werdenden weiteren Aufgliederung, sich schließlich aus der Begriffsebene der Syndrome weitere, endgültig in die Gruppe der letzten biologischen Krankheitseinheiten einrückende Begriffe auskristallisieren werden. (LEIBER 1965, S.77f)

Historisch angelegt ist dieses Denken zum Beispiel in der Schule von Knidos – der es um die Identifikation von Krankheiten ging (siehe CROOKSHANK 1926) – über SYDENHAM bis zu den Nosologien des 18. Jahrhunderts:

Sydenham wollte mit seinem Modell die den Krankheiten innewohnenden „Naturgesetze" erkennen, beschreiben und therapeutisch nutzen. Zu dieser Gesetzmäßigkeit gehörte aber vor allem auch der Verlauf: die Krankheit keimt, wächst, blüht, reift und verdorrt ... In der zweiten Hälfte des 18. Jahrhunderts entstanden die Klassifizierungen der Krankheiten durch Linne, Sauvages, Vogel, Cullen, Sagar. ... Alle Nosologen erlagen der Versuchung, die bekannten Gestalten der Krankheit für Wahrheiten, Naturkonstanten, Entitäten zu halten ... (HARTMANN 1972, S.93)

Natürlich wird entsprechend in einer Teildisziplin der Medizin, der Psychiatrie, argumentiert. So betonen SLATER u. ROTH (1974) den naturwissenschaftlichen Charakter der Klinischen Psychiatrie:

This book is based on the conviction of the authors that the foundations of psychiatry have to be laid *on the ground of the natural sciences.* (S.1)

Und im Diagnoseschlüssel und Glossar psychiatrischer Krankheiten wird folgender Hoffnung Ausdruck gegeben:

... die Situation ist nicht mehr aussichtslos ... scheint exakte Beobachtung noch immer die Methode zu sein, die am genauesten beachtet werden muß. (LEWIS 1980, S.VIII)

Auch die Psychologie sucht sich an dem naturwissenschaftlichen Standard zu messen: Verhalten soll in Form allgemeiner Gesetze gefaßt werden, wobei die Hypothesenüberprüfung gemäß den Regeln der Physik zu erfolgen hat, siehe zum Beispiel EYSENCK (1954) oder BALMER:

Die experimentelle Psychologie hat also die Entdeckung allgemeiner Zusammenhänge (Funktionen, Dimensionen) und der Natur der zugehörigen individuellen Differenzen zum Ziel. Die ‚verstehende' Untersuchung des Individuums, welche die Aufstellung allgemeiner Regeln ablehnt, führt zur Interpretation ins Leere, während der Experimentalpsychologe eine individuelle Variation deuten kann, indem er sie auf eine zugehörige Gruppenregel bezieht ... (1976, S.124 f)

Schwierigkeiten mit der zuvor skizzierten Vorstellung von (Natur-)Wissenschaftlichkeit der Psychoanalyse hatte schon ihr Begründer: Seine Fallanalysen, die Traumdeutung, die Technik der freien Assoziation beispielsweise lassen sich nach eigenem Eingeständnis kaum bis gar nicht mehr auf eine naturwissenschaftliche Grundlage zurückführen.

So schreibt denn auch FREUD 1937 über die Aufgabe des Analytikers:

Er hat das Vergessene aus den Anzeichen, die es hinterlassen, zu erraten oder, richtiger ausgedrückt, zu konstruieren. ... Seine Arbeit der Konstruktion oder, wenn man es so lieber hört, der Rekonstruktion, zeigt eine weitgehende Überein-stimmung mit der des Archäologen, der eine zerstörte und verschüttete Wohn-stätte oder ein Bauwerk der Vergangenheit ausgräbt. ... wie der Archäologe aus stehengebliebenen Mauerresten die Wandungen des Gebäudes aufbaut, aus Vertiefungen im Boden die Anzahl und Stellung von Säulen bestimmt, aus den im Schutt gefundenen Resten die einstigen Wandverzierungen und Wandgemälde wiederherstellt, genau so geht der Analytiker vor, wenn er seine Schlüsse aus Er-innerungsbrocken, Assoziationen und aktiven Äußerungen des Analysierten zieht. Beiden bleibt das Recht zur Rekonstruktion durch Ergänzung und Zusammenfü-gung der erhaltenen Reste unbestritten. (S.45-46)

Heutzutage findet man dazu zum Beispiel Äußerungen folgender Art:

Hermeneutics proves to provide terms that legitimize aspects of clinical exper-tise that have been most ignored within the traditional empirical epistemology; namely, hermeneutics articulates and provides standards for therapeutic interpre-tations about clients' idiosyncratic intensions and also for using clinical theories that defy empirical test. (SILVERN 1990, S.94)

Es liegt darum nahe, Psychoanalyse nicht naturwissenschaftlich zu verste-hen:

... es geht in der Psychoanalyse weder um ‚Tatsachen‘ noch um die Beobachtung von ‚Tatsachen‘, sondern um die Interpretation einer ‚Geschichte‘ ... (RICŒUR 1974, S.114)

und entsprechend:

... The central objective of psychoanalytic clinical explanation is the *reading of intentionality* ... (KLEIN 1976, S.26)

Eine solche Konsequenz ist aber nicht auf die Psychoanalyse beschränkt. In der Medizin selbst gab und gibt es immer wieder kritische Stimmen:

For my purpose I will examine the two disciplines of literary criticism and medi-cine so as to highlight their similarities and differences. I would submit that the experience in each is an interpretative one ... (DANIEL 1986, S.200)

Auf kulturelle Einflüsse von Beobachtungen macht der Mediziner FLECK aufmerksam, zum Beispiel anhand der Beschreibung von Diphteriebazillen in verschiedenen Auflagen eines Handbuches der bakteriologischen Dia-gnostik, und kommt zu dem Schluß:

... die besondere Fähigkeit, ganz gleich, ob sie Vorbildung, Fachkenntnisse, Be-obachtungsgabe, Fertigkeit oder wie sie immer genannt wird, ... folgt besonderen Gesetzen, sie bildet als spezifische Bereitschaft für ein gerichtetes Wahrnehmen das Hauptelement eines Denkstiles. (1935, S.1259)

Und unter einem idiographischen Gesichtspunkt relativiert der Psychiater HEIMANN ein rein naturwissenschaftliches Verständnis:

Wenn wir davon ausgehen, daß alle Aussagen über psychopathologische Phänomene auf Beobachtungen am einzelnen Kranken basieren, ist zu beachten, daß diese Beobachtungen nur in einer irgendwie gearteten menschlichen Beziehung möglich sind. . . . Allen diesen Situationen ist gemeinsam, daß sie in der Lebensgeschichte sowohl des Patienten wie des Therapeuten oder Experimentators eine einmalige historische Konstellation bedeuten. (1979, S.7)

Diese idiographische Sicht, deren Wurzeln bei HERDER, HUMBOLDT und DILTHEY zu finden sind, wird auch in der Psychologie der sogenannten nomothetischen Vorgehensweise, wie sie beispielsweise von EYSENCK vertreten wird, entgegengesetzt:

Wenn sich zeigen sollte, daß die Nachahmung nomothetischer Wissenschaften durch die Psychologie keineswegs jenes geschlossene und deutliche Bild von dem Verhalten des Menschen vermittelt, das man sich von dieser Nachahmung fachfremder Arbeitsprinzipien erwartet, dann bleibt als Konsequenz nur die Rückkehr zu jenen Prinzipien, welche die verschiedenen Wegbereiter einer idiographischen Persönlichkeitsforschung als wesentlich empfanden: die Rückkehr zu der „Anschauung" des Individuums in seiner Welt. (THOMAE 1968, S.19)

Obwohl – wie bezüglich BALMER beispielsweise exemplifiziert – der Einsatz statistischer Verfahren als ‚Beweis' für die ‚Objektivität' sozialwissenschaftlichen Forschens benutzt wird, lassen sich statistische Anwendungen auch ganz anders verstehen. In etwa ist diese Richtung angedeutet in TUKEY: hier ist nicht von beweisendem, sondern von detektivischem Arbeiten des Statistikers die Rede:

Exploratory data analysis is detective work. . . . A detective investigating a crime needs both tools and understanding. . . . Equally, the analyst of data needs both tools and understanding. (TUKEY 1977, S.1)

Die Kontroverse Blick versus Widerblick handelt aber nicht nur von unterschiedlichen Auffassungen über sozialwissenschaftliches Forschen und deren Begründung. Damit verknüpft ist auch der Inhalt dieser Forschung, die Orientierung zu geben beansprucht zum Verständnis menschlichen Lebens durch begriffliche Entwürfe und deren Verknüpfung. Demonstriert werden in diesem Buch verschiedene Möglichkeiten des Umganges damit: Beispielsweise die Benutzung solcher Entwürfe in der Therapie zur Anleitung des Therapeuten; die Untersuchung der historischen Entwicklung von Entwürfen, oder begriffliche Betrachtungen, die Probleme, Brüche oder unerforschtes Terrain zu lösen bzw. zugänglich zu machen suchen, um die Diskussion in ein neues Licht zu rücken und so zu einem andern Verständnis gelangen zu können – ein Anliegen, von dem das ganze Buch getragen ist.

Literatur

BALMER, H. (1976) : Objektive Psychologie – Verstehende Psychologie. Perspektiven einer Kontroverse. In: BALMER, H. (Hg.): Die Psychologie des 20. Jahrhunderts. Band I. Die Europäische Tradition. Kindler, Zürich.

CARNAP, R. (1932/33) : Psychologie in physikalischer Sprache. Erkenntnis 3: 107-142.

CROOKSHANK, F.G. (1926) : Bradshaw lecture on the theory of diagnosis. The Lancet 211(2): 939-998.

DANIEL, S.L. (1986) : The patient as text: A model of clinical hermeneutics. Theoretical Medicine 7: 195-210.

EYSENCK, H.J. (1954) : Zur Theorie der Persönlichkeitsmessung (Teil I). Zeitschrift für Diagnostische Psychologie und Persönlichkeitsforschung 2: 87-187.

FLECK, L. (1935) : Zur Frage der Grundlagen der medizinischen Erkenntnis. Klinische Wochenschrift Nr. 35: 1255-1259.

FREUD, S. (1937) : Konstruktionen in der Analyse. GW XVI, 41-56.

FREUD, S. (1938) : Schriften aus dem Nachlaß. GW XVII.

HARTMANN, F. (1972) : Der historische Diagnosebegriff und seine Entwicklung. Münchener Medizinische Wochenschrift 3: 90-126.

HEIMANN, H. (1979) : Psychopathologie. In: KISKER, K.P.; MEYER, J.E.; MÜLLER, C.; STRÖMGREN,E. (Hg.): Psychiatrie der Gegenwart. Band I, 1: Grundlagen und Methoden der Psychiatrie. Springer, Berlin.

KLEIN, G.S. (1976) : Psychoanalytic Theory. International University Press, New York.

LEIBER, B. (1965) : Syndrom und Syndromatologie in der ärztlichen Diagnose. Method. Inform. Med. 4: 75-78.

LEWIS, A.J. (1980) : Vorwort. In: DEGKWITZ, R.; HELMCHEN, H.; KOCKOTT, G.; MOMBOUR, W. (Hg.): Diagnoseschlüssel und Glossar psychiatrischer Krankheiten. 9.Revision der ICD. Springer, Berlin.

RICŒUR, P. (1974) : Hermeneutik und Strukturalismus. Der Konflikt der Interpretationen. Kösel, München.

SILVERN, L.E. (1990) : A hermeneutic account of psychology: strengths and limits. Philosophical Psychology 3: 5-27.

SLATER, E.; ROTH, M. (1974) : Clinical Psychiatry. Balliere, London.

THOMAE, H. (1968) : Das Individuum und seine Welt. Eine Persönlichkeitstheorie. Hogrefe, Göttingen.

TUKEY, J.W. (1977) : Exploratory data analysis. Addison-Wesley, Massachusetts.

Psychoanalyse im Blick

Einige Arten des messenden Blickes

SIEGFRIED ZEPF und NORBERT KÖNNECKE

Selbstwertgefühl, Verhaltensnormalität und Körperbeschwerden bei Morbus-Crohn-Patienten

Erst in den letzten Jahren wurde bei Patienten mit Morbus Crohn genauer unter untersucht, inwieweit psychosomatische Aspekte in der Ätiologie und im Beschwerdebild dieser Erkrankung eine wesentliche Rolle spielen. Sollte der Morbus Crohn den psychosomatischen Erkrankungen im engeren Sinne zuzurechnen sein, dann müßten diese Patienten auch einige der psychologischen Eigentümlichkeiten aufweisen, die man in neueren Untersuchungen bei Patienten mit verschiedenen psychosomatischen Erkrankungen – beispielsweise bei Patienten mit Colitis ulcerosa, Asthma bronchiale oder Ulcus duodeni – gemeinsam gefunden hat (Übersicht bei ZEPF 1986).

Zu diesen Eigentümlichkeiten gehören neben Störungen der Ich-Funktionen ein reduziertes Selbstwertgefühl und eine extrem enge Bindung an eine sogenannte „Schlüsselfigur", welche mütterliche Funktionen erfüllt und mit der unbewußt zu verschmelzen versucht wird, Erfahrungen eines realen oder bloß vermuteten Verlustes dieser zentralen Beziehungsfigur in Situationen, in denen sich das Selbstwertgefühl vermindert und die körperlichen Beschwerden zunehmen, sowie eine auffallende Normalität des Verhaltens in dem Sinne, daß sich die Patienten in Übereinstimmung mit den Verhaltenserwartungen dieser Schlüsselfigur wähnen. Die zum Morbus Crohn publizierten Untersuchungsberichte erlauben aber bisher keine sichere Entscheidung darüber, ob – und wenn ja – in welchem Ausmaß bei diesen Patienten solche Eigentümlichkeiten vorliegen (Übersicht bei HARTKAMP 1988; KÖNNECKE 1989). Die Befunde sind widersprüchlich, und die verwendeten Untersuchungsverfahren sind in methodischer Hinsicht problematisch (vgl. INDEFREY 1990). Die Wertung der vorliegenden Befunde wird zudem durch die fehlende oder doch mangelhafte Operationalisierung der zugrundeliegenden theoretischen Konstrukte erschwert. Deshalb schien es sinnvoll, unter Verwendung weitgehend standardisierter und hinreichend überprüfbarer Methoden und in Abhebung von einer vergleichbaren Kontrollgruppe zu prüfen, inwieweit die Morbus-Crohn-Patienten die oben erwähnten Eigentümlichkeiten aufweisen. Als Vergleichsgruppe wählten wir psychoneurotisch Kranke, weil die beschriebenen Eigentümlichkeiten bisher nicht im Vergleich mit diesen Patienten untersucht worden sind.

1. Patienten und Methoden

24 Patienten mit Morbus Crohn und 18 Patienten mit einer Symptomneurose wurden miteinander verglichen. Die Patienten beider Gruppen waren wegen ihrer Erkrankung in stationärer Behandlung. Die Morbus-Crohn-Patienten wurden in der üblichen Weise mit Salazosulfapyrin behandelt. Mit Cortison behandelte Patienten fanden keinen Eingang in die Untersuchung. Im Mittel lag der Bestsche Aktivitätsindex bei 200 ($\pm$ 32). In der psychoneurotischen Gruppe hatten 11 Patienten Angst als Hauptsymptom, 4 Patienten zeigten eine Depression und 3 Patienten wiesen Zwänge auf. Die Krankheitsdauer lag in beiden Gruppen im Mittel bei 4 Jahren. In soziodemographischer Hinsicht unterschieden sich beide Gruppen nicht in der schulischen Ausbildung sowie dem ehelichen und beruflichen Status. Es fand sich jedoch eine signifikante Differenz in der Alters- und Geschlechtsverteilung. In der psychoneurotischen Gruppe waren mehr Frauen und das mittlere Alter lag bei 36 Jahren, in der Morbus-Crohn-Gruppe waren mehr Männer und das durchschnittliche Alter betrug 26 Jahre.

Die empirische Untersuchung des Selbstwertgefühls und der sogenannten „narzißtischen Beziehung" zu einer Schlüsselfigur orientierte sich an den Überlegungen von JOFFE u. SANDLER (1967). Im Konzept dieser Autoren ist die Höhe des Selbstwertgefühls bestimmt durch das Ausmaß der Übereinstimmung zwischen den Vorstellungen, welche man von der eigenen aktuellen und idealen Befindlichkeit hat, also der Übereinstimmung zwischen der realen und der idealen psychischen Repräsentation des Selbst. Deutet man die bisher an Morbus-Crohn-Patienten erhobenen Befunde im Sinne des Konzepts von JOFFE u. SANDLER (1967), dann lassen sich einige der zur Prüfung anstehenden Hypothesen folgendermaßen präzisieren:

1. Zwischen den Repräsentanzen des realen und des idealen Selbst besteht eine vergleichsweise große Diskrepanz.
2. Die Repräsentanz des realen Selbst unterscheidet sich vergleichsweise stärker von der Repräsentanz der realen zentralen Bezugsperson.
3. Es besteht eine positive Korrelation zwischen der Distanz der Repräsentanzen des realen Selbst und der realen zentralen Bezugsperson einerseits und der Distanz der Repräsentanzen von realem und idealem Selbst sowie den Körperbeschwerden andererseits.
4. Die Repräsentanz der realen zentralen Bezugsperson wird als ähnlich mit der Repräsentanz der realen Mutter erlebt.

Zur Prüfung dieser Hypothesen wurde ein semantisches Differential (OSGOOD 1952) verwendet, welches zur Prüfung entsprechender Hypothesen an Patienten mit Colitis ulcerosa und Asthma bronchiale entwickelt worden war (ZEPF 1981). Es umfaßt 40 polar angeordnete Adjektivpaare – wie etwa klein–groß, lieb–böse, warm–kalt –, zwischen denen eine siebenstufige Skala ausgelegt ist. Dieses semantische Differential wurde den Patienten unter folgenden Fragestellungen vorgelegt:

1. Wie erleben Sie sich selbst? (Repräsentanz des Realselbst)
2. Wie möchten Sie gerne sein? (Repräsentanz des Idealselbst)
3. Wie haben Sie in Ihrer Kindheit Ihre Mutter überwiegend erlebt? (Repräsentanz der Realmutter)
4. Wie erleben Sie Ihre im Augenblick wichtigste Bezugsperson? (Repräsentanz der Schlüsselfigur [Realpartner])

Um die Distanzen zwischen verschiedenen Konzepten – beispielsweise zwischen dem Real- und dem Idealselbst – zu ermitteln, wurden die mit dem semantischen Differential erhaltenen Werte in der üblichen Weise auf drei Faktoren reduziert, die auch in anderen Untersuchungen mit diesem Instrument über 50% der Gesamtvarianz aufklären können (vgl. Abb. 1).

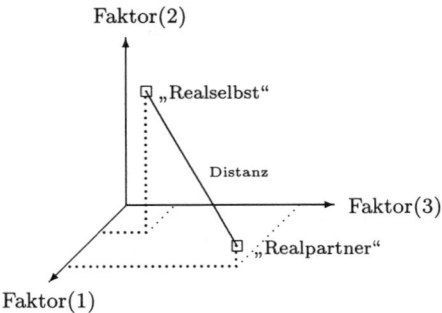

Abb. 1: Graphische Darstellung des „semantischen Raumes"

Diese drei Faktoren bilden die Grunddimensionen eines sogenannten „semantischen Baumes", in dem dann die Konzepte aller Patienten, das heißt ihre Repräsentanzen, lokalisiert und die Distanzen zwischen ihnen vermessen werden können (HEISE 1970).

Das Ausmaß der körperlichen Beschwerden wurde mit dem Gießener Beschwerdebogen (BRÄHLER u. SCHEER) ermittelt. In der hier verwendeten Originalfassung enthält er 57 Items, die zu 4 Skalen zusammengefaßt sind (Erschöpfung, Magenbeschwerden, Gliederschmerzen und Herzbeschwerden).

Zur Untersuchung der Verhaltensnormalität wurde ein von uns bereits publizierter Einstellungsfragebogen in modifizierter und psychometrisch geprüfter Form verwendet (KÖNNECKE 1989; ZEPF 1976). Er besteht aus 37 Aussagen, Meinungen und Einstellungen zu Grundaspekten der Lebensführung, zu Partnerschaft, Sexualität, Autorität sowie gesellschaftlich-sozialen Aspekten. Den Patienten wurde dieser Fragebogen zweimal vorgelegt: Einmal zur Selbsteinschätzung, das andere Mal zur Vorhersage der Antworten ihrer Schlüsselfigur. Bei der Selbsteinschätzung standen als Antwortkategorien „stimme überwiegend zu" und „lehne überwiegend ab" zur Verfügung, bei der Einschätzung der jeweiligen Schlüsselfigur war zusätzlich auch die Kategorie „weiß nicht" möglich. In Anlehnung an GAGE u. CRONBACH (1955) wurde für jeden Patienten das Ausmaß der „vermuteten Ähnlichkeit" bestimmt, das heißt das Ausmaß der Übereinstimmung zwischen der Selbsteinschätzung eines Patienten und seiner Vorhersage der Antworten seiner wichtigsten Bezugsperson.

2. Ergebnisse

Tabelle 1 zeigt die Konzeptdistanzen. Verglichen mit den psychoneurotisch Kranken erleben sich die Morbus-Crohn-Patienten signifikant näher bei den Vorstellungen ihres Idealbildes, das heißt sie haben also ein höheres Selbstwertgefühl, und sie erleben ihre Mütter näher bei ihren Realpartnern (Schlüsselfigur).

Tab. 1: Konzeptdistanzen (berechnet auf der Basis der Faktorenwerte nach HEISE 1970) (t-Test, Signifikanz für zweiseitige Fragestellung)

Distanzen	Mittelwerte		p
	M.Crohn ($n = 24$)	Neurose ($n = 18$)	
Realselbst – Idealselbst	1.79	2.49	< .001
Realselbst – Realmutter	1.78	2.12	< .001
Realselbst – Realpartner	1.71	1.97	
Idealselbst – Realmutter	2.14	2.79	
Idealselbst – Realpartner	1.83	1.85	
Realmutter – Realpartner	1.62	2.40	< .05

Wie die Korrelationskoeffizienten zwischen der Distanz Real- und Idealselbst und den anderen Konzeptdistanzen zeigen (vgl. Tabelle 2), besteht in beiden Gruppen keine signifikante Beziehung zwischen der Distanz Realselbst-Realpartner und der Höhe des Selbstwertgefühls. In der Morbus-Crohn-Gruppe korreliert das Selbstwertgefühl am höchsten mit der Distanz Realmutter-Realpartner, während in der psychoneurotischen Gruppe das Selbstwertgefühl am höchsten mit der Distanz Idealselbst-Realmutter korreliert.

Tab. 2: Korrelationskoeffizienten (r) zwischen der Distanz Realselbst-Idealselbst und anderen Konzeptdistanzen (t-Test, Signifikanz für zweiseitige Fragestellung. In der Klammer ist das Signifikanzniveau angegeben)

Distanzen	Mittelwerte		p
	M.Crohn $(n = 24)$	Neurose $(n = 18)$	
Realselbst – Realpartner	.30 $(< .05)$	.38 $(< .05)$	
Realselbst – Realmutter	.35 $(< .001)$	.68 $(< .001)$	
Idealselbst – Realmutter	.31 $(< .05)$	.81 $(< .001)$	$< .001$
Idealselbst – Realpartner	.27 $(< .05)$	.54 $(< .001)$	
Realmutter – Realpartner	.67 $(< .001)$	.50 $(< .001)$	

In beiden Gruppen sind diese Korrelationen auch die einzigen, die auch dann signifikant bleiben, wenn man andere Distanzen aus ihrer Beziehung zum Selbstwertgefühl herauspartialisiert (vgl. Tabelle 3).

Tab. 3: Vergleich des Korrelationskoeffizienten (r) mit den Partialkorrelationskoeffizienten (r_s) der Distanzen von Realmutter-Realpartner und Realselbst-Idealselbst für die Morbus-Crohn- und die Psychoneurosen-Gruppe

Konstant	M.Crohn		Neurose	
	r	r_s	r	r_s
Realselbst–Realmutter	.67 $(< .001)$	.62 $(< .001)$	.50 $(< .05)$	.09
Realselbst–Realpartner	.67 $(< .001)$	.64 $(< .001)$	.50 $(< .05)$	.38

Die beiden ersten Hypothesen – Patienten mit Morbus Crohn haben ein geringeres Selbstwertgefühl, und das Selbstwertgefühl ist abhängig von der Nähe, in der sie sich zu ihrer zentralen Bezugsperson vermuten – müssen somit verworfen werden. Die dritte Hypothese – Morbus-Crohn-Patienten erleben ihre zentrale Bezugsperson in der Nähe ihrer Mutter – ließ sich dagegen bestätigen. Dies gilt auch für die Annahme einer engen Beziehung zwischen dem Ausmaß der körperlichen Beschwerden und der erlebten Nähe zu der Schlüsselfigur (vgl. Tabelle 4).

Tab. 4: Korrelationskoeffizienten der Skalenwerte im Gießener Beschwerdebogen (GBB) mit der Distanz Realselbst-Realpartner (*t*-Test, Signifikanz für zweiseitige Fragestellung)

Skala im GBB	Realselbst–Realpartner r		p
	M.Crohn $(n = 24)$	Neurose $(n = 17)$	
Erschöpfung	.39 $(< .001)$	.17	
Magenbeschwerden	.69 $(< .001)$	-.05	$< .001$
Gliederschmerzen	.45 $(< .001)$	.05	
Herzbeschwerden	.50 $(< .001)$	-.04	$< .05$

Dies ergibt sich aus der signifikanten Korrelation zwischen den Befunden im Gießener Beschwerdebogen und der Distanz Realselbst-Realpartner. In der Gruppe der Morbus-Crohn-Patienten korreliert diese Distanz mit allen Beschwerdebereichen, während in der psychoneurotischen Gruppe keine dieser Korrelationen Signifikanz erreichten. Da in anderen Untersuchungen festgestellt wurde, daß bei Morbus-Crohn-Patienten die subjektiven Beschwerden nicht unabhängig von der objektiven körperlichen Lage sind (z.B. INDEFREY 1990) – auch in unserer Untersuchung korrelieren insbesondere die Magenbeschwerden und die Erschöpfung mit den Werten des Bestschen Aktivitätsindex – zeigt dies, daß die Aktivität der Erkrankung offensichtlich auch von der Nähe oder der Distanz abhängig ist, in der sich die Patienten zu ihrer Schlüsselfigur erleben. Hinsichtlich der „vermuteten Ähnlichkeit" fand sich keine Differenz zwischen beiden Gruppen (vgl. Tabelle 5).

Tab. 5: Verhaltensnormalität (Mann-Whitney *U* Wilcoxon rank sum *w* test, Signifikanz für zweiseitige Fragestellung)

Dimension	% – Übereinstimmung Mittelwerte		p
	M.Crohn $(n = 21)$	Neurose $(n = 18)$	
Vermutete Ähnlichkeit	84.8	86.8	

In der Gruppe der Morbus-Crohn-Patienten scheint jedoch die „vermutete Ähnlichkeit" in einer Beziehung zu stehen, welche sich in der psychoneurotischen Gruppe nicht findet.

Tab. 6: Korrelationskoeffizienten zwischen verschiedenen Konzeptdistanzen und der „vermuteten Ähnlichkeit" in der Morbus-Crohn- und der Psychoneurose-Gruppe (Signifikanz für zweiseitige Fragestellung)

Distanzen	Vermutete Ähnlichkeit		p
	M.Crohn $(n = 20)$	Neurose $(n = 16)$	
Realselbst–Idealselbst	-.24	-.19	
Realselbst–Realpartner	-.08	-.09	
Realmutter–Realpartner	-.36 $(< .05)$	-.17	

Tabelle 6 zeigt die Korrelationskoeffizienten zwischen der „vermuteten Ähnlichkeit" und einigen Konzeptdistanzen. Während sich in der psychoneurotischen Gruppe keine signifikante Beziehung findet, wähnen sich die Morbus-Crohn-Patienten ihrer Schlüsselfigur um so ähnlicher, je ähnlicher sie ihre Mutter und ihre Schlüsselfigur erleben. Betrachtet man dieses Ergebnis unter psychodynamischen Gesichtspunkten, dann kann man annehmen, daß bei Patienten mit Morbus Crohn die Schlüsselfigur um so wichtiger für sie wird, je mehr sie in der Nähe ihrer Mutter erlebt wird. Die erlebte Nähe von Mutter und Schlüsselfigur auf einer emotionalen Ebene – wie sie mit dem semantischen Differential bestimmt wird (ERTEL 1964) – scheint diese Patienten dann dazu aufzufordern, auch auf einer kognitiven Ebene eine Ähnlichkeit mit ihrer Schlüsselfigur herzustellen, wie sie mit dem verwendeten Fragebogen zur Verhaltensnormalität gemessen wurde.

3. Methodenkritische Anmerkungen

Betrachtet man unsere Ergebnisse unter methodologischem Aspekt, dann ist es fraglich, ob sie generalisiert werden können. Zwar entsprechen die soziodemographischen Daten und die somatischen Befunde der untersuchten Morbus-Crohn-Patienten (Geschlechtsverteilung: 10/14; Schulbildung: Volksschule 8, Mittelschule 10; Gymnasium 6; ehelicher Status: Verheiratet 7, Ledig 17; beruflicher Status: Selbständig 1, Angestellte 16, Arbeiter [gelernt] 1, Arbeiter [ungelernt] 2, Auszubildende/Schüler 3, Hausfrau 1) mehrheitlich denen, welche man üblicherweise bei Morbus-Crohn-Kranken findet (z.B. BROOKE et al. 1977). Allerdings wurden nur 24 Patienten mit 18 psychoneurotisch Kranken verglichen, welche sich darüberhinaus in der Geschlechts- und Altersverteilung von den Morbus-Crohn-Patienten unterschieden. Zwar war keiner der bestimmten Parameter abhängig vom Geschlecht und der Krankheitsdauer (vgl. KÖNNECKE 1989); in der Neurosen-Gruppe war das Selbstwertgefühl jedoch um so höher, je älter die Patienten waren. Da aber die Morbus-Crohn-Patienten jünger waren als die psychoneurotisch Kranken, wird ihr höheres Selbstwertgefühl dadurch nicht in Frage gestellt.

4. Zusammenfassung

Verglichen mit psychoneurotischen Patienten zeigen Patienten mit Morbus Crohn ein höheres Selbstwertgefühl und sie erleben ihre Mutter näher bei ihrer Schlüsselfigur. Dies scheint für die Höhe ihres Selbstwertgefühls von Bedeutung zu sein. Nur die Morbus-Crohn-Patienten zeigen eine signifikante Beziehung zwischen ihren körperlichen Beschwerden und der erlebten Distanz zu ihrer Schlüsselfigur. Bezüglich der „vermuteten Ähnlichkeit" fand sich kein Unterschied zwischen den untersuchten Gruppen. Während sich jedoch bei den psychoneurotisch Kranken keine Korrelation zwischen der „vermuteten Ähnlichkeit" und den untersuchten Konzeptdistanzen findet, zeigt die Gruppe der Morbus-Crohn-Patienten um so höhere Werte auf diesem Parameter, je ähnlicher sie ihre Mutter und ihre Schlüsselfigur erleben. Die Unterschiede zwischen Patienten mit Morbus Crohn und mit einer Psychoneurose scheinen nicht so sehr in einer differenten Ausprägung einzelner psychischer Eigenschaften, sondern mehr in der Beziehung zu liegen, in welcher diese Eigenschaften zueinander stehen.

Literatur

BRÄHLER, E.; SCHEER, J. (1983) : Der Gießener Beschwerdebogen (GBB). Hans Huber, Bern Stuttgart Wien.

BROOKE, B.N.; CAVE, D.R.; GURRY, J.F.; KING, D.W. (1977) : Crohn's disease. Atiology, clinical manifestations and management. Macmillan Press, London.

ERTEL, S. (1964) : Die emotionale Natur des semantischen Raumes. Psychol. Forsch. 28: 1-32.

GAGE, N.L.; CRONBACH, L.J. (1955) : Conceptual and methodological problems of interpersonal perception. Psychol. Rev. 62: 411-422.

HARTKAMP, N. (1988) : Übersicht zur Literatur zu psychosomatischen Aspekten des M.Crohn. In: DAVIES-OSTERKAMP, S.; ZEPF, S.; HARTKAMP, N.; NEICIPEVERS, A.; STROHMEYER, G.: Persönlichkeitsorganisation und Objektbeziehungen von Patienten mit M. Crohn. Bericht zum Forschungsprojekt HE 1006/2-1. Deutsche Forschungsgemeinschaft, Düsseldorf.

HEISE, D.R. (1970) : The semantic differential and attitude research. In: SUMMERS, G. (Hg.): Attitude measurement, 235-253. Wiley, New York.

INDEFREY, P. (1990) : Dimensionen der Einschätzung von Alltagskonzepten auf dem semantischen Differential bei M. Crohn-Patienten und vergleichbaren Normalpersonen. Med Diss., Universität Düsseldorf.

JOFFE, W.G.; SANDLER, J. (1967) : Über einige begriffliche Probleme in Zusammenhang mit dem Studium narzißtischer Störungen. Psyche 21: 152-165.

KÖNNECKE, N. (1989) : Zum Selbstwertgefühl und zur Verhaltensnormalität bei Patienten mit M. Crohn. Med Diss., Universität Düsseldorf.

OSGOOD, C.E. (1952) : The nature and the measurement of meaning. Psychol. Bull. 49: 197-237.

ZEPF, S. (1976) : Die Sozialisation des psychosomatisch Kranken. Campus, Frankfurt am Main.

ZEPF, S. (1981) : Psychosomatische Medizin auf dem Weg zur Wissenschaft. Campus, Frankfurt am Main.

ZEPF, S. (1986) : Klinik der psychosomatischen Erkrankungen. In: KISKER, K.P.; LAUTER, H.; MEYER, J.E.; MÜLLER, C.; STRÖMGREN, E. (Hg.): Psychiatrie der Gegenwart. Bd.1, 63-102. Springer, Heidelberg.

PETER K. G. GÜNTHER, ANNELISE HEIGL-EVERS und
WOLFGANG KEMMNITZ

Vergleichende Beschreibung der stationär und teilstationär behandelten Klientel einer psychotherapeutischen Klinik mittels einer Fuzzyanalyse

Einleitung

Mit der zunehmend differenzierten Kenntnis und Unterscheidung von see-lisch bedingten und seelisch mitbedingten Erkrankungen hat sich die Not-wendigkeit ergeben, auch entsprechend differenzierte Behandlungsange-bote zu entwickeln. Diese Differenzierung betrifft sowohl die therapeuti-schen Methoden wie das Setting, die Rahmenbedingungen, unter denen sie eingesetzt werden. Damit erweitern sich die Möglichkeiten zur Diffe-rentialindikation. Hinsichtlich des Settings, des Rahmens, ist deshalb in der an der Psychoanalyse orientierten Psychotherapie heute zwischen Am-bulanz, Bettenstation und auch Tagesklinik zu unterscheiden.

Während der Patient bei einer ambulanten Behandlung unter den ihm gewohnten sozialen und persönlichen Lebensbedingungen uneingeschränkt verbleibt, bedeutet die vollstationäre Behandlung einen einschneidenden Milieuwechsel. Dieses Milieu ist in Konzept und Gestaltung völlig auf Krankheit und ihre Behandlung ausgerichtet und prägt sich als solches dem Bewußtsein aller darin Tätigen und Verweilenden ein. Für den Patien-ten bedeutet das eine Rollenzuweisung, die seine Grundbefindlichkeit nicht unbeeinflußt läßt: Er wird sich in seiner Handlungs- und Bewegungsfrei-heit eingeschränkt und entsprechend entmachtet fühlen; sich selbst erlebt er als Empfänger vielseitiger Hilfe. Gegenstand von Aufmerksamkeit und Zuwendung sind Krankheit und Störung, also Schwächen des Patienten. In diesem Milieu ist der persönliche Lebensbereich durch eine interpersonelle Nähe ausgezeichnet, die im Vergleich mit den üblichen Bedingungen so-zialen Lebens ganz ungewöhnlich ist. Zweifellos gibt es psychogen Kranke, die, zumindest in bestimmten Phasen ihres Krankseins, eines solchen Set-tings bedürfen. Sie bedürfen nicht nur, in Abgrenzung gegen ambulante Behandlungsangebote, einer weitaus intensiveren Psychotherapie, sondern sie brauchen auch eine Entlastung von den ihnen gewohnten Lebensbedingungen, weil ihnen diese schwer erträglich geworden sind, wobei – aus Gründen ihrer Krankheit – sie selten einen Zugang zu den Ursachen dieser Unerträglichkeiten haben. Die Verursachungen dieser Unerträglichkeiten werden hervorgerufen durch die Krankheit und liegen in den unbewußten Zonen subjektiven Krankheitserlebens.

In dem jeweiligen Rahmen der Therapie bedarf es vielfältiger methodischer Zugangswege, die wiederum in ein Gesamtbehandlungskonzept integriert sein sollten, nämlich in einen individuumzentrierten, verlaufsorientierten Gesamtbehandlungsplan.

Nun gibt es Patienten, die eine solche tagfüllende Therapie brauchen, für die jedoch der einschneidende Milieuwechsel einer vollstationären Therapie nicht erträglich wäre. Es sind Patienten, die an einer Störung der Nähe / Distanz-Regulierung und insbesondere an einer herabgesetzten Nähe-Toleranz leiden. Diese geschwächte Toleranz ist durch eine stark defizitäre Reizschutz-Funktion bedingt, die ihnen das enge Zusammenleben auf einer Bettenstation unerträglich werden läßt. Es kann sich auch um Schrecken erregende Objektbilder ihrer inneren Welt handeln, die besonders durch ihnen unvertraute Personen, aber auch durch die Mächtigkeit des gleichsam globalen Objektes „Institution" auf dem Wege schnell erfolgender primitiver Übertragung aktualisiert werden.

Diese Patienten brauchen einen therapeutischen Rahmen, der ihnen einen flexiblen Umgang mit ihrer Nähe-Toleranz gestattet, die es möglich macht, einem Übermaß von Reizen, so auch dem Erleben Angst und Schrecken auslösender Objekte zu entgehen, zu entfliehen und sich in die Vertrautheit der gewohnten Verhältnisse zurückzuziehen, vorausgesetzt, daß diese ausreichend erträglich sind. Die Therapie besteht dann darin, durch die immer wieder erfolgende Konfrontation mit der gestörten Nähe / Distanz-Regulierung eine gestufte Anhebung der Nähe-Toleranz zu erreichen. So lag es nahe, in der Düsseldorfer Klinik eine teilstationäre Behandlung einzurichten, in der die Patienten etwa 8 Stunden des Tages verbringen, woraus eine 40-Stunden-Woche resultiert, wie sie sonst der Erwerbs- und Berufstätigkeit vorbehalten ist (vgl. HEIGL-EVERS, HENNE-BERG-MÖNCH, ODAG u. STANDKE 1986).

Zu den Patienten, die einer ganztägigen Psychotherapie bedürfen, gehören neben solchen mit Konfliktneurosen vor allem solche mit strukturellen Störungen (auch als präödipale, basale oder Frühstörungen bezeichnet). Die von uns hier eingesetzten therapeutischen Methoden werden in dem bereits erwähnten individuumzentrierten, verlaufsorientierten, integrierten Gesamtbehandlungsplan zusammengefaßt, der grundsätzlich sowohl auf einer Bettenstation wie in einer Tagesklinik einsetzbar ist. Freilich ergeben sich Unterschiede bei seiner Durchführung: Im Falle der vollstationär behandelten Patienten muß dem damit verbundenen einschneidenden

Milieuwechsel Rechnung getragen werden. Im Falle einer teilstationären Behandlung muß dem Umstand der therapiefreien Zeiten dadurch Rechnung getragen werden, daß aus der jeweiligen Arzt-Patienten-Beziehung heraus Kommunikation möglich ist, so zum Beispiel durch telefonische Kontaktaufnahme von seiten des Patienten und eventuell auch durch Kontaktangebote von seiten des Therapeuten.

Im Falle einer teilstationären Therapie geht es darum, mit der außerhalb des 8-Stunden-Angebotes verbleibenden Zeit, für die keine vororganisierten therapeutischen Angebote bereitgehalten werden, umzugehen. Das bezieht sich auch auf die Zeitspannen, in denen der Patient gar nicht erst in der Tagesklinik erscheint oder sie vorzeitig wieder verläßt. Es kann einen therapeutischen Fortschritt bedeuten, wenn eine Patientin, die es zunächst nur während der Sitzungen mit ihrem Einzeltherapeuten in der Tagesklinik ausgehalten hat und die bislang vergeblich darum kämpfte, darüberhinaus auf der Station zu bleiben, und die aus einer Panik heraus fluchtartig das Gelände verließ, nunmehr von einer am Rande des Klinikgeländes gelegenen Telefonzelle die Stationsschwester anruft und dieser mitteilt, daß sie es leider nicht länger ertrage, sich in der Klinik aufzuhalten.

Hier hat also eine wirksame Therapie stattgefunden, auch wenn die Patientin nur kurzzeitig auf der Tagesklinikstation erschien. Eine andere Schwierigkeit bedeutet es, den zuständigen Kostenträgern plausibel zu machen, daß es sich hierbei um eine vollgültig abrechnungsfähige Durchführung einer teilstationären Therapie handelt. Die therapeutischen Vorgehensweisen sind bei psychoanalytischer Orientierung immer auf die subjektive Realität des Patienten, besonders auf deren unbewußte, pathogene Anteile ausgerichtet. Sie sind zugänglich über die Beziehungen, die im therapeutischen Bereich angestrebt werden und die unter psychoanalytischem Aspekt ausgedeutet werden können. In diese Beziehungen geht nun freilich die subjektive Wahrheit der Beziehungspartner in einer immer nur in Grenzen kontrollierbaren Weise ein. Um diese Grenzen zu erweitern, werden weitere Experten analytischer Therapie hinzugezogen, die als Supervisoren die subjektiven Anteile von Patienten und Therapeut einschätzen sollen. Auch hier sind wiederum Grenzen durch die Subjektivität (durch deren unbewußten Anteile) des Supervisors gesetzt.

Die subjektive Wahrheit des Patienten und die des Therapeuten machen die Problematik des Umganges mit Diagnosen auf seiten des Therapeuten deutlich: Damit ist die Verbindlichkeit von diagnostischen Aussagen natürlich in Frage gestellt. Das ist jedoch kein Mangel, sondern ist natürlicher Ausdruck der oben genannten Subjektivität. Die klinische Praxis, wie sie heute und das heißt auf der Linie einer bestimmten Tradition organisiert ist, verzichtet aber nicht auf diagnostische Orientierungshilfen, die den jeweils als gültig erklärten nosologischen Registern entnommen werden. Solche Orientierungshilfen werden durch Vergleich gewonnen. Zu solchen Orientierungen werden Ähnlichkeiten hergestellt, die zur besseren Verständigung bestimmte Benennungen erhalten. Da diese Ähnlichkeiten von Menschenhand sind, unterliegen sie natürlicherweise der zuvor genannten Subjektivität.

Zu solchen Orientierungsversuchen gehört auch der im folgenden vorzustellende Erstuntersuchungsbogen EUB, am Fachkrankenhaus für psychogene und psychosomatische Erkrankungen des Niedersächischen Landeskrankenhauses Tiefenbrunn entwickelt, mit dessen Hilfe Ähnlichkeiten hergestellt und benannt werden.

Einige Bemerkungen zum Einsatz einer Fuzzyanalyse

Bei den Orientierungshilfen des EUB handelt es sich um strukturdiagnostische Kategorien, die der Therapeut zur diagnostischen Kennzeichnung des Patienten vor dessen Überweisung an die Klinik oder Tagesklinik heranzieht. Hierbei benutzt er eine Abstufung, um die Kennzeichnung zu qualifizieren – die diagnostischen Kennzeichen des Patienten werden durch Angabe ihrer Ausgeprägtheiten ausgezeichnet: 8 strukturdiagnostische Merkmale – 'Präpsychotisch' / 'Borderline' / 'Narzißtisch' / 'Psychosomatisch' / 'Neurotisch' sowie 'Depressiv' / 'Zwanghaft' / 'Hysterisch' werden mittels eines vierstufigen Ausprägungsgrades indiziert – 0 = nicht vorhanden / 1 = leichte / 2 = mittlere / 3 = starke Ausprägung.

Das Ziel ist es gewesen, Klinik- und Tagesklinik-Klientel mittels fest vorgegebenen, ausgesuchten Kennzeichen durch ein formales Modell der Fuzzyanalyse zu charakterisieren. Die entsprechende Auswahl der anonymisierten Patienten erfolgte unter Rückgriff auf die von der damaligen Klinischen Dokumentation entwickelte Datenbank. Diese Datenbank, die auf dem Siemens-Großrechner des Düsseldorfer Hochschulrechenzentrums von Günther während der Klinischen Leitung von Frau Prof. Dr. A. HEIGL-EVERS programmiert wurde, die klinische wie sozialdemographische Daten von über 6000 Patienten umfaßte, existiert nicht mehr, da nach der Emeritierung von Frau Prof. Dr. A. HEIGL-EVERS unter der neuen Klinischen Leitung diese Großrechner-Datenbank nach einer Laienanalyse als etwas Unbrauchbares erkannt wurde.

Für den interessierenden Untersuchungszeitraum von 1982 bis 1985 standen die Daten von 67 Patienten der Klinik und von 99 Patienten der Tagesklinik zur Verfügung. Hinsichtlich dieser ausgewählten Patienten ergibt sich im Überblick:

29

	Klinik	Tagesklinik
Präpsychotisch	11,94	7,64
Borderline	25,37	26,86
Narzißtisch	41,79	70,14
Psychosomatisch	37,31	23,88
Neurotisch	77,61	82,08
Depressiv	70,15	88,05
Zwanghaft	59,70	62,68
Hysterisch	49,25	46,26

Prozent-Tabelle der strukturdiagnostischen Merkmale

Man könnte sich nun diese Daten, die diagnostischen Kennzeichen in ihren Ausprägungsgraden, gemäß der gestellten Aufgabe mit folgendem Konzept ansehen:

Es sollen Wahrscheinlichkeitsmodelle formuliert werden, die diese manifesten Merkmalsfamilien nach gewissen formalen Gütekriterien formal erzeugen. Die Idee hierbei wäre zum Beispiel, daß sich die manifesten Merkmale als eine Mischung aus einigen wenigen latenten Merkmalen zusammensetzen:

$$\{Y_0, \ldots, Y_k\} \quad (k<7)$$
$$\nearrow \uparrow \nwarrow$$
$$\{X_0, \ldots, X_7\}$$

Das heißt, die Verteilung der 8 manifesten strukturdiagnostischen Merkmale wird im Hintergrund von anderen Variablen erzeugt, in diesem Falle von latenten Klassifikationsvariablen $Y_0, \ldots, Y_k$. Man könnte dann etwa davon sprechen, welche manifeste Merkmalskombination zu welcher latenten Klasse gehört; zum Beispiel:

$$
\left\{
\begin{array}{ccc}
\langle a_0, \ldots, a_7 \rangle & \longmapsto & Y_2 \\
\langle b_0, \ldots, b_7 \rangle & \longmapsto & Y_k \\
\langle c_0, \ldots, c_7 \rangle & \longmapsto & Y_i \\
\vdots & \vdots & \vdots \\
\langle w_0, \ldots, w_7 \rangle & \longmapsto & Y_0
\end{array}
\right\}
$$

$a_0, \ldots, w_7$ manifeste strukturdiagnostische Merkmalskombinationen
$Y_0, \ldots, Y_k$ latente Merkmalsklassen

Die Tagesklinik-Klientel hätte man mithin in $k+1$ latente Klassen zerlegt.

Eine solche formale Struktur, in der Mathematischen Wahrscheinlichkeitstheorie nahezu von alters her wohlbekannt, wird seit einigen Jahren außerhalb der Mathematik unter dem Namen „Latente Strukturanalyse" als Erkenntnis prosperierende Novität laudiert. Eine Datenanalyse mit einer derartigen formalen Struktur durchzuführen, wäre schon deshalb eine über jeden Zweifel erhabene, originelle Sache, weil „Latente Strukturanalysen" in der psychoanalytischen Diagnostik als unbekannt gelten dürfen. Und darüberhinaus?

1. Diagnostizieren müßte als ein wohldefinierter Akt begriffen werden, der dem Registrieren von Merkmalen begrifflich verwandt ist.
2. Eine Argumentation müßte es geben, die die formalen, latenten Klassifikationsvariablen inhaltlich zu identifizieren erlaubt. Ohne eine solche Argumentation ist ein Vergleich formal identischer oder formal verschiedener Ergebnisse nicht durchführbar:
   Bei Tagesklinik- wie Klinik-Klientel hätten sich etwa 2 latente Merkmalsklassen ergeben. Sind nun diese jeweils paarigen Merkmalsklassen neben ihrer formalen Identität oder formalen Verschiedenheit auch inhaltlich gleich oder verschieden? – „Nicht alles, was hüpft und singt, ist ein Vogel!" – Das ist ein alltagsgescheiter Einwand, mithin wenig anstößig, wenn auch formalwissenschaftlich ohne Belang, also bedenkenswert.

Diese beiden Punkte – inwiefern man es überhaupt mit einem begründbaren statistischen Experiment bei dieser Untersuchung zu tun hat und weshalb formal beachtenswerte Relationen in einem formalen Modell gerade bedenkenswerte Umstände für eine Interpretation sind – wären so zu beantworten, daß der Verdacht entkräftet wäre: eine derartige Vorgehensweise sei eine Verwandte der Schimauski-Methode, die von MOERS (1987) in einigen ihrer Spielarten dargestellt worden ist.

Geneigt, solchen Fragen den Rücken zu kehren, ohne von dem Wunsch abzulassen, eine formale Strategie zu verfolgen, kann man sich fragen, was für eine formale Strategie stattdessen in Betracht gezogen werden könnte.

Ein anderer Blick wäre dann, man habe Detektiv zu spielen, nicht Kommissar zu sein. Anhand von kompetenten Zeugenaussagen – in unserem Falle niedergelegt als Strukturdiagnosen – sind mögliche spezifische Charakterisierungen aufzuspüren unter der Strategie, daß nicht einige wenige Zeugenaussagen eine Charakterisierung abgeben, sondern daß alle möglichen Kombinationen von Zeugenaussagen in gegenseitiger Abgrenzung in Betracht kommen können.

Die bloße Tatsache, daß ein gewisses Merkmal einen maximalen Ausprägungsgrad besitzt, erzwingt nicht den Umstand, daß es für eine spezifische Charakterisierung zu benutzen ist. Erst in Bezug auf die charakterisierenden Rollen der übrigen Merkmale läßt sich das vielleicht entscheiden. (Bei einer Personenbeschreibung spielt der Hinweis, daß der & der Mensch einen Kopf besitzt, in dem sich ein Gehirn befindet, wohl selten eine informative, die infrage stehende Person charakterisierende Rolle.)

Um nochmals die literaturwissenschaftliche Figurentypologie Detektiv / Kommissar zu bemühen:

Für den Detektiv, nicht den Kommissar gilt, daß alle Tatsachen gleich gut für eine Täterermittlung sind; jedes Ergebnis kann eine ausgezeichnete Rolle spielen. Aufspürung und logische Stimmigkeit, durch Intuition begründet, stehen Konstruktion und formaler Gültigkeit, durch eine formale Mechanik erzeugt, gegenüber. Für den Kommissar, nicht den Detektiv gilt, daß einige wenige Tatsachen zur Charakterisierung ausreichen.

Diese begriffliche Unterscheidung von 'Detektiv' und 'Kommissar' ist in der Tat forciert. Denn mit ihr erweist sich keineswegs ein anderer Blick als falsch: beide sind nach SIEGFRIED KRACAUER (1979) Figuren einer „negativen Ontologie":

Der Detektiv-Roman beraubt aber den Stoff dadurch seiner Eigengestalt, daß er ihn zur Passivität verurteilt und überdies ihn vor dem Zugriff der ratio noch fliehen läßt. Die Stiefel- und Schirmabdrücke, aus denen Meister Tabaret seine Folgerungen zieht, muß er sich mühsam zusammensuchen, und der Zigarettenstummel, der seine Hypothese vervollständigt, verbirgt sich vor Späherblicken unter der Herdasche gar. Diese Flucht des Stoffes vor dem Zusammenhang degradiert ihn zum bloßen Material, das in sich selber keine Ordnung hat, vielmehr, um Form zu gewinnen, der Verarbeitung durch den Intellekt bedarf. Das Objekt erleidet eine radikale Destruktion, damit das Transzendental-Subjekt als Gesetzgeber sich bewährt. Ihm werden denn auch in der ästhetischen Stilisierung die Kategorien zugeschoben, durch die es den Gegenstand erzeugt. (S.105)

Und auch diese begriffliche Darlegung ist forciert. Denn mit ihr ist die vorige begriffliche Unterscheidung von 'Detektiv' und 'Kommissar' nicht hinfällig. Mit einer weiteren beliebigen Sprechweise hat man es bei TRUZZI (1973) zu tun, wenn dieser sozialpsychologisches Forschen als eine Art Detektivarbeit hinstellt.

Überhaupt wird dadurch nicht die übliche Einstellung zur empirischen Anwendung mathematischer Verfahren berührt: Mit der & der formalen Methode die & die formale Datenbeschreibung herausfinden, die wir glauben, dient einer Begründung, weshalb wir der Dateninterpretation Glauben schenken könnten.

≫Mein lieber Jarndyce, Sie setzen mich in Erstaunen. Sie denken sich nur in die Lage des Fleischers. Ein Fleischer, mit dem ich einmal zu tun hatte, verfocht dieselbe Ansicht. Er sagte: > Sir, warum haben Sie jungen Lammsbraten zu achtzehn Pence das Pfund gegessen? < – > Warum ich jungen Lammsbraten zu 18 d. das Pfund gegessen habe, mein würdiger Freund? < sagte ich, natürlich erstaunt über die Frage. > Ich esse eben gern jungen Lammsbraten! < Das war soweit überzeugend. – > Gut, Sir <, sagte er, > was, wenn ich auch nur *vorgehabt* hätte, das Lamm zu bringen, so wie Sie, das Geld zu bezahlen? < – > Guter Mann <, sagte ich, > wir wollen die Sache besprechen wie vernünftige Menschen. Wie hätte das sein können, es war doch unmöglich. Sie hatten das Lamm und ich hatte das Geld nicht. Sie konnten vorhaben, das Lamm zu schicken, denn Sie hatten eins, ich konnte nicht beabsichtigen, das Geld zu zahlen, denn ich hatte keins! < Darauf wußte er kein Wort zu erwidern. Damit war die Sache erledigt.« (CHARLES DICKENS, S.202. Deutsch von Gustav Meyrink)

Daß nicht zu sagen ist, jene Einstellung zu empirischen Anwendungen mathematischer Verfahren sei keine derartige Skimpoleade, verdeutlicht: Zweifeln, ob jene Einstellung richtig ist, heißt nicht, daß nur ein Zweifel formuliert worden ist.

Wenn man aber jene begriffliche Unterscheidung von 'Detektiv' und 'Kommissar' auf den Umgang mit formalen Ergebnissen eines formalen Verfahrens überträgt, so heißt das: Nicht das formal beste Ergebnis, sondern zum Beispiel das formal schlechteste Ergebnis kann unter Umständen für eine Charakterisierung herangezogen werden.

Und was wäre hierbei eine mögliche formale Strategie?

Von keinem strukturdiagnostischen Merkmal läßt es sich von vorneherein sagen, daß es definitiv nicht zur Kennzeichnung der Tagesklinik- bzw. Klinik-Klientel gehört oder daß es auf alle Fälle hierzu gehört: jedes Merkmal kann in mehr oder minder starker Ausprägung dazugehören. Bezüglich der Kategorienkennung der Tagesklinik- und Klinik-Klientel sind die definitorisch fest umrissenen strukturdiagnostischen Merkmalsbegriffe unscharfe Begriffe. (Das ist ein logisches Schicksal, das allen Merkmalsbegriffen bei ihrer Verwendung zur abstraktiven Kennung widerfährt.)

Man hat also davon auszugehen, daß eine derartige Kennzeichnung in der Regel unbestimmt ausfällt: die einzelnen diagnostischen Kennzeichen sind mehr oder minder deutlich den einzelnen Patienten eigen.

Hieraus ergibt sich weiter, daß die erwähnte Aufgabe, Tagesklinik- und Klinik-Klientel mittels strukturdiagnostischen Kategorien zu charakterisieren, nicht eine eindeutige Lösung zu haben braucht. Die Möglichkeiten bestehen, daß keine der einzelnen Kategorien die betreffende Klientel charakterisiert, sondern daß einige der Kategorien, womöglich noch auf verschiedenste Art und Weise zusammengefaßt, eine zufriedenstellende Charakterisierung vorstellen.

Dieser Umstand ist nicht dadurch zu umgehen, indem man die gestufte Qualifizierung der diagnostischen Kennzeichen zu einer bestimmten Ja / Nein-Entscheidung macht. Gleichgültig was man als Schwellenwert definierte, um vom Vorhanden und Nicht-Vorhanden eines diagnostischen Kennzeichens sprechen zu können, man wüßte nicht, was man damit aussagt: Der simpele Trick der Setzung eines Schwellenwertes entleert den Begriff von Verneinung und damit auch den von Bejahung. Die Verneinung eines diagnostischen Kennzeichens besagte nicht mehr, daß das Kennzeichen abgesprochen werden muß.

Die Theorie der Fuzzymengen (ausgefranste Mengen), die in den 60iger Jahren ZADEH (1965) zu entwickeln begann und in der Zwischenzeit weiterentwickelt wurde, ist eine eigens für den formalen Umgang mit Unschärfe konzipierte mathematische Theorie: Der übliche Mengenbegriff in der Mathematik verlangt, daß ein Element entweder definitiv oder nicht definitiv zu der betreffenden Menge gehört. Abstufungen gibt es hier nicht; deshalb die Theorie der Fuzzymengen. Eine elementar mathematische Darstellung der Theorie der Fuzzymengen findet der interessierte Leser zum Beispiel bei KAUFMANN.

Und obige Darstellungen legen nahe, einen fuzzytheoretischen Ansatz zu wählen bei der Aufgabe, die Tagesklinik- und Klinik-Klientel mittels unscharfer Begriffe zu charakterisieren. Hierzu wurde eine fuzzytheoretische Strukturanalyse herangezogen, die in Zusammenhang mit einer anderen Fragestellung bereits benutzt worden ist. Auf den entsprechenden Aufsatz von ALBERTI, GÜNTHER, HEIGL-EVERS u. WEIDENHAMMER (1987) sei hingewiesen.

Jedoch ist nicht weiter bemerkenswert, daß die folgenden Charakterisierungen der Tagesklinik-Klientel nicht in Einklang stehen mit einer anderen formalen Beschreibung dieser Tagesklinik, die durch die formale Mechanik einer Clusteranalyse erzeugt wurde (vgl. HEIGL-EVERS u. GÜNTHER 1990).

Grenzfälle einer Kategorienkennung mit unscharfen Begriffen sind Schärfe bzw. Chaos: Eine scharfe Kategorienkennung liegt dann vor, wenn sich die Kategorie mengentheoretisch beschreiben läßt. Wenn sich die zur Kennung benutzten Elemente ununterscheidbar in der Kategorie verteilen, dann liegt eine chaotische Kategorienkennung vor. Neben diesen Grenzfällen gibt es theoretisch unendlich viele mögliche diffuse Kategorienkennungen.

Der entwickelte fuzzytheoretische Algorithmus zur Kategorienkennung liefert eine formale Beschreibung der Diffusität von unscharfen Kategorien anhand vorgegebenen Materials, wobei maximale Diffusität Chaos und minimale Diffusität Schärfe indizieren. Maßgabe für das Ausmaß der Diffusität ist hierbei die Abweichung der Kennung von der mengentheoretischen Struktur. In einem ersten Durchgang liefert der Algorithmus für eine vorgegebene Kategorie und eine vorgegebene Ansammlung von Elementen mit ihren Zugehörigkeitsgraden die Diffusitätsstruktur in der Kategorie. Hierbei werden gewisse Ähnlichkeitsgrade der möglichen Mengen in Verhältnis gesetzt zu den Ähnlichkeitsgraden der jeweiligen Komplementärmengen (Diffusitätsgrad). Nach Auswahl einer geeignet erscheinenden Kategorienkennung kann diese nun auf Regularität geprüft werden: In einem zweiten Durchgang wird diese Kennung nach Maßgabe zunehmender Diffusität sukzessive erweitert. (Für Mathematiker und Liebhaber der Mathematik: Die erzeugten Strukturen haben als ein maximales Güteelement die Brückenstruktur (topologisch schwächste T_0-Raum), wozu die Guttman-Skalierung offensichtlich ein trivialer Spezialfall ist.)

Nachtrag in eigener Sache

Als vor einigen Jahren von einem der Autoren (GÜNTHER) ein sogenannter Fuzzy-Algorithmus geschrieben und für Siemens-, IBM-Großrechner sowie für DOS-Maschinen implementiert wurde, galt noch, was DREYFUS u. EILENBERG (1978/79) Anlaß ihrer Betrachtung über die Anerkennung mathematischer Theorien gewesen ist: die sogenannte „Theorie der Fuzzymengen" wurde von der akademischen und nicht-akademischen Öffentlichkeit nicht wahrgenommen. Daß es sich mittlerweile ganz anders verhält, zeigt sich darin, daß bereits PC-Gazetten ihren Leserschaften Fuzzysoftware anbieten. Für den einen oder den anderen Liebhaber der Mathematik mag dieser Umstand gerade deshalb kultursoziologisch besonders interessant sein, weil er bei DREYFUS u. EILENBERG (S.65) erfahren kann, daß die sogenannte „Theorie der Fuzzymengen" in der Mathematik seit Jahrzehnten als mehrwertige Lukasiewicz-Logik bekannt ist. Allgemeiner läßt sich sagen, daß diese formale Theorie ein formal triviales Beispiel eines Brouwerschen Verbandes mit 0-Element ist und daß solche formalen Objekte ebenso seit Jahrzehnten in der Mathematik wohlbekannt sind. Von daher handelt es sich ganz gewiß um eine Façon de parler à la mode, wenn der hier benutzte Algorithmus ein „Fuzzy-Algorithmus" genannt wird – unter mathematischem Gesichtspunkt hat man es mit einer einfachen Anwendung der Theorie der Brouwerschen Verbände zu tun.

Und da die Anzahl der Publikationen jeglichen mathematischen Niveaus in Sachen „Fuzzy-Theorie" unüberschaubar geworden ist, sei ein interessierter Leser auf WATANABEs (1978) kritische Betrachtung der „Fuzzy-Theorie" hingewiesen, die nicht weiter beachtet wurde. Für Mathematiker mit Kenntnissen der Mathematischen Logik geben die beiden Aufsätze von HELENA RASIOWA (1992) bzw. RASIOWA u. CATHO (1992) auf hinreichend abstraktem Niveau weiterführende Information über die „Fuzzy-Theorie".

Eine mögliche Ursache, weshalb die „Fuzzy-Theorie" außerhalb der Mathematik in einer Gemeinde von Wissenschaftlern zunehmend an Beliebtheit gewinnt, könnte sein, daß verstärkt der Sprechweise Glauben geschenkt wird, die „Fuzzy-Theorie" ist ein vielversprechendes Modell für „menschliches Urteilen". Um nur ein einziges Beispiel hierfür zu zitieren:

Fuzzy sets are a concept that can bring the reasoning used by computers closer to that used by people. ... With fuzzy sets, human concepts like "small," "big," "young," "old," "high," or "low" can be translated into a form usable by computers. Indeed, fuzzy sets and fuzzy logic are now finding wider and wider application in a broad range of problem solving, from industrial process control and pattern recognition to weather prediction, medical diagnosis, and agricultural planning. Eventually they are likely to become part of efforts to develop intelligent machines that can "think like people." (ZADEH 1984, S.26)

Sicherlich, ein solcher Blick auf die Anwendung einer formalen Theorie ist philosophisch völlig uninteressant, da es sich hierbei weder um die Anwendung eines falschen Bildes noch um eine falsche Anwendung eines Bildes handelt: Kein Kind kommt auf die Idee, seinem Gummiball „menschliches Lachen" beigebracht zu haben, wenn es diesen durch geschicktes Quetschen zum Quietschen bringt.

Inhaltliche Interpretation der fuzzyanalytischen Resultate Tagesklinik

Im Überblick stellt sich der 1. Durchgang der Fuzzyanalyse bezüglich der Tagesklinik-Klientel wie folgt dar:

Optimale Kennung	{ Neurotisch, Depressiv }
2.beste Kennung	{ Neurotisch }
	Diffusitätszunahme um 12,20%
3.beste Kennung	{ Präpsychotisch }
	Diffusitätszunahme um 13,28%
4.beste Kennung	{ Depressiv }
	Diffusitätszunahme um 14,36%
5.beste Kennung	{ Narzißtisch, Depressiv, Neurotisch }
	Diffusitätszunahme um 16,90%
6.beste Kennung	{ Präpsychotisch, Psychosomatisch, Borderline }
	Diffusitätszunahme um 17,20%
7.beste Kennung	{ Präpsychotisch, Psychosomatisch, Borderline, Hysterisch }
	Diffusitätszunahme um 17,96%
8.beste Kennung	{ Zwanghaft, Narzißtisch, Depressiv, Neurotisch }
	Diffusitätszunahme um 25,28%
9.beste Kennung	{ Präpsychotisch, Psychosomatisch, Borderline, Hysterisch, Zwanghaft }
	Diffusitätszunahme um 25,71%
10.beste Kennung	{ Präpsychotisch, Psychosomatisch }
	Diffusitätszunahme um 26,94%

⋮   ⋮

.   .
.   .
.   .

Schlechteste Kennung { Borderline, Hysterisch, Zwanghaft, Narzißtisch,
              Depressiv }
              Diffusitätszunahme um 71,57%

Tagesklinik: Globale Kategorienkennung der EUB-Diagnose

'Neurotisch / Depressiv' ergibt die globale Kategorienkennung mit der ge-
ringsten diffusen Charakterisierung. Nimmt man einen etwa zwölfprozen-
tigen Verlust an Schärfe oder – gleichbedeutend – eine zwölfprozentige
Zunahme an Diffusität in Kauf, so ergibt 'Neurotisch' die zweitbeste Kategorienkennung der Tagesklinik-Klientel. Mit dreizehnprozentigem Verlust
an Schärfe ergibt 'Präpsychotisch' die drittbeste Kategorienkennung.
      Auf diese Weise fortfahrend gelangt man schließlich zur schlechte-
sten Kategorienkennung durch 'Borderline / Hysterisch / Zwanghaft / Narzißtisch / Depressiv' mit einem Verlust an Schärfe von über 71%. Das
braucht aber nicht notwendigerweise zu heißen, daß diese schlechteste Kategorienkennung die am wenigsten brauchbare ist. Unter anderem ist es
gerade dieser Umstand, der diese Fuzzyanalyse vom klassischen Methoden-
Kanon unterscheidet: Formal optimale Kriterien sind nicht notwendigerweise ausschlaggebend für das Glücken inhaltlich adäquater Darstellungen
(Prominentes Gegenbeispiel: Faktorenanalyse).
      In einem 2. Durchgang des Algorithmus werden nun die zu einer globa-
len Charakterisierung herangezogenen Merkmale einzeln betrachtet. Wenn
man das Merkmal 'Präpsychotisch' als Ausgangspunkt der Charakterisierung wählt, dann zeigt sich (siehe Anhang Tabelle I):
      Das Charakterisierungsmerkmal 'Präpsychotisch' kommt sehr selten
bei der Tagesklinik-Klientel (siehe Prozent-Tabelle) vor, sodaß es hier zu
verneinen ist. Dennoch ist es im Gesamtbild vorhanden. Es liefert nämlich
die drittbeste Kategorienkennung. Die Frage, ob durch Hinzunahme weiterer Merkmale der Strukturgehalt zu erhöhen ist, ist gemäß des Fuzzy-
Lesepfades zu verneinen: Nur mit einem etwa vierprozentigen Verlust an
Strukturgehalt kann man mit 'Psychosomatisch' und 'Borderline' weiter
detaillieren; nimmt man hingegen einen etwa sechzehnprozentigen Verlust
an Strukturgehalt in Kauf, so kann 'Präpsychotisch' mit 'Psychosomatisch' alleine als Charakterisierung der Tagesklinik-Klientel gewählt werden. Entsprechend sind die anderen Zahlen zu lesen.
      Die Verneinung von 'Präpsychotisch' gibt eine gute Charakterisierung
der Tagesklinik-Klientel. Wichtig dabei ist, daß es trotz Verneinung vorhanden ist. Dazu ein Beispiel: Ein Maler hat ein neues Bild ausgestellt,
das überwiegend aus den Farben Rot, Blau und Schwarz komponiert ist
und das in der linken unteren Ecke einen gelben Tupfer zeigt. Das ent-

spräche irgendeiner der oben erwähnten globalen Kategorienkennungen. Ein Betrachter dieses Bildes wird von einem anderen, der es noch nicht kennt, gefragt, was diese Komposition charakterisiere. Die Antwort lautet: Es ist das Bild mit dem gelben Tupfer. Hätte der Maler mehrere gelbe Tupfer über das Bild verteilt, so würde man es vermutlich nicht auf diese Weise charakterisieren wollen. Die Charakterisierung hebt ab auf das weitgehende Fehlen von Gelb unter gleichzeitiger Betonung seines Vorhandenseins.

Wie der gelbe Tupfer in die dominierenden Farbgebungen der erwähnten Bildkomposition integriert ist, so war nach dem Konzept der Tagesklinik, um die es hier geht, auch die Integration von schwerer gestörten Patienten in eine gegenbalancierende größere Anzahl weniger gestörter Patienten vorgesehen. Dieses Konzept der Tagesklinik, das durch ein wie auch immer geartetes Auszählen der strukturdiagnostischen Merkmale nicht erfaßbar ist, wird demnach durch den Fuzzy-Algorithmus dargestellt.

'Neurotisch / Depressiv' ermöglicht (siehe Tabelle der globalen Kategorienkennung) die beste Charakterisierung, eine sehr alltägliche Charakterisierung, während 'Präpsychotisch' eine eigenständigere Charakterisierung zuläßt. Wollte man also die Tagesklinik-Klientel charakterisieren, so müßte man nach dieser Betrachtung sagen:

Nimm 'Präpsychotisch' und verneine. Damit hat man die entscheidende Charakterisierung. Sie ist nicht mehr zu verbessern.

Wenn man mittels des Merkmales 'Psychosomatisch' die Tagesklinik-Klientel zu charakterisieren versucht (siehe Anhang Tabelle II) – ein Merkmal, das in formaler Hinsicht der Verneinung von 'Präpsychotisch' ähnelt, dann ergibt sich, sofern man sich an einem maximalen Strukturzuwachs orientiert, daß 'Präpsychotisch' hinzuzunehmen ist. M.a.W.: Bei der detektivischen Spurensuche – ausgehend von 'Psychosomatisch' – ist 'Präpsychotisch' nicht aus den Augen zu verlieren.

Analogisierend könnte man die detektivische Bestimmung eines gewissen Gaules heranziehen, wie es auch schon in FRANÇOIS-MARIE VOLTAIRES (*1694 in Paris, †1778 in Paris, am Vorabend der Revolution, vor Aufregung) Roman „Zadig oder das Verhängnis. Eine morgenländische Geschichte" (s.a.) oder heutigentags in UMBERTO ECOs Roman „Der Name der Rose" (1982) geschehen ist: Um einen Baum herum finden sich Pferdespuren, Blätter von diesem Baum und Pferdehaare; und an dem einzigen genepften Ast dieses Baumes, etwa drei Meter von der Erdoberfläche entfernt, hängt ein einzelnes, etwas längeres goldiges Haar. Durch diese Gegebenheiten kann unter bestimmten Umständen das Blondhaar einen ausgeprägten aufweisenden Charakter erhalten, der sich auf die Herkunft des Gaules und dessen Besitzers und auf deren beiden Lebensweisen bezieht. Natürlich muß das Blondhaar nicht dem Besitzer des Gaules gehört haben. Denn es ist schon so, daß dieses Haar von einem Vogel für einen geplanten Nestbau dort abgelegt worden sein könnte.

Zu der optimalen Charakterisierung der Tagesklinik-Klientel gelangt man, wenn zu 'Psychosomatisch / Präpsychotisch' noch 'Borderline' hinzugefügt wird. Man hat dadurch die sechsbeste globale Kategorienkennung erreicht. Neben der geschilderten Möglichkeit des Strukturzuwaches besteht auch die der Strukturabschwächung (Steigerung der Diffusität): Mit einem Verlust von etwa 8% kann man 'Psychosomatisch' um 'Borderline / Hysterisch / Zwanghaft' erweitern. Unter der Voraussetzung, daß man eine Theorie hätte, in der diese Merkmalkonstellation eine bedeutende Rolle spielt, könnte diese trotz des Strukturverlustes gewählt werden. Entsprechend könnte man die noch nicht erwähnten Wege weiter fortsetzen oder auch abbrechen.

Im Gegensatz zu 'Präpsychotisch' macht eine Charakterisierung der Tagesklinik-Klientel mit dem Ausgangspunkt 'Psychosomatisch' wenig Sinn.

Eine Betrachtung des Lesepfades von 'Borderline' (siehe Anhang Tabelle III) zeigt: Man kann hier in derselben Weise verfahren wie mit 'Psychosomatisch'. Es bestehen keine formal bedeutsamen Unterschiede in der Fuzzyanalyse bezüglich 'Psychosomatisch' und 'Borderline'.

Während 'Narzißtisch' in Verbindung mit 'Neurotisch' und 'Depressiv' eine relativ gute Charakterisierungsmöglichkeit bietet – nämlich die fünftbeste globale Kennung der Tagesklinik-Klientel – werden die Konturen verwaschener, wenn man von 'Narzißtisch' ausgeht (siehe Anhang Tabelle IV) und nach weiteren Charakterisierungsmöglichkeiten sucht. Wenn man zu 'Narzißtisch' 'Neurotisch' hinzunimmt – das wäre der nächstbeste Schritt, so gelangt man damit nur zu einer weiteren Verschlechterung, während 'Präpsychotisch' hinzuzunehmen nicht erlaubt ist: es ist nicht vorhanden im Lesepfad.

Festzuhalten bleibt: Das vielleicht klinisch interessanteste Ergebnis der durchgeführten Fuzzyanalyse der Tagesklinik-Klientel ist die Verneinung von 'Präpsychotisch' bei gleichzeitiger Bejahung.

Inhaltliche Interpretation der fuzzyanalytischen Resultate
Bettenstation

Im Überblick stellt sich der 1. Durchgang der Fuzzyanalyse bezüglich der Klinik-Klientel wie folgt dar:

Optimale Kennung	{ Neurotisch }
2. beste Kennung	{ Präpsychotisch }
	Diffusitätszunahme um 11,45%

3.beste Kennung	{ Depressiv, Neurotisch }
	Diffusitätszunahme um 16,70%
4.beste Kennung	{ Depressiv }
	Diffusitätszunahme um 27,75%
5.beste Kennung	{ Präpsychotisch, Borderline }
	Diffusitätszunahme um 30,80%

$$\vdots \qquad\qquad\qquad \vdots$$

Schlechteste Kennung { Depressiv, Zwanghaft, Hysterisch }
Diffusitätszunahme um 59,04%

Klinik: Globale Kategorienkennung der EUB-Diagnose

Als optimale Kategorienkennung resultiert 'Neurotisch'; diese Kennung ist in der Tagesklinik die 2. beste. Nimmt man etwa 11% Verlust an Schärfe in Kauf, so ergibt sich 'Präpsychotisch' als 2. beste Kennung, die in der Tagesklinik die 3. beste ist. Mit einem Verlust von etwa 17% an Schärfe ergibt 'Depressiv / Neurotisch' die 3. beste Kennung, was in der Tagesklinik die optimale Kategorienkennung ist. Bei etwa 28% Verlust an Struktur ergibt 'Depressiv' die 4. beste Kennung wie in der Tagesklinik, aber mit einem nahezu doppelt so großen Strukturverlust.

Wenn man im 2. Durchgang der Fuzzyanalyse von 'Präpsychotisch' ausgeht (siehe Anhang Tabelle V), dann ergibt sich nach allen Richtungen eine Zunahme der Unschärfe.

Dies könnte so verstanden werden, daß entweder die Diagnose 'Präpsychotisch' als fremd im Indikationsbereich empfunden wird oder die Patienten im Kontext der Gesamtklientel der Bettenstation als etwas eher Fremdartiges, Ausgegrenztes, nicht Dazugehöriges erlebt werden.

Um bei einem schon benutzten Vergleich zu bleiben: Das diagnostische Element 'Präpsychotisch' ist hier nicht der gelbe Punkt, der der Gesamtkomposition eines Bildes den Pfiff gibt und hineingehört. Stattdessen müßte man sich zum Beispiel ein Bild von Rembrandt vorstellen, in das das Bruchstück eines Steines verfremdend eingefügt worden ist.

Geht man von 'Borderline' (siehe Anhang Tabelle VI) aus, so kann man auf fünf verschiedenen Weisen den Strukturgehalt verbessern und auf zwei verschiedenen Weisen verschlechtern. Das könnte heißen, daß 'Borderline' nicht als störend im Zusammenhang mit der Gesamt-Psychopathologie erlebt wird.

Im Vergleich mit der Malerei könnte man sagen, daß 'Borderline' ein integrierender Bestandteil eines jeden Bildes ist wie zum Beispiel die Leinwand oder die Grundierung. 'Borderline' ist also eher ungeeignet, die Klinik-Klientel zu charakterisieren, insofern man bei der Analyse von 'Borderline' ausgeht.

Wenn man bei der Analyse der Klinik-Klientel von 'Borderline' zur besten Charakterisierung übergeht, dann hat man 'Präpsychotisch' hinzuzunehmen. Der entsprechende Lesepfad bei der Tagesklinik-Klientel (siehe Anhang Tabelle III) zeigt, daß man nur über Hinzunahme von 'Psychosomatisch' zu 'Präpsychotisch' gelangt.

Hinsichtlich 'Narzißtisch' (siehe Anhang Tabelle VII) ergeben sich für die Klinik-Klientel vielfältige Verbesserungsmöglichkeiten.

Um in der Analogie der Betrachtung und Beurteilung eines Gemäldes zu bleiben: Es handelt sich hier um einen wesentlichen Bestandteil des Bildes, einen Bestandteil, der zur Eigenart des Bildes gehört, nicht aber eine Eigentümlichkeit ausmacht. (Apropos 'Eigentümlichkeit' und 'Eigenart': Die Hörner eines Teufelchens mit Bocksfuß sind eine Eigentümlichkeit dieses Wesens, der Bocksfuß ist eine Eigenart von diesem Wesen.)

Klinisch formuliert: 'Narzißtisch' ist eine Eigentümlichkeit der Klinik-Klientel, hingegen eine Eigenart der Tagesklinik-Klientel.

Klinischer Rückblick

Hinsichtlich des augenfälligsten Unterschiedes zwischen Klinik- und Tagesklinik-Klientel – des Unterschiedes in der Häufigkeit der Diagnose 'Narzißtisch' – könnte man sagen: Zu den wichtigsten Kriterien der Differentialindikation zwischen einer voll- und teilstationären Behandlung gehört das Maß der beim Patienten bestehenden Nähe-Distanz-Toleranz. Für Patienten mit einer geringen Toleranz dieser Art ist eine Teilzeitbehandlung deswegen eher indiziert, weil hier die Toleranzüberschreitung durch zu große räumliche und emotionale Nähe, wie sie in einer Klinik, insbesondere in einer kleinen, gegeben ist, entfällt. Es gab unter der Klientel des Tagesklinik eindrucksvolle Fälle von Patienten, die in den ersten Wochen lediglich die Einzeltherapie-Sitzungen tolerieren konnten und danach die Tagesklinik fluchtartig wieder verließen. Es gab auch das Phänomen, daß Tagesklinikpatienten häufig nicht zur Behandlung erschienen oder sie vorzeitig verließen.

Der Patient mit stärkeren narzißtischen Anteilen braucht in der Regel, um die Phantasien eigener Grandiosität nicht beeinträchtigt zu sehen, eine größere Distanz. Dieses Erleben einer quasi monadenhaften Existenz oder eines permanenten Gipfel-Erlebnisses kann natürlich durch größere räumliche Nähe gestört werden, so daß es zu Symptomexazerbationen kommt.

Zum Schluß sei hinsichtlich der Aufmerksamkeitsausrichtung von seiten der Therapeuten auf die Patienten, hinsichtlich der Intensität des interaktionellen Erlebens mit den Patienten der verschiedenen Diagnose-Gruppen noch angemerkt:

Während des Untersuchungszeitraumes hatten beide Einrichtungen wöchentlich eine gemeinsame Supervision mit der Leiterin der Klinischen Einrichtungen, die thematisch zentriert war auf die schweren und schwersten Fälle. In der Sicht der Leiterin waren beide Einrichtungen durch schwere und schwerste Fälle charakterisiert. Dennoch stellten sich im Erleben der Leiterin und der anderen Therapeuten die in der Tagesklinik behandelten präpsychotisch gestörten Patienten lebhafter, eindrücklicher dar: Das Interesse für diese schwerer Gestörten schien in der Tagesklinik größer als auf der Bettenstation, vielleicht auch, weil die Tagesklinik etwas Neues für die Beteiligten war.

Literatur

ALBERTI, L.; GÜNTHER, P. K. G.; HEIGL-EVERS, A.; WEIDENHAMMER, B. (1987) : Auf der Suche nach der verborgenen Schönheit des Psychoanalytikers. Erste Mitteilungen aus dem Bereich einer deskriptiven Psychologie. Zeitschrift für Psychosomatische Medizin und Psychoanalyse 33: 1-19.

DICKENS, C. (1984) : Bleakhaus. Diogenes Taschenbuch, München.

DREYFUS, T.; EILENBERG, T. (1978-79) : On acceptance of mathematical theories. Philosophia Mathematica 15/16: 56-87.

ECO, U. (1982) : Der Name der Rose. Carl Hanser Verlag, München.

HEIGL-EVERS, A.; GÜNTHER, P.K.G. (1990) : Erste Versuche der Beschreibung einer universitären psychotherapeutischen Tagesklinik mittels phänomenologischer formaler Verfahren. In: EIKELMANN, B.; TÖLLE, R. (Hg.): Praxis der tagesklinischen Behandlung in der Psychiatrie. Janssen, Neuss.

HEIGL-EVERS, A.; HENNEBERG-MÖNCH, U.; ODAG, C.; STANDKE, G. (Hg.) (1986) : Die Vierzigstundenwoche für Patienten. Konzept und Praxis teilstationärer Psychotherapie. Vandenhoeck & Ruprecht, Göttingen.

KAUFMANN, A. (1975) : Introduction to the theory of fuzzy subsets, Bd. 1. Academic Press, New York.

KRACAUER, S. (1979) : Der Detektiv-Roman. Ein philosophischer Traktat. Suhrkamp Verlag, Frankfurt am Main.

MOERS, W. (1987) : Die Schimauski-Methode und andere sensationelle Entdeckungen des erstaunlichen Prof. Dr. Albert Schimauski. Beltz & Gelberg, Weinheim.

RASIOWA, H. (1992) : Toward fuzzy logic. In: ZADEH, L.A.; KACPRZYK, J. (Hg.): Fuzzy logic for the management of uncertainty. John Wiley & Sons, New York.

RASIOWA, H.; CATHO, N. (1992) : *LT*-fuzzy logic. In: ZADEH, L.A.; KAC-PRZYK, J. (Hg.): Fuzzy logic for the management of uncertainty. John Wiley & Sons, New York.

TRUZZI, M. (1973) : Sherlock Holmes: Applied social psychologist. In: TRUZZI, M. (Hg.): The humanities as sociology. An introductory reader. Charles E. Merrill Publishing Company, Columbus, Ohio.

VOLTAIRE, F.-M. (s.a.) : Romane und Erzählungen. Verlag Lothar Borowsky, München.

WATANABE, S. (1978) : A generalized fuzzy-set theory. IEEE Transactions on Systems, Man, and Cybernetics 8: 756-760.

ZADEH, L.A. (1965) : Fuzzy sets. Information and Control 8: 338-353.

ZADEH, L.A. (1984) : Making computers think like people. IEEE Spectrum 21: 26-32.

Tabelle I: Klassifikationskern {Präpsychotisch} = {1}

1 = Präpsychotisch / Psychotisch
2 = Borderline
3 = Narzißtisch
4 = Psychosomatisch
5 = Neurotisch
6 = Depressiv
7 = Zwanghaft
8 = Hysterisch

{1} = {Präpsychotisch}

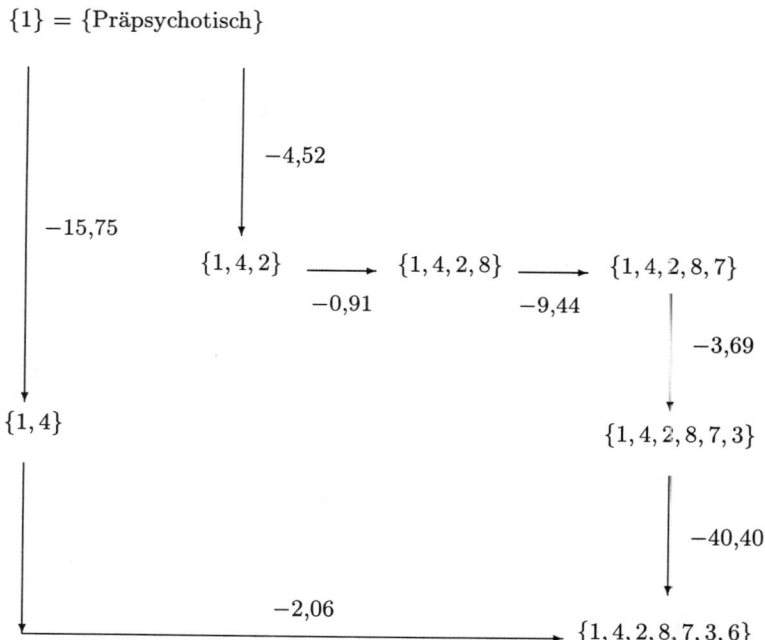

Tabelle II: Klassifikationskern {Psychosomatisch} = {4}

1 = Präpsychotisch / Psychotisch
2 = Borderline
3 = Narzißtisch
4 = Psychosomatisch
5 = Neurotisch
6 = Depressiv
7 = Zwanghaft
8 = Hysterisch

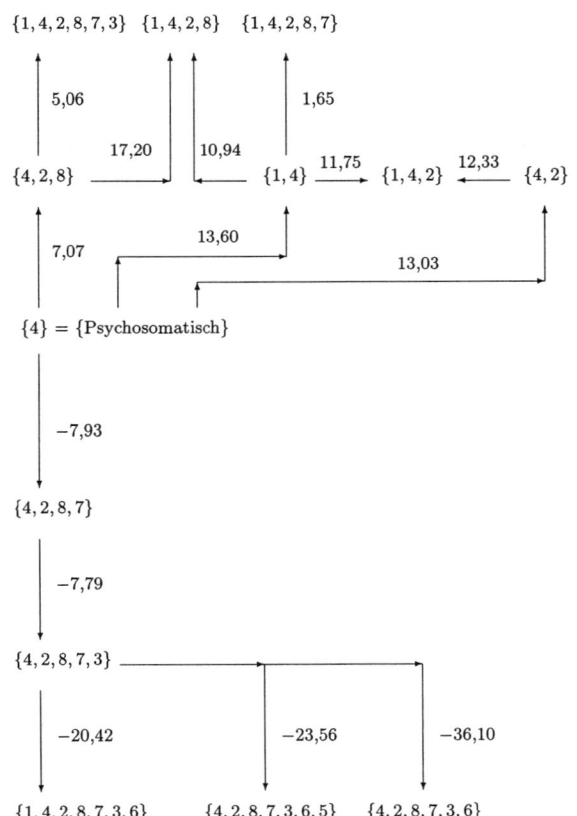

Tabelle III: Klassifikationskern {Borderline} = {2}

1 = Präpsychotisch / Psychotisch
2 = Borderline
3 = Narzißtisch
4 = Psychosomatisch
5 = Neurotisch
6 = Depressiv
7 = Zwanghaft
8 = Hysterisch

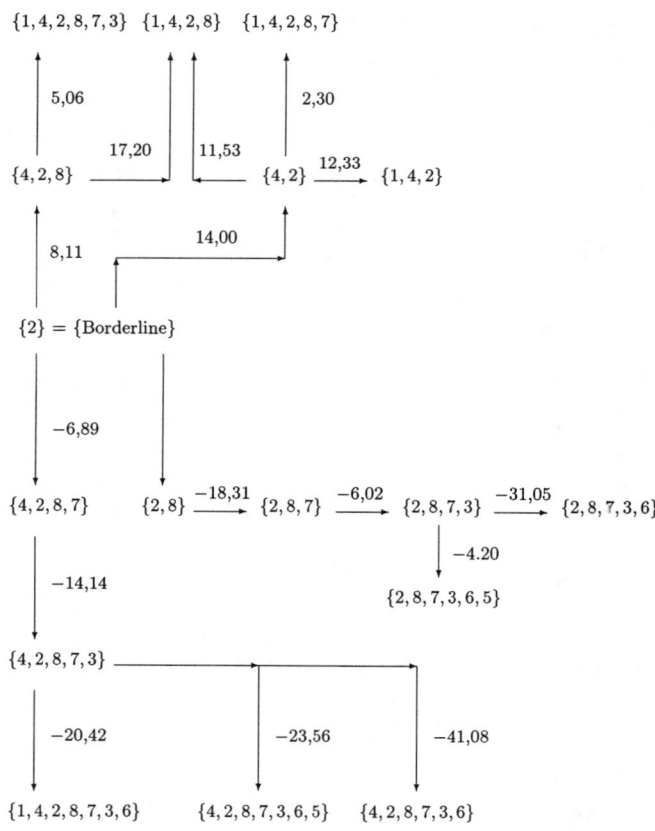

Tabelle IV: Klassifikationskern {Narzißtisch} = {3}

1 = Präpsychotisch / Psychotisch
2 = Borderline
3 = Narzißtisch
4 = Psychosomatisch
5 = Neurotisch
6 = Depressiv
7 = Zwanghaft
8 = Hysterisch

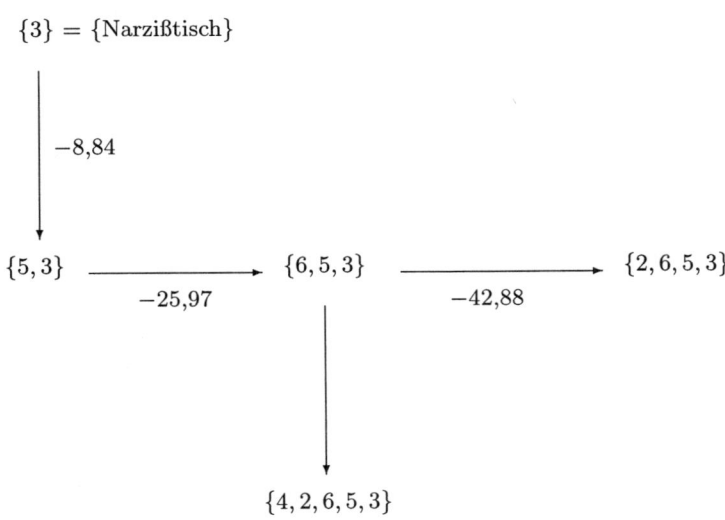

$\{3\} = \{\text{Narzißtisch}\}$

$-8{,}84$

$\{5,3\} \xrightarrow{\hspace{2cm}} \{6,5,3\} \xrightarrow{\hspace{2cm}} \{2,6,5,3\}$

$-25{,}97 \qquad -42{,}88$

$\{4,2,6,5,3\}$

Tabelle V: Klassifikationskern {Präpsychotisch} = {1}

1 = Präpsychotisch / Psychotisch
2 = Borderline
3 = Narzißtisch
4 = Psychosomatisch
5 = Neurotisch
6 = Depressiv
7 = Zwanghaft
8 = Hysterisch

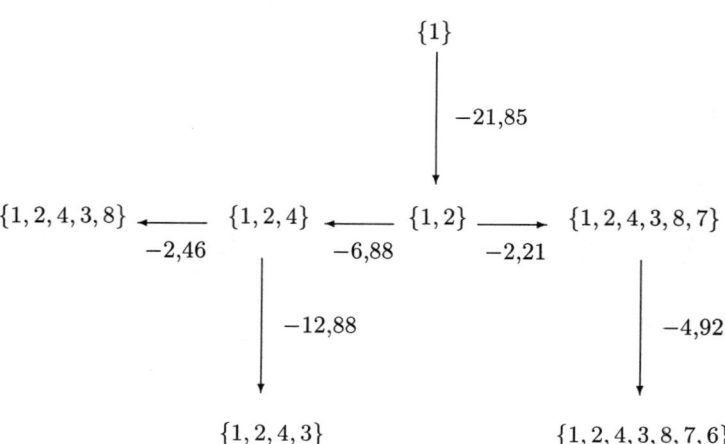

Tabelle VI: Klassifikationskern {Borderline} = {2}

1 = Präpsychotisch / Psychotisch
2 = Borderline
3 = Narzißtisch
4 = Psychosomatisch
5 = Neurotisch
6 = Depressiv
7 = Zwanghaft
8 = Hysterisch

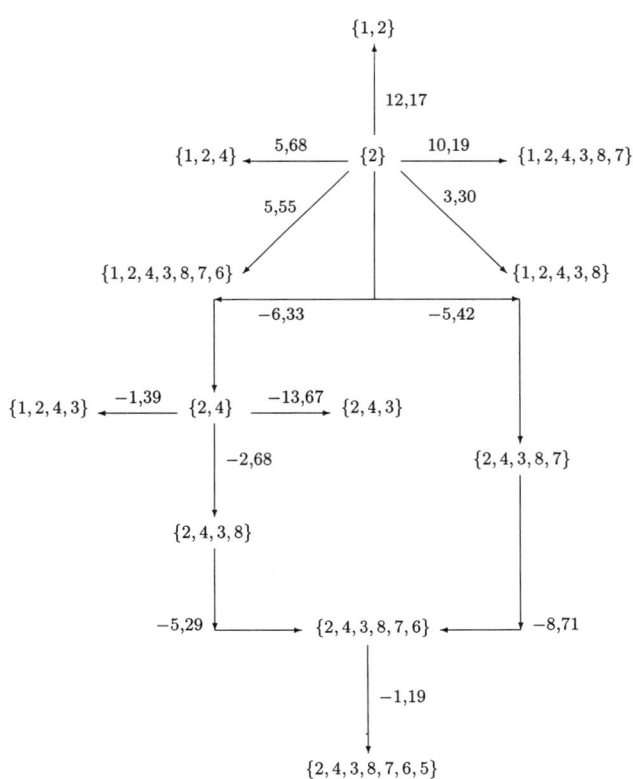

Tabelle VII: Klassifikationskern {Narzißtisch} = {3}

1 = Präpsychotisch / Psychotisch
2 = Borderline
3 = Narzißtisch
4 = Psychosomatisch
5 = Neurotisch
6 = Depressiv
7 = Zwanghaft
8 = Hysterisch

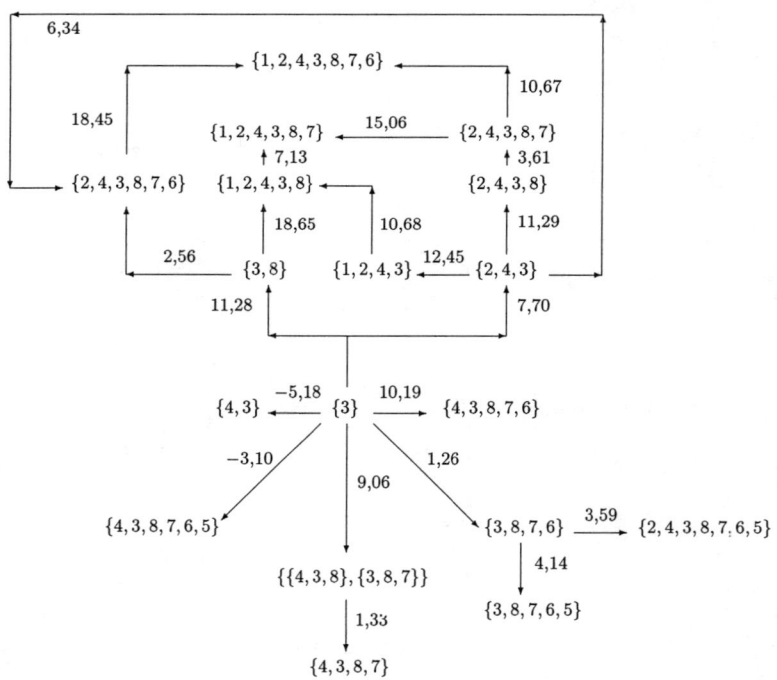

ANNELISE HEIGL-EVERS

Die psychoanalytisch-interaktionelle Methode zur Behandlung frühgestörter Patienten, expliziert am Vergleich der psychoanalytisch-deutenden und der psychoanalytisch-antwortenden Vorgehensweise

Das Angebot, das die Psychoanalyse mitsamt ihren Modifikationen heute in die Versorgung einbringt, kann nach unseren klinischen Erfahrungen und Überlegungen zweifach gegliedert werden: Wir sprechen von einer psychoanalytisch-*deutenden* und von einer psychoanalytisch-*antwortenden* Vorgehensweise. Beide Interventionsformen sind aus der Psychoanalyse entstanden; sie beruhen auf ihrer Krankheitslehre, ihrer Persönlichkeitstheorie und der Theorie ihrer therapeutischen Methode. Es scheint möglich zu sein, mit dem Einsatz dieser beiden Vorgehensweisen – in ihren einzeltherapeutischen und gruppentherapeutischen Versionen – dem heutigen Versorgungsbedarf für psychisch bedingte und psychisch mitbedingte Erkrankungen zu entsprechen (HEIGL-EVERS u. NITZSCHKE 1991).

Die psychoanalytisch-*deutende* Methode, auf der traditionellen Linie der Psychoanalyse entwickelt, ist, ausgeformt zur analytischen Psychotherapie, in der Bundesrepublik in die kassenärztliche Versorgung einbezogen. Sie ist angezeigt bei den klassischen Gegenständen der Psychoanalyse, den Konflikt- oder ödipalen oder Übertragungsneurosen (THOMÄ u. KÄCHELE 1985). – Die psychoanalytisch-*antwortende* Vorgehensweise als eine der jüngeren Spielarten der Psychoanalyse scheint geeignet für die Behandlung der präödipalen oder strukturellen, der früh entstandenen oder basalen Störungen; von den so Erkrankten wird heute zunehmend Hilfe bei der Psychotherapie gesucht. Im folgenden soll es darum gehen, die Indikationsbereiche dieser beiden Methoden und ihrer Techniken gegeneinander abzugrenzen und zu begründen, warum bei der einen Störungsgruppe der Therapeut vornehmlich *deuten* und warum er bei der anderen vornehmlich *antworten* sollte (HEIGL-EVERS u. HEIGL 1987).

Vorausgeschickt sei ein Hinweis auf die Problematik von Indikation und Differentialindikation. Die Indikationsfrage kann einmal so gestellt werden, daß im Hinblick auf vorliegende, auf verfügbare therapeutische Methoden solche Kranken ausgewählt werden, bei denen ihre Anwendung eine begründete Heilungschance verspricht; was hier geschieht, wird als *selektive* Indikation bezeichnet. Die Indikationsfrage kann jedoch auch so gestellt werden, daß im Hinblick auf den Kranken nach den therapeutischen Zielen gefragt wird und im Zusammenhang damit nach einer Methode, mit deren Hilfe diese Ziele bei der jeweils gegebenen Ausgangslage erreichbar erscheinen. Ist eine solche Methode im konkret verfügbaren Repertoire nicht vorhanden, sollte sie im Sinne einer Modifikation entwickelt werden; man spricht von *adaptiver* Indikation. Während also im ersten Fall für eine verfügbare Methode der passende Patient gesucht wird, wird im zweiten Fall eine bereits vorliegende, aber nicht ausreichend geeignete Methode durch Modifikation dem Patienten angepaßt (ZIELKE 1979).

Bei den Entscheidungen, die auf der Linie von Differentialdiagnostik und -indikation zu treffen sind, hat sich folgendes Kriterium bewährt: Hat der Patient das *dritte Objekt* in sein Erleben einbeziehen können, so daß er imstande ist, trianguläre Beziehungen zu bilden, oder ist das dritte Objekt *nicht* zum integrierenden Bestandteil seiner Orientierung und Handlungssteuerung geworden und ist infolgedessen seine Beziehungsbildung auf dyadische bzw. pseudodyadische Muster reduziert?

Im Hinblick auf die Konfliktneurosen ist es wichtig, sich zu vergegenwärtigen, daß der Konflikt eine Triade von Kräften darstellt; denn er entsteht aus zwei Opponenten als dem ersten und dem zweiten Antagonisten, deren Unverträglichkeit erlebt wird, woraus eine dritte Kraft resultiert, die eine Abgrenzung schafft (und nicht eine Abschottung durch Spaltung) und die in Spannung überführt werden und zu einer überbrückenden Lösung verarbeitet werden kann; man spricht von *Kompromißbildung*. Solche inneren Spannungen werden, so sieht es die Psychoanalyse, auf dem Spielfeld des psychoanalytischen Prozesses über das Wiedererstehen der ursprünglichen Konfliktpartner via Übertragung und Gegenübertragung reinszeniert und damit der therapeutischen Beeinflussung zugänglich (BRENNER 1986).

Es geht darum, dem Kranken *Einsicht* in das konfliktäre Erleben zu vermitteln, wobei 'Einsicht' ebenso wie 'Konflikt' auch triadisch konstelliert ist: Sie ist an die Erlebbarkeit, an die Verfügbarkeit eines dritten Objekts gebunden. Um Einsicht vollziehen zu können, bedarf es des Erlebens von Abgegrenztsein, wobei die Grenze bereits das Element des Dritten darstellt (Grenze als Drittes zwischen einem Ersten und Zweiten); Einsicht vollziehen heißt, sich selbst mit den Augen eines Anderen, eines Dritten, des Überich, zu sehen. Einsicht vollzieht sich also in einem seelischen Binnenraum. In diesem Binnenraum wird Dreidimensionalität möglich; die Objekte werden zu dreidimensionalen Gestalten, die von allen Seiten betrachtet werden können und sich von den flächenhaft-zweidimensional abgebildeten Objekten der prä-triangulären Phase unterscheiden. SEIDLER (1991, 1993) hat vorgeschlagen, die Schamfähigkeit eines Patienten als Kriterium für das Vorhandensein eines solchen Binnenraumes heranzuziehen.

Dabei wird in der Psychoanalyse auf der traditionellen Linie ihrer therapeutischen Einwirkung Einsicht durch *Deutung* angestrebt: Das erste Objekt (der Patient) bildet sich im zweiten Objekt (dem Therapeuten) im Wechselspiel von Übertragung und Gegenübertragung ab; so entsteht ein drittes, nämlich das im zweiten abgebildete, erlebbar gewordene Erste, das zum Inhalt der Deutung wird.

In der gleichfalls triadischen Konstruktion des seelischen Apparates, wie FREUD sie 1923 in seiner Strukturtheorie entworfen hat, kann sich in den hier entstehenden Spannungen zwischen den Instanzen Ich, Es und Über-Ich ein relativ starkes Ich (fiktives Normal-Ich) heranbilden, das u. a. zur Verweisung (Verdrängung) unerträglicher unlusterzeugender Konflikte ins Unbewußte fähig ist. Es kann auch ein relativ stabiles Über-Ich entstehen mit depersonifizierten Normen und Werten (FREUD 1923, 1937).

Wenn Triangularität in den inneren und äußeren Beziehungen grundsätzlich erreicht ist, kann – auch wenn es im Zusammenhang der Neurosenentstehung zum partiellen regressiven Rückzug kommt – der Einsatz einer psychoanalytisch-deutenden Vorgehensweise begründet werden.

Wie sieht es nun mit dem Indikationskriterium des dritten Objekts, der Ganzobjektbeziehung, des Erlebens von Alterität bei jenen Kranken aus, die nosologisch den als präödipal, strukturell, basal oder früh bezeichneten Störungen zuzuordnen sind (KERNBERG 1978; HOFFMANN u. HOLZAPFEL 1991)? Ihnen fehlt wegen nicht oder mangelhaft zustandegekommener präödipaler und ödipaler (ABELIN 1971; ROTMANN 1978, 1985) Triangulierung das dritte Objekt, wodurch das Erleben von Trennung, Grenze, Abgegrenzt- und Anderssein erst möglich würde. So bleiben die Komponenten innerer Unverträglichkeiten unversöhnt nebeneinander bestehen; zwischen ihnen entwickelt sich somit nicht ein Verhältnis der Spannung, aus dem Kompromißbildungen entstehen könnten. Die Komponenten der Unverträglichkeit müssen vielmehr voneinander getrennt gehalten werden, um nicht unerträgliche Unlust aufkommen zu lassen.

Das Fehlen des dritten Objekts hat zur Folge, daß Erleben und Verhalten des Kranken von *Teilobjekt-Beziehungen* reguliert wird. Die von diesen Kranken verinnerlichten Objektbeziehungs-Muster sind apersonaler Art. Die Teilobjekte sind in ihren Repräsentanzen gegen die des Selbst nicht klar abgegrenzt. Ein Teilobjekt wird somit mehr oder weniger als Teil des Selbst erlebt. In der Regel bleibt bei diesen Störungen die Ausübung wichtiger Regulierungsfunktionen an Teilobjekt-Repräsentanzen gebunden, weil sie nicht auf Repräsentanzen des Selbst transferiert wurden. Da die Ausübung der an Teilobjekte gebundenen Regulierungsfunktionen zur Erhaltung der biopsychologischen Konstanz unerläßlich ist, werden die Teilobjekte, die als Funktionsträger dienen, auf dem Wege primitiver

Übertragung durch äußere Objekte substituiert; von ihnen wird hinfort die Ausübung dieser Funktionen erwartet. Solche Teilobjekt-Substitute sind per definitionem nicht als abgegrenzt, als personal erlebbar; sie erscheinen dem Kranken vielmehr als Anteile seines Selbst, über die er entsprechend verfügt. Enttäuschungen, die über kurz oder lang am Teilobjekt-Substitut (in der Behandlung am Therapeuten) entstehen, führen zu *interaktionellen* Unverträglichkeiten.

Das Dominieren solcher Teilobjekt-Beziehungen hat Rückwirkungen auf die Struktur des Ich; es werden jene Funktionen des Ich nicht oder nur mangelhaft entwickelt, die zur Erfahrung und Verarbeitung von Trennung und Grenze und zum Umgang mit dem dritten Objekt erforderlich sind – vor allem die Realitätsfunktion mit der Fähigkeit zur Unterscheidung zwischen Innen und Außen, zwischen Damals und Jetzt, zwischen Phantasie und Wirklichkeit bleibt defizitär. Auch die Funktion der Affekt-Differenzierung, speziell im Sinne der Signalgebung, wie sie für die Beziehungsregulierung und auch für die Informationsverarbeitung und die Selbst-Reflexion von Bedeutung ist, bleibt mangelhaft (HEIGL-EVERS u. HEIGL 1988; HEIGL-EVERS, HEIGL u. OTT 1993).

Da die Entwicklung eines depersonifizierten, mit eigenständigen Werten und Normen ausgestatteten, also ausreichend autonomen Überich an die (ödipale) Triangulierung und damit an die Verfügbarkeit des dritten Objekts gebunden ist, sind bei diesen Kranken präautonome Überich-Vorläufer zu erwarten: So findet sich bei ihnen der Mechanismus der Identifizierung mit dem Angreifer, gekennzeichnet durch Schuld-Externalisierung und Übernahme der Ankläger-Position gegenüber einem externen Schuldigen; oder ein unnachsichtiger Ankläger und sadistischer Straf-Verfolger wird mit einem äußeren Objekt identifiziert und richtet sich gegen das Selbst, das sich masochistisch unterwirft und eventuell auch masochistisch triumphiert; es kann auch zur Imitation der Normen eines idealisierten Teilobjektes bzw. dessen externen Substituts kommen. Im Zusammenhang mit einem somit defizitären Überich ist auch die Funktion von Selbstbeurteilung und Selbsteinschätzung beeinträchtigt; signalgebende Schuld- und Scham-Gefühle sind nicht verfügbar; sie fehlen als Regulative in der Beziehung zum eigenen Selbst und zu den Objekten; die Sicherheit, die ein autonomes Überich vermittelt, ist vermindert (siehe dazu MERTENS 1983; JACOBSON 1973).

Wie nun ist ein therapeutisches Verfahren vorzustellen, das einer Psychopathologie Rechnung trägt, die durch das Fehlen eines dritten Objekts und der daraus folgenden strukturellen Störungen gekennzeichnet ist? Es mag einleuchten, daß eine therapeutische Orientierung am Prinzip Deutung nicht begründbar ist; denn es fehlt bei diesen Kranken ein im Inneren konstellierter pathogener Konflikt, auf den nach Konfrontieren und

54

Klarifizieren eine Deutung auszurichten wäre, damit schließlich Einsicht zustandekommt. Anders als bei den Neurosen geht es nicht um das Ziel, einen pathogenen unbewußten Konflikt bewußt werden zu lassen.

Fragt man sich, wie das therapeutische Ziel bei strukturell gestörten Patienten zu formulieren ist, so ergibt sich folgerichtig und unserer klinischen Erfahrung entsprechend, daß es darum geht, dem Patienten das dritte Objekt erlebbar werden zu lassen und damit die Erfahrung von Alterität, vom „Anderssein" der eigenen Person wie der des Partners. Der Klärungsprozeß muß sich hier an jenen Interaktionsabläufen abwickeln, die dadurch zustandekommen, daß ein inneres Teilobjekt durch ein äußeres Objekt, in der Behandlung durch den Therapeuten, substituiert und daß die dazugehörigen Regulierungsfunktionen an diesen delegiert werden, daß also ein Außenobjekt als Teil des eigenen Selbst instrumentalisierend benutzt wird. Solche Instrumentalisierung wirkt sich auf die Person, die zum Teilobjekt-Substitut geworden ist, über kurz oder lang so aus, daß in ihr mehr oder weniger intensive aggressive und aversive Affekte hervorgerufen werden. Es geht also darum, den vom Patienten primär als Teilobjekt-Substitut, als Teil seines Selbst manipulierten Therapeuten in seiner Abgegrenztheit, seiner Andersartigkeit, erfahrbar werden zu lassen (HEIGL-EVERS u. STREECK 1985; HEIGL-EVERS u. HENNEBERG-MÖNCH 1987).

Die dafür geeignete Interventionsform ist die der interaktionellen Antwort: Der Therapeut registriert die durch den Patienten in ihm wachgerufenen Affekte und teilt sie authentisch, wenngleich in ihrer Expression selektiv, dem Patienten mit, wobei er auch den interaktionellen Entstehungszusammenhang seines Affekts klarmacht, klarifiziert. Er tritt so in seiner Andersartigkeit in Erscheinung. Um eine ausreichend vertrauensvolle Beziehung zum Kranken herzustellen, muß der Therapeut freilich die primitive Übertragung (KERNBERG 1981), die der Teilobjekt-Substituierung zugrundeliegt, akzeptieren; das geschieht durch eine Einstellung von „holding" (WINNICOTT 1974) und „containing" (BION 1961). Dazu gehört auch, daß er die ihm vom Patienten zugewiesenen Funktionen als Hilfs-Ich (FÜRSTENAU 1977) nach Möglichkeit übernimmt; dazu gehört ferner, daß er die Expression seiner inneren affektiven Antworten auf die ihm jeweils erkennbaren *Toleranzgrenzen* des Patienten abstimmt.

Besonders wichtig bei Anwendung der psychoanalytisch-antwortenden Methode ist der Umgang mit den in den therapeutischen Interaktionen auftauchenden Affekten; es geht nicht nur um deren Umsetzung in authentische Antworten auf seiten des Therapeuten, es geht auch darum, die beim Patienten wahrnehmbaren, häufig diffusen und gemischten (auch mit Körperempfindungen gemischten) Affekte zu identifizieren und zu klarifizieren. Ein besonderes Augenmerk verdienen Affekte wie Bitterkeit,

Grimm, Groll und Hader, deren motivationale oder Handlungs-Anteile durch Revanche, Vergeltung, Rache an bösen Teilobjekten, an frühen Introjekten und ihren Substituten ausgerichtet sind (HEIGL u. HEIGL-EVERS 1991; KRAUSE 1990).

Die Interventionen der authentischen Antworten ermöglichen es, daß sich der Therapeut, vom Patienten zunächst als Teilobjekt und das heißt als Anteil seines Selbst erlebt, in einer Vielzahl kleiner Schritte als der *Andere* wahrnehmbar macht und zu erkennen gibt. Dieses emotionale Antworten stellt für das Erleben des Patienten etwas Andersartiges, Neuartiges dar; es entspricht *nicht* der Erwartung, die er an sein Teilobjekt-Substitut richtet. Im gelungenen Fall werden beim Patienten Affekte des Stutzens und der Betroffenheit ausgelöst als Signale dafür, daß ihm bis dahin unbekannte Aspekte der Realität im ersten Ansatz wahrnehmbar werden. Durch Einsatz der psychoanalytisch-antwortenden Methode können die Klarifizierungsprozesse, die sich beim Neurosekranken an den konflikthaften Beziehungen seiner Innenwelt, abgebildet in der Übertragung, abspielen, sich an den interaktionellen äußeren Abläufen vollziehen, in die sich eine primitive Übertragung unmittelbar umsetzt.

Wird im gelungenen Fall durch ein antwortendes Vorgehen die Fähigkeit zu personalen, zu Ganzobjekt-Beziehungen allmählich hergestellt und werden dadurch progressive Prozesse in der Differenzierung der Ich- und der Überich-Struktur eingeleitet, dann entfällt natürlich auch die Kontraindikation gegen ein psychoanalytisch-deutendes Verfahren. Dies wird nunmehr möglich – sei es durch Umstellung auf eine entsprechende Methode in Einzeltherapie oder Gruppe, sei es durch *alternierenden* Einsatz der beiden Interventionsformen 'Deutung' und 'Antwort'.

Eine klinische Vignette möge abschließend ein psychoanalytisch-antwortendes Vorgehen verdeutlichen:

Ein Patient mit Borderline-Anteilen wurde in einer psychoanalytisch-antwortend geleiteten Gruppentherapie im Rahmen einer Tagesklinik behandelt, nachdem die Therapeutin ihn bei einem diagnostischen Erstgespräch in der Ambulanz kennengelernt hatte. In einer unmittelbar vor der Weihnachtspause stattfindenden Gruppensitzung beklagte sich der Patient heftig über sie; er schilderte ihr Verhalten wie ihre Person überhaupt in düsteren Farben und sagte abschließend: „Wenn ich daran denke, wie Sie damals im Gespräch in der Ambulanz waren, so freundlich, so einfühlend – und wenn ich Sie mit heute vergleiche, dann kann ich nur sagen: es ist ein Unterschied wie Tag und Nacht, wie Tag und Nacht!" Er sagte das im Hinausgehen, nachdem die anderen Patienten sich von der Therapeutin für die Weihnachtspause bereits verabschiedet hatten, dabei zögerte er in der Tür, von stärkerer Erregung – wahrscheinlich ausgelöst durch die bevorstehende Trennung – bedrängt. Die Therapeutin spürte in sich ein leises Schuldgefühl und dann eine stärkere Trauer darüber, daß sie auch beim besten Willen nicht eine nur freundliche und einfühlende Therapeutin sein konnte, und sagte, wobei die Trauer, wie sie merkte, ihre Stimme durchtränkte: „Sie sagen, wie Tag und Nacht! und so ist es auch: Tag und Nacht, beide gehören zusammen, eines ist nicht ohne das andere." Daraufhin stutzte der Patient, der gerade im Begriff war, ihr den Rücken kehrend, grußlos den Raum zu verlassen; er drehte sich zu ihr um, streckte ihr die Hand entgegen und sagte: „Frohe Weihnachten."

Literatur

AELIN, E.L. (1971) : Role of the father in the separation-individuation process. In: McDEVITT, J.B.; SETTLAGE, C.F. (Eds.): Separation-Individuation. Essays in Honor of Margaret S. Mahler. Int. Univ. Press, New York.

BION, W.R. (1961) : Experiences in groups and other papers. Tavistock Publications, London.

BRENNER, Ch. (1986) : Elemente des seelischen Konflikts. S. Fischer, Frankfurt am Main.

FREUD, S. (1923) : Das Ich und das Es. GW XIII, 237-289.

FREUD, S. (1937) : Die endliche und die unendliche Analyse. GW XVI, 57-99.

FÜRSTENAU, P. (1977) : Die beiden Diemsionen des psychoanalytischen Umgangs mit strukturell Ich-gestörten Patienten. Psyche 31: 197-207.

HEIGL, F.; HEIGL-EVERS, A. (1991) : Basale Störungen bei Abhängigkeit und Sucht und ihre Therapie. In: HEIGL-EVERS, A.; HELAS, I.; VOLLMER, H.C. (Hg.): Suchttherapie. Vandenhoeck & Ruprecht, Göttingen.

HEIGL-EVERS, A.; HEIGL, F. (1987) : Die psychoanalytisch-interaktionelle Therapie – eine Methode zur Behandlung präödipaler Störungen. In: RUDOLF, G.; RÜGER, U. (Hg.): Psychoanalyse der Gegenwart. Vandenhoeck & Ruprecht, Göttingen.

HEIGL-EVERS, A.; HEIGL, F. (1988) : Zum Prinzip „Antwort" in der psychoanalytischen Therapie. Springer, Berlin Heidelberg.

HEIGL-EVERS, A.; HEIGL, F.; OTT, J. (Hg.) (1993) : Lehrbuch der Psychotherapie. G. Fischer, Stuttgart Jena.

HEIGL-EVERS, A.; HENNEBERG-MÖNCH, U. (1987) : Objektbeziehungsstörungen in einer sich wandelnden Umwelt. Gruppenther. Gruppendyn. 22: 313-323.

HEIGL-EVERS, A.; NITZSCHKE, B. (1991) : Das Prinzip „Deutung" und das Prinzip „Antwort" in der psychoanalytischen Therapie. Zsch. psychosom. Med. 37: 115-127.

HEIGL-EVERS, A.; STREECK, U. (1985) : Psychoanalytisch-interaktionelle Therapie. Psychother. med. Psychol. 35: 176-182.

HOFFMANN, S.O.; HOLZAPFEL, G. (1991³) : Einführung in die Neurosenlehre und Psychosomatische Medizin. Schattauer, Stuttgart.

JACOBSON, E. (1973) : Das Selbst und die Welt der Objekte. Suhrkamp, Frankfurt am Main.

KERNBERG, O.F. (1978) : Borderline-Störungen und pathologischer Narzißmus. Suhrkamp, Frankfurt am Main.

KERNBERG, O.F. (1981) : Objektbeziehungen und Praxis der Psychoanalyse. Klett-Cotta, Stuttgart.

KRAUSE, R. (1990) : Zur Psychodynamik der Emotionsstörungen. In: SCHERER, K. (Hg.): Psychologie der Emotionen. Enzyklopädie der Psychologie, Bd. CIV, 3. Hogrefe, Göttingen.

MERTENS, W. (1983) : Psychoanalyse. Ein Handbuch in Schlüsselbegriffen. Urban & Schwarzenberg, München.

ROTMANN, M. (1978) : Über die Bedeutung des Vaters in der „Wiederannäherungsphase". Psyche 32: 1105-1147.

ROTMANN, M. (1985) : Frühe Triangulierung und Vaterbeziehung. Anmerkung zur Arbeit von Michael Ermann. Forum Psychoanal. 1: 308-317.

SEIDLER, G.H. (1991) : Die Bedeutung des „Scham-Affektes" im diagnostischen Prozeß. Vortrag, gehalten am 16.9.1991 anläßlich des 15. Internationalen Kongresses für Psychotherapie in Hannover.

SEIDLER, G.H. (im Druck) : Scham und Geschlecht. Vandenhoeck & Ruprecht, Göttingen.

THOMÄ, H.; KÄCHELE, H. (1985) : Die Übertragungsneurose als operationaler Begriff. In: THOMÄ, H.; KÄCHELE, H.: Lehrbuch der psychoanalytischen Therapie, Bd. 1. Springer, Heidelberg.

WINNICOTT, D.W. (1974) : Die Entwicklung der Fähigkeit der Besorgnis. In: WINNICOTT, D.W.: Reifungsprozesse und fördernde Umwelt. Kindler, München.

ZIELKE, M. (1979) : Indikation zur Gesprächstherapie. W. Kohlhammer Verlag, Stuttgart.

BRIGITTE BOOTHE

Bemerkungen zur negativ-ödipalen Entwicklung und zum Objektwechsel beim Mädchen

Die Thematik des Ödipuskomplexes wird erst in jüngerer Zeit wieder intensiver diskutiert, zum Beispiel bei BAURIEDL (1987), EHEBALD (1988), ERMANN (1987), KÖNIG (1987), SCHMIDT-HELLERAU (1988), ZEUL (1988). STORK (1987) legt einen mit ausführlicher Einleitung und Kommentierung versehenen Tagungsband vor. Eine eindrucksvolle integrative Aufarbeitung der ödipalen Thematik und der präödipalen Objektbeziehungen leistet HAMILTON (1982); ROHDE-DACHSER (1987) zeichnet für die Borderline-Pathologien das Schicksal der ödipalen Beziehungskonstellation auf.

Für viele Jahre war die Erforschung des Ödipalen hinter die empirische und interpretativ-konstruktive Erforschung der frühesten Säuglings- und Kleinkindzeit sowie die empirische und konzeptuelle Auseinandersetzung mit den Formen elterlich-kindlicher Beziehung und Beziehungsregulierung zurückgetreten (einige Marksteine auf diesen zum Teil sich kreuzenden Wegen: ABELIN 1971, 1975; AINSWORTH 1969; BALINT 1937; BOWER 1977; BOWLBY 1951; BRAZELTON 1969; MAHLER, PINE u. BERGMANN 1975; SPITZ 1957; STERN 1977; WINNICOTT 1957). Dabei gewannen die Erforschung der kindlichen Beziehung zum Übergangsobjekt in der späteren Säuglingszeit (vgl. dazu eine neue begriffliche Untersuchung von HARTKAMP u. HEIGL-EVERS 1988) und zu beiden Eltern in der präödipalen frühen Triangulierung (ABELIN 1971, 1975; ROTMANN 1978) besondere Beachtung. Die Ich-Psychologie rückte die Rolle der Umwelt für die emotionale und kognitive Entwicklung des Kindes stärker in den Vordergrund (HARTMANN 1939), ein Aspekt, der im Sinne besonderer Einschränkungen und spezifischer Erwartungen gerade für die Herausbildung der Geschlechtsidentität und des geschlechtlichen Selbstwertgefühls bedeutsam ist.

Das keimende Ich ist auf eine nährende und schützende, herausfordernde wie bestätigende, aber auch spielerisch-aktive Austauschbeziehung angewiesen (im historischen Rückblick und in theoretischer Auseinandersetzung dargestellt bei HAMILTON 1982). Erweist sich diese Beziehung – global formuliert – als zu dürftig oder als überfordernd, dann gerät die ödipale Dreier-Beziehung mit ihren Bedingungen des Generationenabstands (CHASSEGUET-SMIRGEL 1984), des temporären Ausschlusses und der auf dem Inzestverbot beruhenden neuen Distanz zum alten Liebesobjekt zur traumatischen Erfahrung statt zur Entwicklungschance, wie ROHDE-DACHSER (1987) gezeigt hat. Gerade Mädchen stehen – verwendet man hier die MAHLERsche Kategorie der „Wiederannäherungsphase" (MAHLER, PINE u. BERGMANN 1975) – in einer konfliktären Trennungssituation von der versorgenden, behütenden Mutter des frühen Kindesalters, deren Dynamik WURMSER (1987, S.87) auf diese Formel bringt:

„Wenn ich mich selbst behaupte und mich von der Mutter abwende, verliere ich ihre Liebe und die so nötige Zusammengehörigkeit. Wenn ich mich indes in die Geborgenheit mit ihr zurückziehe, laufe ich Gefahr, ganz in ihr aufzugehen, mich selbst in ihr wieder zu verlieren."

Eine – und *nur* eine – Bedingung der Überwindung dieses Dilemmas ist die Fähigkeit, den weiblichen negativen Ödipuskomplex zu durchleben und in diesem konfliktären Prozeß, welcher die Verarbeitung von Enttäuschung, Zurücksetzung, Selbstinfragestellung, Entmutigung bedeutet, *dennoch* Phallizität auf eine spezifische Art zu integrieren. Für diesen Entwicklungsprozeß sind die ödipalen Liebeswünsche des Mädchens an die Mutter meiner Einsicht nach zentral.

Daher soll von den ödipalen Liebeswünschen an die Mutter und ihrem weiteren Schicksal sowie der Rolle von Penisneid und Peniswunsch in der frühen Lebensgeschichte des Mädchens hier die Rede sein.

Zunächst ist begrifflich einzugrenzen, was für den vorliegenden Zusammenhang unter ödipalen Liebeswünschen des kleinen Mädchens an die Mutter verstanden sein soll:

Es handelt sich darum, daß das Mädchen eine exklusive und besondere Beziehung zur Mutter herzustellen wünscht, eine Beziehung, in der die erotische Attraktivität des Mädchens und seine Verführungskraft über Nebenbuhler siegt und in der es sich bemüht, für die umworbene Mutter im Sinne sexueller Befriedigung und erotischer Bedeutung attraktiver und wichtiger als andere Bezugspersonen zu sein.

Von dieser begrifflichen Festlegung ausgehend ist zu fragen, welche Form eine derartige Liebesbeziehung hat und welchen Verlauf sie nimmt, welche Rolle die phallische Triebhaftigkeit und die Frage des Penisbesitzes dabei spielen und welche Bedeutung die konflikthafte Auseinandersetzung mit diesem Beziehungsschicksal für die seelische Reifung des Kindes hat.

Präödipaler Penisneid und ödipaler Peniswunsch

Zunächst zur Frage des Phallischen und des – so umstrittenen (etwa in neuerer Zeit CHEHRAZI 1986; KESTENBERG 1979) – Penisneides. Heftige

Reaktionen des Penisneides beobachtet man zum Teil bereits seit BUR-LLINGHAM (1930-1935), deutlich seit ANNA FREUD (1951), häufig lange vor Eintritt der kleinen Mädchen in das ödipale Beziehungsdreieck. Man versteht den präödipalen Penisneid heute als Ausdruck der Beunruhigung und Angst, sich von der Mutter nicht autonom abgrenzen zu können. Denn der eigene Körper wird so erlebt, als unterscheide er sich nicht hinreichend vom mütterlichen Leib, und als bleibe er, was seine Befriedigungsmög-lichkeiten und die Erhaltung seines vitalen Potentials angeht, auf Zufuhr und Ergänzung von außen angewiesen. Beim präödipalen Penisneid geht es also um ein Bestreben nach narzißtischer Stabilisierung im Sinne von Identitätszuwachs durch Abgrenzung. Als phallische Triebhaftigkeit sind beim Mädchen die spezifischen und abgegrenzten Genitalsensationen an der erregbaren Klitoris zu qualifizieren, die für die Inbesitznahme des ei-genen Körpers als Luststätte bedeutsam sind. Darüber hinaus dient das narzißtische Bestätigtwerden als phallisches Wesen, das potent und autark genug ist, sich sexuelle Befriedigung durch Manipulation des eigenen po-tenten und autarken Körpers zu verschaffen, wiederum der Stabilisierung des eigenen Wertgefühls und der Überwindung von Gebundenheit an die versorgende und kontrollierende mütterliche Bezugsperson. Das Bedürfnis, auf der Ebene des Phallischen narzißtisch bestätigt zu werden, fällt somit keinesfalls mit einer ödipalen Objektbeziehung zusammen! Das mütter-lich versorgende Primärobjekt soll vielmehr die phallischen Aktivitäten und Ausdrucksformen des Kindes begrüßen, bestätigen und bewundern. Das Kind wirbt nicht – wie später in der ödipalen Situation – mit sei-ner Potenz und Attraktivität, *um das Gegenüber zu gewinnen und dabei einen Dritten auszuschließen*; beansprucht wird nur die Versorgung durch ein bestätigendes Objekt, das dem Kind noch keineswegs als unabhängiges Gegenüber gilt.

Daher unterscheiden EDGCUMBE u. BURGNER (1975), EDGCUMBE et al. (1976) eine phallisch-narzißtische und eine phallisch-ödipale Phase. Er-stere ist, was den Entwicklungsstand und die Reife der Objektbeziehun-gen angeht, präödipal und kreist vor allem um Schau- und Zeigelust (siehe auch FENICHEL, 1930).

Das phallische Kind ist also nicht notwendig im Stadium triangulärer ödipaler Objektbeziehungen:

1. Phallisch-narzißtisch ist der phallisch-triebhafte Selbstgenuß des Kin-des in Verbindung mit der Bestätigung eigener phallischer Vollkom-menheit.
2. Phallisch–ödipal ist das Begehren des Kindes, die mütterliche Liebes-partnerin oder den väterlichen Liebespartner unter Ausschluß von Ri-valen für sich zu gewinnen und mit ihr / ihm gemeinsam phallischen

Triebgenuß sowie phallische Bestätigung zu erleben. Auf dieser Ebene entwickelt das Mädchen einen ödipalen Peniswunsch.

Nach EDGCUMBE u. BURGNER ist die phallisch-aktive Annäherung des kleinen Mädchens an die Mutter vorwiegend phallisch-narzißtischer Natur und noch nicht in eine ödipal-triangulierte Beziehung eingebettet. Diese Autoren beobachteten allerdings bei Mädchen kaum den negativ-ödipalen Wunsch, die Mutter für sich zu gewinnen, um mit ihr eine Intimgemeinschaft herzustellen.

Ödipale Liebe zur Mutter

Auch sonst bietet direkte Kinderbeobachtung kaum Befunde zu Formen der Beziehungsaufnahme des Mädchens zur Mutter, die auf negativ-ödipale Wünsche hindeuten. Möglicherweise hat dies damit zu tun, daß das Beobachtungsinteresse anders ausgerichtet war: MAHLER und ihre Schule (1975) thematisieren zum Beispiel die Erscheinungsweisen von Separation und Individuation. Die psychoanalytische Tradition im Gefolge MELANIE KLEINs (1928) vertritt einen anderen Entwicklungsplan und eine modifizierte Entwicklungspsychologie. Die von ANNA FREUD (1951) beobachteten Kinder wuchsen unter extremen äußeren Bedingungen auf (Krieg, Not, Vaterlosigkeit). Die späteren Hampstead-Untersuchungen um SANDLER u. a. (1965) untersuchten die negative Ödipalität nur am Rande. Im übrigen kann man sich sogar, zumindest ansatzweise, auf FREUD (1933) berufen, wenn man sie, wie etwa CHEHRAZI (1986) oder TICHO (1977), als eher pathologisch betrachtet.

Allerdings belegt NAGERA (1975) an *Fallbeispielen analysierter Patientinnen* im Kindes- und im Erwachsenenalter, daß es eine aktive phallische Zuwendung des Mädchens zur Mutter gibt, in der es darum geht, den Mann auszuschalten und die Mutter auf phallische Art zu erobern. Die Bedeutung der negativ-ödipalen Phase sei indessen dann besonders groß, wenn das Mädchen durch die Mutter an der positiven ödipalen Zuwendung zum Vater gehindert oder eingeschränkt oder in anderer Weise dabei beeinträchtigt werde (so auch TICHO 1977).

Dieser auch von EDGCUMBE u. BURGNER geäußerte Pathologieverdacht hat gute Gründe. Erlebt sich nämlich das Mädchen aufgrund der präödipalen Entwicklung als nicht klar von der Mutter abgegrenzt, dann ist aus dieser Position heraus ein ödipales Werben um ein so zwiespältiges und bedrohliches Gegenüber nicht möglich. Allerdings entfällt dann auch das ödipale Werben um das väterliche Objekt; denn die Wendung zum Vater bedeutet dann: *Flucht vor der Mutter.* Mit einer derartigen Fluchtreaktion als Ausdruck nicht gelungener Loslösung vom mütterlichen Pol wird man in der therapeutischen Behandlung von Frauen sehr häufig konfrontiert. Ebenso klar ist aber auch, daß unter dieser Voraussetzung nicht von einer ödipalen Bindung an das männliche Gegenüber die Rede sein kann.

Eine ödipale Bindung des Mädchens an den Vater, ein werbender und verführender Eroberungsversuch, den die Mutter als Rivalin stört, kann sich offensichtlich nur auf dem Hintergrund einer ödipalen Liebesbeziehung zur Mutter und deren Auflösung entfalten. Die Liebesgeschichte mit der Mutter wiederum entwickelt sich wohl nur dann,

1. wenn das Mädchen seine phallische Triebhaftigkeit nicht unterdrückt, sondern ausgestaltet und als selbstdarstellende und werbende Aktivität entfaltet. Dann verzichtet es nicht im vorhinein resignativ auf die Identifikation mit Gestalten der phallischen Phantasiewelt und den Ausdruck phallischer Vitalität, sondern stellt mit deren Hilfe aktiv eine verführerische Beziehung zur Mutter her.
2. Diese Liebesgeschichte hat weiterhin zur Voraussetzung, daß der präödipale Penisneid, der im Dienste der Abgrenzung von der Mutter gestanden war, durch einen ödipalen Peniswunsch ersetzt wird: Das Mädchen möchte sich in der eigenen Phallizität mit der Mutter vereinigen und wünscht sich oder phantasiert einen Penis, der die Vereinigung, die phallische Verschmelzung, ermöglicht. Ausdruck dieser phallischen Vereinigungsphantasie ist auch das gemeinsam mit der Mutter produzierte Kind – das Kind als Phallus. Das spielerische Haushalten, das Puppenkinder-Pflegen und -Nähren des kleinen ödipalen Mädchens hat nicht nur den Aspekt der Identifikation, sondern darf oft auch als Ausdruck dieses phallischen Kinderwunsches (vgl. FRANKEL u. SHERICK 1979) gelten.

Penisneid und Peniswunsch sind also im Sinne wichtiger Progressionsschritte und bedeutsamer weiblicher Möglichkeiten, sich selbst in Beziehung zum männlichen und zum weiblichen, besonders mütterlichen, Gegenüber zu erleben, zu verstehen (siehe auch GOEPPERT 1976, HEIGL-EVERS u. WEIDENHAMMER 1988). Diese Auffassung steht im Gegensatz zu einer gängigen Betrachtungsweise, die dem Penisneid tendenziell nur Abwehrcharakter zugesteht (zum Beispiel CHEHRAZI 1986, KESTENBERG 1979, ZEUL 1988) und die, im Sinne HORNEYs (1926, 1932, 1933) betont, das Mädchen wisse sehr wohl früh schon um seine geschlechtliche Besonderheit, etwa auch den vaginalen Innenraum, verleugne und verdränge dieses weibliche Identitätserleben aber im Dienste unterschiedlich verstandener narzißtischer und triebhafter Gefahren. Daß solche frühen Entwicklungsschicksale kasuistisch illustrierbar und belegbar sind, ist unstrittig.

Doch ist nicht auszuschließen, daß man auf solches kasuistisches Material verweist, um jene Betrachtungsweise zu bekräftigen, der man bereits den Vorzug gegeben hat. In diesem Zusammenhang gibt man gelegentlich der Tendenz zum Wunschdenken nach. Das äußert sich häufig im Verlassen der spezifisch psychoanalytischen Untersuchungsmethode, um einer kritisch tadelnden Haltung Platz zu machen, wie etwa in folgendem Beispiel:

„Was die sexuelle Identität betrifft, so stiften Eltern häufig Verwirrung hinsichtlich der Geschlechtsunterschiede und deren Bedeutung. Eine Zweijährige zum Beispiel versuchte, den Penis ihres Spielkameraden zu berühren, worauf die Mutter sie mit den Worten zurechtwies: „Nimm die Finger da weg! Das ist sein Spielzeug!" Sie fügte hinzu, Knaben hätten einen Penis, Mädchen eine Scheide. Anscheinend befürchtete die Mutter, die Kleine würde versuchen, dem Jungen den Penis wegzureißen. Zugleich wollte sie aber die Gefühle ihrer Tochter nicht verletzen und fügte zu deren Beruhigung rasch hinzu, daß sie doch eine Scheide besitze. Indem die Mutter solchen Nachdruck auf den Penis legte, den ein Mädchen nicht anfassen dürfe, bekräftigte sie die zentrale Bedeutung des männlichen Organs, das zu berühren nur dem Jungen erlaubt sei." (KESTENBERG 1979, S. 350)

Abgesehen davon, daß hier nicht mehr die Konstellation der Objektbeziehungen thematisiert und analysiert wird, wie sie sich im dynamischen Zusammenhang inszeniert, sondern eine Interaktionspartnerin, die Mutter, in scheinbarer Identifikation mit einer anderen Interaktionspartnerin, der Tochter, zurechtgewiesen wird, unterstellt man der mütterlichen Bemerkung auch eine eindeutige und vorhersagbare Wirkung auf die Angesprochene, die man freilich nur nachweisen könnte, wenn diese Äußerung in die gesamte szenische Gestalt und ihre dynamische Vorgeschichte integriert würde. Es wäre ja möglich, daß das kleine Mädchen sich nur dann zur Anerkennung der „zentralen Bedeutung des männlichen Organs" verleitet sieht, wenn dies auf eine vorbereitete Ambivalenzspannung, zum Beispiel von Wunsch und Zweifel, trifft. Der Appell an Eltern und Erzieher, den kleinen Mädchen deren geschlechtliche Gleichwertigkeit, Besonderheit und Intaktheit durch pädagogisch und partnerschaftlich angemessenes Verhalten zuzusichern, geht mit dem Interesse einher, den Mädchen letzten Endes eine bestimmte Form *innerer und äußerer Auseinandersetzung zu ersparen, eben den meines Erachtens sehr bedeutungsvollen und fruchtbaren Kampf um die eigene Teilhabe an Phallizität, aggressiver Selbstbehauptung, raumeinnehmender Selbstdarstellung.*

Die ödipale Mutter verlieren

Das Mädchen muß sich in der ödipalen Beziehung zur Mutter mit der körperlichen Tatsache konfrontieren, daß es nicht mit einem Penis ausgestattet ist, also eine über den Phallus mögliche Wiedervereinigung mit der Mutter im Gegensatz zum Knaben nicht erreichen kann. Diese Enttäuschung des ödipalen Peniswunsches führt zu einem neuen, wichtigen Entwicklungsabschnitt im Leben des ödipalen Mädchens: Es gibt die Mutter als Gegenstand seiner ödipalen Liebessehnsucht auf. Es tritt in diesen sogenannten Objektwechsel aber nur unter zwei Voraussetzungen ein:

1. Es hat durch das Festhalten an und die Ausgestaltung der eigenen phallischen Konturierung genügend innere Unabhängigkeit von der Mutter, um diesen Objektverlust zu verkraften.
2. Es kann sich mit der Mutter als Empfängerin lustvollen phallischen Triebgenusses durch den Vater identifizieren (Rollenübernahme in der Urszenenphantasie).

Die von FREUD und späteren Autoren gemachte Beobachtung, das Mädchen wende sich – konfrontiert mit dem eigenen Zurücksetzungserleben – anklagend und enttäuscht von der Mutter ab und verharre womöglich in dieser fordernd-vorwurfsvollen Position, würde ich – besonders wenn es sich um die Beobachtung eines sich stabilisierenden Prozesses und nicht um eine kurzfristige Reaktion handelt – als *regressive Verarbeitungsform* verstehen, die zwar häufig zu beobachten ist, aber gleichwohl pathologisierend wirkt. Es handelt sich um eine regressive Verarbeitung des ödipalen Verlustes der Mutter, welche das Abhängigkeitserleben des Kindes fördert und sein Selbstwertgefühl herabsetzt. In diesem Fall wird das oral spendend, anal kontrollierend erlebte mütterliche Objekt, von dem das Kind sich abhängig fühlt, als verweigernd, willkürlich, manipulierend wahrgenommen.

Um die Situation des Objektwechsels im folgenden zu akzentuieren, möchte ich an dieser Stelle zunächst aus der Behandlungspraxis ein Beispiel für einen Ambivalenzkonflikt auf negativ-ödipaler Ebene anführen.

Frau Z konnte die Behandlung nicht aufgeben, weil sie die Therapeutin unbewußt als ein Wesen wahrnahm, das ihr etwas schuldig geblieben war. Die Therapeutin war ihr die Ausstattung mit dem phallischen Organ schuldig geblieben, was es ihr ermöglicht hätte, die Therapeutin zur Geliebten zu gewinnen. In regressiver Abwehr der bevorstehenden Trennung (Beendigung der Therapie in einem absehbaren Zeitraum) war es dann die orale Versorgung, die die Therapeutin ihr schuldig geblieben war und die ihr einen Ersatz für die negative ödipale Liebe bedeutet hätte. Als die Patientin in eine Situation geriet, in der sie ihr Leben aktiv neu zu gestalten hatte, zum Beispiel berufliche Entscheidungen treffen mußte, die ihr für die Entfaltung eigener Interessen neuere und größere Verantwortungsbereiche abverlangten, spürte sie den dringenden Wunsch, die Therapeutin zu sehen und zu sprechen. Bewußt war sie dabei von der Vorstellung geleitet, sie brauche die Therapeutin, damit diese ihr, die sich als hilflos und verwirrt erlebte, beim Treffen solcher Entscheidungen helfe. Während der jeweiligen Behandlungsstunden genoß die Patientin offensichtlich deren Gegenwart, der sie sich passiv überließ. Willfährig stellte sie sich auf die Aktivitäten ihres Gegenüber bei der Sitzung ein und erlebte sich wie ein Kind, das der oralen Verwöhnung, die sie hier suchte, dringend bedurfte. Das konnte dann zur Folge haben, daß die Patientin nach einer Behandlungsstunde Unwillen und Ärger verspürte, sich an der bewußten Oberfläche ihres Erlebens nicht ausreichend versorgt glaubte, während sie zugleich versteckt unwillig schien, daß sie sich in ihrer Gebundenheit an die Therapeutin nicht in der Lage sah, ihre Freiheit und Autonomie, die Entfaltung des aggressiven Triebbereichs also, ausreichend zu entwickeln. Dies erlebte sie oft als ein unerträgliches Schwanken zwischen regressiven und progressiven Bedürfnissen. Diese Patientin hatte sehr große Angst vor Männern, die in einer Fixierung an den negativen Ödipus-Komplex gründete. Sie traute sich nicht, Männern gegenüber jene aktive Verführung zu entfalten, die sie der Therapeutin gegenüber mit einer gewissen Meisterschaft beherrschte. Bewußt war ihr, daß sie die Abweisung des Mannes fürchtete. Unbewußt fürchtete sie, in der aktiven Zuwendung zum Mann der Mutter gegenüber untreu zu werden, erlebte sich also dieser gegenüber als schuldig.

Nun zu der angekündigten Akzentuierung des sogenannten Objektwechsels: Das Verhaftetsein im negativen Ödipus-Komplex erlaubte es der Patientin nicht, sich vom mütterlichen Objekt zu lösen. Diese Lösung würde aber bedeuten, daß sie *Einsamkeit* würde ertragen müssen, die Einsamkeit derer, die zwischen zwei Objekten steht: das eine hat sie verloren, das andere ist fremd und ungewiß und (im Sinne einer progredienten ödipalen Entwicklung) nur durch die darauf gerichtete eigene Aktivität erreichbar. Der Verlust von Beziehung aber wird von erwachsenen Frauen bekanntlich oft in besonderer Weise gefürchtet (siehe u. a. CHODOROW 1978; GILLIGAN 1982; OLIVIER 1980; aber auch bereits HORNEY 1932, 1933; JONES 1928).

Ohne Liebespartner sein

Diese Furcht hat vermutlich nicht selten ihre Wurzel in dieser kindlich-ödipalen Entwicklungssituation: Das ödipale Mädchen hat, zwischen Vater und Mutter stehend, keinen Liebespartner voll zu seiner Verfügung. Ähnlich wie KOHON (1984) meine ich, daß diese Position zwischen Vater und Mutter eine eigene Akzentuierung verdient (diese Thematik ist ausgeführt bei HEIGL-EVERS u. WEIDENHAMMER 1988). Denn während dieser Zeit hat das Mädchen eine spezifische Entwicklungsaufgabe zu bewältigen. Es ist zurückgeworfen auf die eigene Begrenztheit und Abgetrenntheit von den Objekten, wird verführt zur Regression in passive Abhängigkeit oder im günstigen Fall aufgefordert zu einem autonomen Progressionsschritt, falls es in der Lage ist, sich der inzwischen (vor allem während der Analität) erworbenen autonomen Funktionen zu bedienen.

Übrigens findet sich die Thematik des Auf-sich-gestellt-seins häufig im Märchen, dann, wenn das Mädchen Vater und Mutter verläßt, um weit weg zu gehen, im Wald oder in der Einöde zu leben, etwa auf der Suche nach seinen Brüdern; wenn es in unwirtlichen Gegenden Abenteuer besteht und gerade dann schließlich ans Ziel kommt, wenn es sich den Tieren und Pflanzen, den Dingen und Menschen, von denen es umgeben ist, freundlich erweist. Es geht dabei um die Fähigkeit, sich in der Abgeschiedenheit mit belebten und unbelebten Objekten, unter anderem mit Erscheinungen der Natur, vereint fühlen zu können und diese Verbundenheit produktiv zu erleben. Vermutlich entsteht diese Fähigkeit aus sublimierter Oralität und verdankt sich der hier thematisierten Phase des Objektwechsels, in der die Mutter nicht mehr erreichbar, ein neues männliches Objekt aber noch nicht verfügbar ist.

Daher sei noch einmal festgehalten: In der kindlichen Entwicklung des Mädchens ist in der Phase des Objektwechsels die Trennung von der unerreichbaren Mutter zu bewältigen. Ödipale Mädchen müssen die Erfahrung verarbeiten, daß der Gegenstand ihrer Liebe nicht voll in Besitz genommen werden kann und daß immer damit zu rechnen ist, daß er sich entzieht. In der Rückwendung auf das Subjekt bedeutet das auch, daß das Mädchen lernt, sich selbst den anderen zu entziehen, sich zurückzuziehen, sich zu verbergen (auch dies ein im Märchen häufig angesprochenes Thema, etwa bei „Allerleirauh" oder „Brüderchen und Schwesterchen" der GEBRÜDER GRIMM).

Zusammenfassend: Die Auseinandersetzung mit dem Wunsch nach Abhängigkeit vom mütterlichen Objekt, mit dem Wunsch, sich der Mutter aktiv als Liebespartner zu nähern – in konfliktärer Spannung zur Einsicht, daß es die Mutter als Liebespartnerin aufgeben muß und dann ganz allein sein wird –, diese Auseinandersetzung erreicht bei den nicht-pathologischen Frühentwicklungen ihren vollen Ausprägungsgrad und ihren Höhepunkt in der negativ-ödipalen Phase des Mädchens. Die negativ-ödipale Phase führt beim Mädchen zum Objektverlust. Dieser Verlust des mütterlichen Liebesobjekts birgt die Gefahr einer unter Umständen sehr weitgehenden Regression oder aber die Chance zur Gewinnung von Autonomie. In dieser Entwicklungszeit verfügt das Mädchen nicht mehr über das mütterliche und noch nicht über das väterliche Liebesobjekt. Es hat Trauerarbeit über den Verlust der Mutter zu leisten und muß lernen, die Frustration zu ertragen, kein Objekt zur Verfügung zu haben. In dieser Entwicklungszeit kann es ihm gelingen, Beziehungsfähigkeiten zu entwickeln, die auf einer sublimierten Oralität beruhen.

Teilhabe an den Objekten und Nähe-Distanz-Regulierung

Erwähnenswert scheint mir schließlich folgendes: Die Tatsache, daß der Junge sein Liebesobjekt nicht wechselt, erspart ihm zwar jenen Verlust, den das Mädchen zu bewältigen hat, zieht aber andererseits eine Bedrohung seiner Phallizität nach sich. Jenes mütterliche Liebesobjekt ist im Vergleich zu ihm selbst groß und gewaltig; daher muß er sich ängstlich fragen, ob seine eigenen aktiven phallischen Möglichkeiten je genügen, dieses Objekt zu befriedigen (vgl. Literatur und Argumentation bei STEEMANN 1979, auch KERNBERG 1985). Es ist das Bild jener mächtigen mütterlichen Gestalt, die Aktions- und Bewältigungseifer mitantreibt. Mädchen machen jedoch während der phallischen Phase die Erfahrung, daß es ihnen unter keinen Umständen möglich ist, die Mutter zurückzugewinnen und voll in Besitz zu nehmen. Gelingt es ihnen in dieser Zeit des Objektwechsels, einen Teil phallischer Produktivität durch spielerischen Umgang mit den Dingen zu ersetzen, der auf sublimierter Oralität beruht, so geben sie damit eigene Omnipotenz- und Machtansprüche auf, um sie durch etwas zu ersetzen, was psychoanalytische Autorinnen immer wieder als besondere Fähigkeit gekennzeichnet haben, die womöglich etwas mit der inneren Entwicklungsgeschichte von Weiblichkeit zu tun hat: Sie geben eigene Omnipotenz- und Machtansprüche auf, um sie durch *Teilhabe an den Objekten* zu ersetzen (siehe zum Beispiel CHODOROW 1987; GILLIGAN 1982). In dieser aktiven Teilhabe an den Objekten, bei der Nähe und Distanz, Verbundenheit und Trennung spielerisch erprobt werden, besteht die Chance, die notwendige Preisgabe des mütterlichen ödipalen Liebesobjektes zu meistern. Wendet sich das Mädchen schließlich dem ödipalen Vater zu, dann so, indem es einerseits beabsichtigt, die Mutter beim Vater ebenbürtig zu vertreten, andererseits aber, indem es sich von dieser pointiert unterscheidet: Es verhält sich dem Vater gegenüber verführerisch, indem es seine besonderen Qualitäten *als Mädchen* voll zum Einsatz bringt!

Die aktive Teilhabe an den Objekten bedeutet Erprobung des Alleinseins und des Alleinsein-Könnens, bedeutet, Angewiesenheit auf das mütterliche Liebesobjekt zu überwinden durch die Ausbildung der Fähigkeit, die gewünschte ödipale Intimität mit dem umworbenen mütterlichen Objekt auf einer Ersatzbühne zu inszenieren; und als diese wird der pflegende, verschönernde, schmückende, phantasievoll verwandelnde Umgang mit dem eigenen Körper, das dramatisch inszenierende Puppen- und sonstige Rollenspiel, die Beziehung zum Umgebungsraum, zur belebten Natur und den Naturelementen in Anspruch genommen.

Die schließliche ödipale Annäherung an den Vater erfolgt als aktive Werbung um das neue, ödipal-fremde Objekt (fremd natürlich nicht als Kontaktperson), das den Peniswunsch des kleinen Mädchens erfüllen könnte, indem es dieses an den phallischen Qualitäten des Vaters *teilhaben* läßt. Der Vater als das ödipal-fremde Objekt erscheint dem kleinen Mädchen sowohl begehrenswert als auch bedrohlich. Begehrenswert als Inhaber eines phallischen Schatzes, bedrohlich in seiner unterstellten phallischen Überlegenheit, an die sich auszuliefern Angstgefühle weckt. Der bedrohliche Aspekt des väterlich-ödipalen Liebesobjekts ist durch Aktivität und die Erprobung einer für das Mädchen stimmigen Nähe-Distanz-Regulierung zu meistern. *Aktivität* meint hier die Erprobung der aktiven Teilhabe an der phallischen Potenz des Gegenübers durch Wahrnehmung des eigenen Einflusses darauf. *Nähe-Distanz-Regulierung* dient dem Schutz vor der Gefahr des Überwältigtwerdens: Zwischen den Partnern ist jeweils situationsspezifisch auszuhandeln, welcher Grad und welche Qualität an Kontaktoffensive verträglich und wünschbar ist. Für die Fähigkeit der zuversichtlichen heterosexuellen Liebeswerbung und des sexuellen Genusses bei der adoleszenten und der erwachsenen jungen Frau ist die kindliche Vorerfahrung, den jeweils wünschbaren Abstand zum väterlichen Liebesobjekt herstellen, aber auch durch eigene Initiative sein zärtliches Interesse hervorlocken zu können, von entscheidender Bedeutung.

Zusammenfassung

Die Verarbeitung der negativ-ödipalen Enttäuschung des kleinen Mädchens erlaubt die progressive Entwicklung eines kompensatorischen und sublimierenden Kontakts zum eigenen Körper und zum Umgebungsraum, der die Fähigkeit zum *Alleinsein* ausbildet und die Angst vor Objektangewiesenheit zu neutralisieren vermag. Der Wunsch, sich des ödipalen Objekts zu bemächtigen, wird im günstigen Fall in den Wunsch nach Teilhabe verwandelt. Auf dieser Basis wird das aktive ödipale Werben um das *fremde*, neue väterliche Objekt zum Wunsch nach Teilhabe an dessen phallischen Möglichkeiten, die jedoch gleichzeitig als bedrohlich erlebt werden. Das Mädchen kann diesen Bedrohungsaspekt aktiv neutralisieren durch die Erprobung und Entfaltung eigener Initiative in der *Nähe-Distanz-Regulierung* und durch die Erfahrung des eigenen Einflusses auf die phallische Resonanz des männlichen Gegenübers.

Literatur

ABELIN, E.L. (1971) : The role of the father in the separation-individuation process. In: MCDEVITT, A.; SETTLAGE, C. F. (Hg.), Separationindividuation. Aronson, New York.

ABELIN, E.L. (1975) : Some further observations and comments on the earliest role of the father. International Journal of Psychoanalysis 56: 293-302.

AINSWORTH, M.D.S. (1969) : Object relations, dependency, and attachment: a theoretical review of the infant-mother-relationship. Child Development 40: 969-1025.

BALINT, M. (1937) : Early developmental states of the ego. Primary object love. In: BALINT, M. (1965), Primary object love and psycho-analytic technique. Liverright Publishing Corp., New York.

BAURIEDL, T. (1987) : Narziss als Ödipus. Unveröffentlichtes Manuskript, Vortrag DPG-Jahrestagung Leonburg.

BOWER, T.G.R. (1977) : A primer of infant development. Freeman, California Universities Press, San Francisco.

BOWLBY, J.C. (1951) : Child care and the growth of love. Penguin, Harmondsworth.

BRAZELTON, T.B. (1969) : Infants and mothers – differences in development. Dell Publishing Co., New York.

BURLINGHAM, D. (1930-1935) : Labyrinth Kindheit. Kindler, München 1980.

CHASSEGUET-SMIRGEL, J.C. (1984) : The two trees of Eden. Universities Press, New York.

CHEHRAZI, S. (1986) : Zur Psychologie der Weiblichkeit. Ein kritischer Überblick. Psyche 42: 307-327.

CHODOROW, N. (1978) : Das Erbe der Mütter. Frauenoffensive, München 1985.

CHODOROW, N. (1987) : Der Beitrag der Frauen zur Psychoanalytischen Bewegung und Theorie. Psyche 41: 800-831.

EDGCUMBE, R.; BURGNER, M. (1975) : The phallic–narcissistic phase. A differentiation between preoedipal and oedipal aspects of phallic development. Psychoanal. Study Child 30: 161-179.

EDGCUMBE, R.; LUNDBERG, S.; MARRKOWITZ, R.; SALO, F. (1976) : Some comments on the concept of the negative oedipal phase in girls. Psychoanal. Study Child 30: 35-61.

EHEBALD, U. (1988) : Die Flucht in die „frühe Störung" – eine „neue" Möglichkeit, den Ödipus-Komplex zu negieren. Unveröffentlichtes Manuskript, Vortrag DGPPT-Jahrestagung Lindau.

ERMANN, M. (1987) : Narziss und Ödipus und die Dynamik der Triangulierungsprozesse. Unveröffentlichtes Manuskript, Vortrag DPG-Jahrestagung Leonberg.

FENICHEL, O. (1930) : Zur prägenitalen Vorgeschichte des Odipus-Komplexes. Internationale Zeitschrift für Psychoanalyse 16: 319-342.

FRANKEL, S.A.; SHERICK, J. (1979) : Observations of the emerging sexual identity of three and four years old children. International Review of Psychoanalysis 6: 297-309.

FREUD, A. (1951) : Observations on child development. In: FREUD, A. (Hg.): (1969), Indications for child development and other papers 1945-1954. Hogarth Press, London.

FREUD, S. (1933) : Neue Folge zur Einführung in die Psychoanalyse. 33. Vorlesung: Die Weiblichkeit. GW XV.

GEBRÜDER GRIMM (1937) : Märchen. Droemersche Verlagsanstalt, München.

GILLIGAN, C. (1982) : Die andere Stimme. Lebenskonflikte und Moral der Frau. Piper, München 1984.

GOEPPERT, H. (1976) : Grundkurs Psychoanalyse. Rowohlt, Reinbek.

HAMILTON, V. (1982) : Narcissus and Ödipus. The children of psychoanalysis. Routledge and Kegan Paul, London.

HARTKAMP, N.; HEIGL-EVERS, A. (1988) : Übergangsobjekt und Selbst-Objekt. Versuch einer begrifflichen Klärung. Forum der Psychoanalysis 4: 103-115.

HARTMANN, H. (1939) : Ich-Psychologie und Anpassungsproblem. Klett, Stuttgart.

HEIGL-EVERS, A.; WEIDENHAMMER, B. (1988) : Die unbewußte Organisation der weiblichen Geschlechtsidentität: Der Körper als Bedeutungslandschaft. Huber, Bern.

HORNEY, K. (1926) : Flucht aus der Weiblichkeit. Internationale Zeitschrift für Psychoanalyse 12: 360-374.

HORNEY, K. (1932) : Zur Genese des weiblichen Kastrationskomplexes. Internationale Zeitschrift für Psychoanalyse 9: 12-26.

HORNEY, K. (1933) Die Verleugnung der Vagina. Internationale Zeitschrift für Psychoanalyse 19: 327-384.

JONES, E. (1928) : Die erste Entwicklung der weiblichen Sexualität. Internationale Zeitschrift für Psychoanalyse 14: 11-25.

KERNBERG, O.F. (1985) : Innere Welt und äußere Realität. Verlag Internationale Psychoanalyse, München 1988.

KESTENBERG, J. (1979) : Der komplexe Charakter weiblicher Identität. Betrachtungen zum Entwicklungsverlauf. Psyche 42: 349-364, 1988.

KLEIN, M. (1928) : Frühstadien des Ödipuskonflikts. Internationale Zeitschrift für Psychoanalyse 14: 65-77.

KÖNIG, K. (1987) : Der Stellenwert von Narzissmus und ödipalen Konflikten in Einzel- und Gruppenpsychotherapien und die Wertvorstellungen von Patienten und Therapeuten. Unveröffentlichtes Manuskript, Vortrag DPG-Jahrestagung Leonberg.

KOHON, G. (1984) : Reflections on Dora: the case of hysteria. Intern. Journal of Psycho-Analysis 65: 73-84.

MAHLER, M.S.; PINE, F.; BERGMANN, A. (1975) : The psychological birth of the human infant. Basic Books, New York.

NAGERA, H. (1975) : Female sexuality and the oedipus complex. Aronson, New York.

OLIVIER, C. (1980) : Jokastes Kinder. Claassen, Düsseldorf 1987.

ROHDE-DACHSER, C. (1987) : Die ödipale Konstellation bei narzißtischen und Borderline-Störungen. Psyche 41: 773-799.

ROTMANN, M. (1978) : Über die Bedeutung des Vaters in der 'Wiederannäherungsphase'. Psyche 32: 1105-1147.

SANDLER, J. (1965) : The Hampstead Child Therapy Clinic. WHO Papers 28: 109-123.

SCHMIDT-HELLERAU, C. (1988) : Über das Rätsel der Weiblichkeit. Neue Thesen zur weiblichen Entwicklung, herausgearbeitet aus dem Werk Sigmund Freuds. Psyche 42: 289-306.

SPITZ, R. (1957) : No and Yes. On the genesis of human communication. International Universities Press, New York.

STEEMANN, S. (1979) : Die Phallusbedeutung des Penis – ein Problem der psychoanalytischen Theorie über 'Weiblichkeit'. Unveröffentlichtes Manuskript, Göttingen.

STERN, D. (1977) : The first relationship. Mother and infant. Fontana Open Books, London.

STORK, J. (Hg.) (1987) : Über die Ursprünge des Ödipuskomplexes. Versuch einer Bestandsaufnahme. Frommann-Holzboog, Stuttgart.

TICHO, G.R. (1977) : Female autonomy and young adult women. In: BLUM, H.P. (Hg.): Female Psychology. International Universities Press, New York.

WINNICOTT, D.W. (1957) : The child and the family: First relationships. Tavistock Publications, London.

WURMSER, L. (1987) : Widerstreit im Überich und Identitätsspaltung – die Folgen früh-ödipaler Probleme. In: STORK, J. (Hg.): Über die Ursprünge des Ödipuskomplexes. Versuch einer Bestandsaufnahme. Frommann-Holzboog, Stuttgart.

ZEUL, M. (1988) : Die Bedeutung des Vaters für die psychosexuelle Entwicklung der Frau. Ein klinischer Beitrag. Psyche 42: 328-348.

URSULA HENNEBERG-MÖNCH

Über das Unglück, keine guten Objekte zu haben

Überlegungen zur Behandlung präödipaler Störungen

In seinem Roman „Das Parfum" (1985) hat PATRICK SÜSKIND in der Figur des Jean-Baptiste Grenouille einen wahrhaft unglücklichen Menschen eindrucksvoll dargestellt. Grenouille,

> „geboren am stinkendsten Ort der Welt, stammend aus Abfall, Kot und Verwesung, aufgewachsen ohne Liebe, lebend ohne warme menschliche Seele einzig aus Widerborstigkeit und der Kraft des Ekels, klein, gebuckelt, hinkend, häßlich, gemieden, ein Scheusal innen wie außen" (S.304),

Grenouille kann nicht lieben; in seinem Haß wird er nicht zur Kenntnis genommen, er erhält darauf keine Antwort, keine Resonanz eines anderen Menschen, die ihm zeigte, ihn fühlen ließe, daß er den anderen innerlich bewegen kann.

In der psychotherapeutischen Arbeit mit schwer präödipal gestörten Menschen hat mich deren Unfähigkeit, wenigstens für kurze Zeit oder Momente Zufriedenheit, Glück zu empfinden, immer wieder tief berührt.

BLOTHNER, der sich mit der „Psychoanalyse des Glücklichen Augenblicks" (1988a, 1988b) beschäftigt, grenzt das Glücksgefühl gegen das maniforme Hochgefühl ab. Aus den von ihm beschriebenen Beispielen läßt sich herauslesen, daß es zum inneren Besitz gewordene gute Objekte und die mit diesen Objekten gemachten Erfahrungen sind, die die Basis für „glückliche Augenblicke" bilden.

Das Unglück, keine oder nicht genügend gute Objekte zu haben, teilen viele der Patienten, die wir als schwer präödipal gestört diagnostizieren. In ihren Lebensgeschichten finden sich bereits früh erfahrene traumatisierende Lebensbedingungen: Ablehnung, Vernachlässigung, Schuldzuweisung, Härte, Gewalt. In manchen Lebensgeschichten tauchen gute Objekte wie Inseln oder Oasen auf, verschwinden wieder und verlieren sich. In anderen erzählten Biographien erfahren wir fast nur Öde und Trostlosigkeit.

Die zur inneren Struktur gewordenen infantilen Erfahrungen bestimmen weitgehend die aktuellen interpersonellen Beziehungen. Selbst- und Objektrepräsentanzen, Trieb- und Wunschstruktur, Qualität und Art der Affekte formen unter anderem die Erwartungshaltung, durch die – wie durch eine Brille – die äußere Welt der Objekte gesehen und erlebt wird. Durch diese Brille wird der Analytiker gesehen, besonders in der Anfangsphase der therapeutischen Beziehung, aber auch noch lange Zeit danach, und immer wieder einmal. Der Analytiker spürt und reagiert darauf. Wenn ich an die Anfangsphasen der Behandlung meiner an schweren präödipalen Störungen erkrankten Patienten zurückdenke, wird mir klar, daß ich sie fast ausschließlich zunächst nicht so gern in Behandlung genommen habe. Und je mehr Erfahrung ich in der Therapie dieser Störungen sammelte, desto deutlicher wurde meine innere Zurückhaltung, da ich besser absehen konnte, worauf ich mich einließ. Als ich vor einiger Zeit eine Patientin das erste Mal sah, hatte ich zu ihr die Phantasie eines aus dem Nest gefallenen, zerrupften kleinen Vogels, der mich gleichzeitig hilfsbedürftig und haßerfüllt ansah. Er würde mir in die Hand hacken, wenn ich ihn füttern wollte; vielleicht würde ich ihn nie wieder los. Ich wollte mich nicht um ihn kümmern, ihn lieber seinem Schicksal, vielleicht seinem Tod überlassen. Irgendetwas an der Patientin, ich wußte einige Zeit nicht genau was, rührte mich dann doch in einer Weise an, die es mir möglich erscheinen ließ, daß ich – innerlich mit Skepsis und gedämpfter Freundlichkeit – die Behandlung übernehmen konnte.

Die Sehnsucht, von anderen Menschen geliebt zu werden, erfährt bei unseren Patienten oft ein ähnliches Schicksal wie bei Jean-Baptiste Grenouille: sie kann nicht erfüllt werden, nicht zuletzt deshalb, weil die innere Gewißheit, wieder enttäuscht zu werden, und die Wut darüber, der Haß auf die versagenden Objekte, so groß sind. Dennoch drückt sich diese Sehnsucht, oft verdeckt oder entstellt, in winzigen Zeichen, aus. Und vielleicht ist es das, was einen Analytiker bewegen kann, solche Patienten in Behandlung zu nehmen. HEIGL-EVERS u. HEIGL (1987) sprechen in diesem Zusammenhang vom Affekt des Erbarmens, der den Therapeuten bewegen und leiten kann.

Die bei Behandlungsbeginn sich regelmäßig schnell entwickelnde negative Übertragung kann sich auch – in abgeschwächter Form – in Idealisierung des Analytikers ausdrücken. Den Haß bekommen dann andere zu spüren, unter der Bedingung stationärer oder teilstationärer Therapie, andere Kollegen, und der behandelnde, idealisierte Therapeut spürt den Haß auf Umwegen: in Fallbesprechungen und Teamsitzungen. Nicht selten habe ich die Erfahrung gemacht, daß mir von den Kollegen, die vom Patienten beispielsweise in grober Weise entwertet wurden, mein therapeutisches Bemühen um Verstehen zum Vorwurf gemacht wurde, mein Verstehen als ungerechtfertigte Verwöhnung mißverstanden und die Bestrafung des Patienten gefordert wurde. Ich sah manches Mal meine Neutralität in Gefahr, wenn ich mich in die Rolle einer Löwenmutter, die ihr Junges verteidigt, gedrängt fühlte, und manches Mal spürte ich die Versuchung, den Patienten zu opfern, um wieder Ruhe zu haben.

Jean-Baptiste Grenouille wünscht sich eine Antwort auf seinen Haß. Ich denke, unsere Patienten brauchen dies ebenso. Es hilft alles nichts, die negative Übertragung muß durchgearbeitet werden. Wir helfen den Patienten nicht durch über die wohlwollende Neutralität hinausgehende Freundlichkeit, wenn sie voller Haß sind. Wir können ihnen helfen zu verstehen, warum sie uns hassen müssen. Aber bevor das möglich ist, muß der Patient die Erfahrung gemacht haben, daß sich der Analytiker nicht zerstören läßt. Dadurch kann der Patient seine Wut und seinen Haß in allerersten Ansätzen mildern und neutralisieren und damit Energie freisetzen, die er für das Verstehen seiner Lebensprobleme braucht.

Wenn der Patient zu ahnen beginnt, daß er nicht grundsätzlich liebensunwert ist, daß er nicht als Scheusal geboren wurde, entwickelt sich peu à peu eine positive Übertragung, die durch eine infantile orale Wunschwelt charakterisiert ist. Der Analytiker soll immer da sein, alle Wünsche erfüllen, nur gut sein. Lange Zeit wird diese Wunschwelt durch vorweggenommene Enttäuschungswut oder Enttäuschungsprophylaxe abgewehrt. In manchen Behandlungen, besonders bei Patienten mit dissozialen Zügen, werden die ursprünglichen oralen Wünsche durch gereizt vorgebrachte Forderungen oder ultimative Wiedergutmachungsansprüche abgewehrt. In diesen Fällen habe ich oftmals die Erfahrung gemacht, daß mein Verständnis für Enttäuschung und Wut über eine Versagung vom Patienten mit Häme oder einem verächtlichen „Und was habe ich davon?" beantwortet wurde. Die orale Aggression trifft den Analytiker mit voller Wucht. In dieser Phase der Behandlung werden die orale Gier und die extreme Empfindlichkeit des Patienten spürbar. Versagungen können kaum ertragen werden, und dennoch müssen sie erlebt und durchgearbeitet werden. Abbruchstendenzen, mörderische und selbstmörderische Impulse sind in dieser Phase zu erwarten. Vom Analytiker ist ein Balance-Akt zwischen Halten und Begrenzen gefordert.

Kommt der Analytiker dem Patienten zu nahe, ist er eine Spur zu wohlwollend, dann wird der Patient auf für ihn noch unerträgliche Weise mit dem konfrontiert, was er selbst nicht hat, was er nicht kann, was ihm in den Beziehungen zu anderen Menschen fehlt. Mißgunst auf den zu liebevollen Gefühlen und Beziehungen fähigen Analytiker kann so anwachsen, daß der aus dieser Quelle stammende Haß den Analytiker auf eine harte Probe stellt. Ich erinnere mich an manche Situationen, in denen die messerscharfen Bemerkungen meiner Patienten mein inneres Gleichgewicht durcheinanderbrachten.

Bevor der Patient nicht Resonanz auf seinen Haß bekommen hat, kann er mit Wohlwollen nichts anfangen. In der Psychotherapie ist dazu so etwas wie ein Drahtseilakt erforderlich: Wut und Haß, Destruktives müssen angenommen, ernstgenommen werden; auf das unerbittliche Über-Ich ist zu achten, das aggressive und destruktive Impulse und Affekte im Patienten verfolgt und bestraft wissen will. Wir müssen den Patienten mit seinem Haß konfrontieren und ihn gleichzeitig schützen, wir müssen ihn halten und dürfen ihm nicht zu nahe kommen, wir müssen ihm zeigen, daß sein Haß uns erreicht und ihm gleichzeitig deutlich machen, daß wir uns nicht zerstören lassen.

Das Fehlen stabiler guter innerer Objekte ist ein Unglück, denn es macht das Erleben von Zufriedenheit und Glück unmöglich. Seines Glückes Schmied zu sein, ist eine Fähigkeit, die sich ohne gute innere Objekte nicht entwickeln kann. Ruhe und Zufriedenheit zu spüren, bei sich sein zu können und ein Wohlbehagen zu fühlen, wenngleich solche Erlebensqualitäten immer nur von begrenzter Dauer sind, sich immer wieder im Fluß des Erlebens in andere Qualitäten wandeln, solche Gefühle und Verfassungen sind vielen Patienten fremd. Besonders in Situationen des Alleinseins – so schildern sie es –, wenn sie nicht von dem Geschehen der äußeren Umgebung abgelenkt sind, steigen Bilder, Phantasien in ihnen hoch, die Zerstörung, Vernichtung, Katastrophen zum Inhalt haben. Ein Patient beispielsweise phantasierte immer wieder, von einem Lastwagen zerquetscht, von einem Kran zertrümmert zu werden. Oder er stellte sich vor, in einem Lokal andere Menschen zu provozieren und sie auf brutalste Weise zu schlagen und zu treten, in ähnlicher Weise, wie er es hatte mitansehen müssen, als sein Bruder ermordet worden war. Oft phantasierte er, langsam in einem Moor oder Sumpf zu versinken. Es war ein Wendepunkt in der Therapie, als er mir ein Bild mitbrachte, auf dem er uns beide gemalt hatte: er steckte in einem Sumpf, ich saß auf einem Stuhl auf festem Boden; seine Hände streckten sich mir entgegen, ich hielt ihm meine Hände hin (vgl. HENNEBERG-MÖNCH 1990).

Wenn Patienten anfangen, den Analytiker auch als gutes Objekt wahrzunehmen, werden sie sich ihres Unglücks bewußt. Und dies ist oft eine entscheidende Phase in der Therapie, da sich zeigt, ob der Patient sein Unglück, seine erlittenen Mangelerfahrungen betrauern kann oder ob er – in Verbitterung erstarrt – auf Wiedergutmachung besteht. Erst das Durcharbeiten der Trauer, immer wieder auch verbunden mit Enttäuschung und Enttäuschungswut, macht es dem Patienten möglich, an seinem Unglück etwas zu ändern. Indem er auf die Wiedergutmachung für erlittene Mängel verzichtet, wird es ihm möglich, Trost anzunehmen und sich allmählich für sich selbst, für sein Wohl verantwortlich zu machen und zu fühlen. Die Beziehung zum Analytiker ändert sich: der Analytiker kann als hilfreich erlebt werden, als Mensch, mit dem – in Grenzen – gute Erfahrungen möglich sind, Erfahrungen, die allmählich zum inneren Besitz werden können.

Dieser Schritt gelingt nicht allen Patienten. Es auf sich zu nehmen, schlimme und schlechte Erfahrungen von traumatischem Ausmaß in der Vergangenheit als einen Teil des persönlichen Schicksals anzunehmen, die mit diesen Erfahrungen verbundenen erlittenen Mängel zu betrauern und auf die Wiedergutmachung durch äußere Objekte zu verzichten, erfordert immense seelische Kraft. Und vielen Patienten erscheint die Fähigkeit, sich in seinen Grenzen einzurichten und – in dieser Begrenztheit – seines Glückes Schmied zu werden, als Lohn für die riesengroße Mühe nicht verlockend. Mit einer prometheischen Tat ist diese therapeutische Arbeit nicht gleichzusetzen. Manchmal sind es auch die Befriedigung, die im Hassen empfunden wird, der narzißtische Gewinn der Sündenbock-Rolle, die damit verbundene Kontrolle und Macht – wenn auch in negativer Hinsicht – über andere, die Genugtuung, die durch masochistischen Triumph erzielt werden kann, woran Patienten festhalten wollen, worauf sie nicht verzichten mögen oder können.

Daß der Analytiker das Schicksal nicht ändern kann, hat FREUD (1895) in den „Studien über Hysterie" betont.

„Ich zweifle ja nicht,"

entgegnet er den Einwänden seiner Patienten,

„daß es dem Schicksale leichter fallen müßte als mir, Ihr Leiden zu beheben: aber Sie werden sich überzeugen, daß viel damit gewonnen ist, wenn es uns gelingt, Ihr hysterisches Elend in gemeines Unglück zu verwandeln. Gegen das Letztere werden Sie sich mit einem wiedergenesenden Seelenleben besser zur Wehr setzen können." (S.246)

Nicht hysterisches Elend, sondern das Unglück, keine guten Objekte zu haben, in gemeines Unglück zu verwandeln, gegen das man nicht wehrlos sein muß, wäre das Ziel. Die Frage, ob dieses Ziel ein für ihn sich lohnendes Ziel sein oder werden kann, kann nur der Patient selbst beantworten.

Literatur

BLOTHNER, D. (1988a) : Vom alltäglichen Glück. Zwischenschritte 1: 43-55.

BLOTHNER, D. (1988b) : Zur Psychoanalyse des Glücklichen Augenblicks und seiner Abgrenzung vom maniformen Hochgefühl. Vortrag vor DPG-Arbeitsgruppe, Düsseldorf.

FREUD, S.; BREUER, J. (1895) : Studien über Hysterie. Fischer, Frankfurt 1970.

HEIGL-EVERS, A.; HEIGL, F. (1987) : Die psychoanalytisch-interaktionelle Therapie – Eine Methode zur Behandlung präödipaler Störungen. In: RUDOLF, G.; RÜGER, U.; STUDT, H.H. (Hg.): Psychoanalyse der Gegenwart. Verlag f. Medizin. Psychologie im Verlag Vandenhoeck & Ruprecht, Göttingen.

HENNEBERG-MÖNCH, U. (1990) : Psychoanalytisch-interaktionelle Therapie bei Borderlinestörungen. In: JANSSEN, P.L. (Hg.): Psychoanalytische Therapie der Borderlinestörungen. Springer, Berlin Heidelberg.

SÜSKIND, P. (1985) : Das Parfum. Diogenes, Zürich.

BERND NITZSCHKE

Vom Nutzen wissenschafts-historischer Forschung für das Verständnis psychoanalytischer Begriffe

Dargestellt an zwei Beispielen – Lustprinzip und Todestrieb

I

Kann die Erinnerung an die Herkunft psychoanalytischer Konzepte mehr erbringen als bloß Aperçus zum inzwischen erreichten Fortschritt der Disziplin? Zumal wenn es um „Psychoanalyse in der Medizin", vornehmlich angewandte Wissenschaft, geht, erscheint die wissenschafts-historische Rekonstruktion eher als ein randständiges Vergnügen. Der Gewinn solcher Forschung liegt nicht auf der Hand, doch er läßt sich benennen. Mindestens drei Bereiche wären aufzuzählen:

1. Der in der „Geschichtsschreibung der Psychoanalyse" zu beobachtenden „Tendenz" (GUNDLACH u. MÉTRAUX 1979, S.434), FREUDs Ideen zu dekontextualisieren, sie aus dem ideengeschichtlichen Zusammenhang zu lösen, um sie sodann als isolierte zu diskutieren, kann durch wissenschafts-historische Rekonstruktion argumentativ widersprochen werden. Das fördert die Fähigkeit zum interdisziplinären Dialog, zumal wenn es gelingt, gemeinsame Wurzeln FREUDscher Ideen mit Konzepten aus anderen Wissenschaftsdisziplinen zu finden. Die vorliegende Studie versucht dies anhand zweier ausgewählter Beispiele.
2. Die wissenschafts-historische Rekonstruktion erlaubt die Überprüfung des ursprünglichen Bedeutungsumfangs der Begriffe und Konzepte. Da die Auswahl empirischer Daten aus einem prinzipiell unerschöpflichen Strom der Ereignisse in Abhängigkeit von einem vor(her)eingenommenen Standpunkt erfolgt, dient die Überprüfung dieses Standpunkts – also der Begriffe und Konzepte, die Empirie überhaupt erst verfügbar machen – der Kritik der Wahrnehmungs- und Denkmöglichkeiten, die der tradierte Standpunkt hinterließ: Welche Wege wurden damals eröffnet? Welche Potentiale wurden genutzt? Welche Möglichkeiten wurden inzwischen vergessen? – Die Beantwortung solcher Fragen ist gewiß nicht nur von historischem Interesse.

3. In einer Disziplin wie der Psychoanalyse besitzt der Denkgegenstand nicht dieselbe Objektivität wie etwa in den Naturwissenschaften. Es besteht daher die erhöhte Gefahr, daß beim „Wuchern neuer Termini" (BLANCK u. BLANCK 1980, S.17) bisweilen nur ein neues Wort für einen bereits bekannten Sachverhalt gewählt wird oder aber ein inzwischen vergessenes Konzept als vemeintliche Neuheit wieder vorgestellt wird. Der Gefahr des Mißbrauchs der Begriffe und der Beliebigkeit der Konzepte beugt die wissenschafts-historische Rekonstruktion vor. Und die Kenntnis des Diskurses, der im Laufe der Zeiten in der Disziplin geführt wurde, erleichtert die Unterscheidung zwischen vermeintlich und tatsächlich Neuem.

Die Reihe der Gewinnmöglichkeiten wissenschafts-historischer Erforschung in der Psychoanalyse – die auch im Hinblick auf die klinische Praxis zu sehen wären, die durch die Inflation bisweilen nur neuartig erscheinender Begriffe nicht unbedingt erleichtert wird – ließe sich gewiß ergänzen. Dies soll hier jedoch nicht geschehen. Stattdessen sei ein anderer Aspekt erwähnt: Aufgabenstellung und Forschungsstrategie der wissenschafts-historischen Rekonstruktion ähneln dem Umgang des Analytikers mit dem Patienten. Hier wie dort werden Gedächtnislücken aufgefüllt, entstehen durch Hin-Deuten auf Vergangenes neue Be-Deutungen des Gegenwärtigen. Und in beiden Fällen stiften Deuten und Integrieren des wiederaufgefundenen Wissens neuartige Sinn-Zusammenhänge.

II

GUSTAV THEODOR FECHNER (1801-1887), Mediziner, Physiker, Philosoph und einer der Mitbegründer der empirisch-experimentellen Psychologie, nimmt im Werk FREUDs eine Sonderstellung ein:

„Ich war immer für die Ideen G. Th. Fechners zugänglich und habe mich auch in wichtigen Punkten an diesen Denker angelehnt." (FREUD 1925, S.86)[1]

Im Vergleich zu anderen Psychologen der Zeit, die FREUD nennt, etwa Wundt, Binet oder Lipps, wird FECHNER von FREUD als ein Autor gewürdigt, der nicht nur vereinzelte Anregungen gab, sondern grundsätzlichen Einfluß auf die psychoanalytische Konzeptbildung hatte. Dies gilt insbesondere für die in der vorliegenden Studie zu untersuchenden Konzepte, für die die Beziehungen zwischen FREUD und FECHNER eine hervorgehobene Rolle spielen. Dabei werden zwei Arbeiten FECHNERs ausführlicher zu referieren sein.

80

Die später erschienene Schrift, „Einige Ideen zur Schöpfungs- und Entwicklungsgeschichte der Organismen" (FECHNER 1873) erwähnt FREUD (1920, S.4 ff.), weil das darin entwickelte FECHNERsche Prinzip der Tendenz zur Stabilität das theoretische Fundament sowohl für das Lustprinzip wie für den Todestrieb abgibt.

Nach der von FECHNER postulierten Tendenz strebt der Organismus danach, seine eigene Stabilität nach Möglichkeit zu erhalten, also Instabilität zu vermeiden. Dabei werden Stabilität und Lust bzw. Instabilität und Unlust als Äquivalente aufgefaßt. Wenn FREUD (1920) den Todestrieb in die psychoanalytische Theorie einführt, so zeigt sich, daß – abstrakt gesprochen – das Ziel des Todestriebes dasselbe ist wie das nach dem Lustprinzip zu erwartende – nämlich ein möglichst dauerhafter Stabilitätszustand. Inhaltlich unterscheidet sich die Art der Stabilität allerdings, die durch die Regulationsmechanismen des Lustprinzips bzw. durch die Wirkmechanismen des Todestriebes zu erreichen wäre. Dennoch kann FREUD den Satz formulieren, „das Lustprinzip" scheine „geradezu im Dienste der Todestriebe zu stehen" (1920, S.69).

Die Stabilität, die der Todestrieb intendiert, setzt eine Umwandlung der organischen in anorganische Materie voraus. Ein ähnlicher Gedanke findet sich bereits bei FECHNER (1873), FREUD erwähnt diese Parallelität jedoch nicht. Die zweite der hier zu referierenden Arbeiten FECHNERs, die bereits im Titel einen einprägsamen – vermeintlich originär psychoanalytischen – Begriff enthält, wird von FREUD in keiner der in den „Gesammelten Werken" enthaltenen Schriften zitiert. Ich meine die in der „Zeitschrift für Philosophie und philosophische Kritik (Neue Folge)" veröffentlichte Abhandlung FECHNERs: „Über das Lustprinzip des Handelns" (1848).

In dieser Arbeit beschreibt FECHNER Lust und Unlust nicht nur als Äquivalente von Stabilitäts- und Instabilitätsverhältnissen. Er ordnet diesen Begriffen auch zwei „Klassen" zu, in die Gefühle und Affekte mit positiver oder negativer Valenz bzw. auch konkretisierte Erlebnisse fallen, die derartige Gefühls- oder Affektzustände auslösen. Das von FECHNER entwickelte Modell ließe sich also im Sinne eines Kontinuums darstellen, das vom Abstrakten zum Konkreten führt:

organismische Stabilität,

als theoretisches Konzept; möglicherweise meßbar durch physiologische Variablen;

Lust,

eine Art Mittel- oder Grenzbegriff (ähnlich dem Begriff „Trieb" bei FREUD), der das Kontinuum, das vom Abstrakten zum Konkreten reicht, in zwei Hälften teilt, wobei dem Abstrakten das Physiologische (Organismische, Somatische), dem Konkreten das Psychologische (Subjektiv-Erlebte) zuzuordnen wären;

Gefühle und Affekte,
halbabstrakte, halbkonkrete Begriffe wie zum Beispiel „Freude";
Konkretisierungen,
zum Beispiel Beschreibung des Ereignisses, das den entsprechenden Gefühlszustand bedingt (im Extremfall: das ganz bestimmte Erlebnis eines konkreten Menschen zu einem einmaligen Zeitpunkt).

Dieses Kontinuum, das für Instabilität, Unlust / Gefühle und Affekte mit negativer Valenz / negativ bedeutungsvolle subjektive Erlebnisse und ihre Konkretisierungsformen analog zu beschreiben wäre, eröffnet einen Raum, der mit unterschiedlichen Untersuchungsmethoden zu explorieren wäre. Dementsprechend erhielte man die unterschiedlichsten Daten (physiologische Daten; Erlebnisdaten; Situationsbeschreibungen; Verhaltensdaten; andere Korrelationen von Gefühls- und Affektereignissen). Wichtig ist, daß das von FECHNER konzipierte Modell des Lustprinzips alle diese Daten übersichtlich zusammenfaßt, so daß die allgemeine Aussage, Lust sei ein Äquivalent der Stabilität und anhand verschiedenartiger Daten zu konkretisieren (entsprechendes gilt für Unlust) im Verein mit dem Prinzip der Tendenz zur Stabilität den Schluß ermöglicht: Der Organismus werde versuchen, jeweils solche Erlebnisse aufzusuchen, die „Lust" bedeuten (entsprechend: Erlebnisse zu vermeiden, die „Unlust" bedeuten). Sehen wir uns die beiden von FECHNER beschriebenen „Klassen" inhaltlich noch etwas näher an:

Lust (als Äquivalent organismischer Stabilität):
„Freude"; „Vergnügen"; „Wohlbefinden"; „innere Befriedigung" (wobei offenbar an jede Art der Befriedigung gedacht werden kann); die Konkretisierungen hierzu wären etwa: „Genuß eines guten Gerichts"; „Anblick eines schönen Kunstwerks"; „Jawort der Geliebten" (1848, S.1).

Noch weiter konkretisiert, ließen sich die subjektiven (inneren) Erlebnisse, Verhaltensweisen und Situationsbedingungen narrativ aufzählen, die der Mann X am Tag Y hatte / zeigte / vorfand, als er – beispielsweise – das „Jawort der Geliebten" hörte, wobei auch diese Frau und die Beziehung zu beschreiben wären, die zwischen beiden Interaktionspartnern zuvor und während der Situation bestand.

Unlust (als Äquivalent organismischer Instabilität):
„Traurigkeit"; „Gram"; „Trübsinn"; „Schmerz"; „innere Unbefriedigtheit"; Konkretisierungen: „Schande"; „böses Gewissen"; „Verzweiflung ... an sich selbst"; „Unglück in der Liebe" (1848, S.1 f.); weiter konkretisiert: Beschreibung der Situation, in der der Mann X am Tage Y von „Verzweiflung an sich selbst" geplagt wurde – welche Gefühle, Gedanken, Erinnerungen er hatte, mit wem er sprach oder wen er vermißte, was er tat oder unterließ.

Das von FECHNER postulierte Lustprinzip besagt nun, daß die Erlebnisse der einen Klasse (Lust) nach Möglichkeit zu „haben", die der anderen Klasse (Unlust) nach Möglichkeit zu vermeiden seien. Dieses Regulationsprinzip steht im Dienste der Tendenz, die Stabilität des Organismus möglichst zu erhalten – vor allem auch mit Hilfe einer Vermeidung unlustvoll-destabilisierender Erlebnisse (Situationen und Verhaltensweisen). Daß man aus diesem Konzept eine Abwehrlehre extrapolieren kann, liegt auf der Hand. Wie die vorliegende Studie zeigen soll, knüpft FREUD an das von FECHNER entworfene (und vermutlich auch von ihm übernommene) Lustprinzip weitreichende Überlegungen an, die nahezu den gesamten Theoriekorpus der Psychoanalyse durchdringen.

Bedingt durch Beobachtungen an Patienten kommt FREUD allerdings auch zur Auffassung, es gäbe Ausnahmen, die sich nicht ohne weiteres diesem Prinzip unterordnen ließen. Er stellt diese Ausnahmen unter dem treffenden Titel „Jenseits des Lustprinzips" (1920) dar. FREUDS Argumentation, die mit der Einführung des Todestriebes in die psychoanalytische Theorie abschließt, bezieht etwa den Wiederholungszwang (die unfreiwillig-zwanghafte Reinszenierung unlustvoller Erlebnisse und Szenen) ein. Allerdings zeigt FREUD, daß die scheinbaren Ausnahmen dennoch dem allgemeinen Prinzip der Tendenz zur Stabilität (die dem Lustprinzip zugeordnet ist) zu unterwerfen sind. So ist der Wiederholungszwang etwa als ein spontaner, wenngleich nicht immer zum Abschluß gelangender Versuch des Organismus, durch nachträgliche Bewältigung eines unlustvollen Erlebnisses die latente Instabilität (die solange besteht, wie das entsprechende Erlebnis nicht tatsächlich bewältigt, integriert werden konnte) in wiedererreichte Stabilität zu verwandeln. Und auch der Todestrieb will, auf seine Weise, Stabilität, endgültige Spannungslosigkeit, erreichen.

Wie bei FECHNER, so bedeutet auch bei FREUD „Lust" die (Wieder-) Herstellung von Stabilität. Daher bringt FREUD den Begriff in Zusammenhang mit Erregungsabfuhr, Spannungsreduktion, Affektbewältigung, Triebbefriedigung oder Wunscherfüllung, mit Konzepten also, die – auf unterschiedlichem theoretischen Niveau angesiedelt – doch alle dasselbe intendieren: organismische Stabilität. Würde man noch hinzufügen, daß die entsprechenden Regulationsprozesse nicht nur intrapsychisch, sondern auch innerhalb von zwischenmenschlichen Beziehungen ablaufen (und theoretisch darzustellen sind), so wäre ein weiter Bogen von FECHNER bis zu modernen psychoanalytischen Auffassungen zu schlagen.

In diesem Zusammenhang ist es sinnvoll, auf die Unterscheidung hinzuweisen, die FREUD zwischen dem Affekt-Ereignis und dem Real-Ereignis (im Sinne eines von mehreren Beobachtern anhand äußerer Daten objektivierbaren Ereignisses) trifft (vgl. NITZSCHKE 1988). Zwar hat FREUD für seine Begriffs- und Konzeptbildung im wesentlichen die Daten, die das Affekt-Ereignis beschreiben, benutzt, doch er hat deshalb die äußere, faktische, sozial relativ einfach zu objektivierende Realität nicht grundsätzlich ausgeklammert. Dies gilt etwa auch für das Ereignis der „Verführung", das FREUD sowohl als Real-Ereignis wie als Affekt- oder Phantasie-Ereignis beschrieb, ohne – wie von MASSON (1986) unterstellt – die faktische Realität einer „Verführung" grundsätzlich bezweifelt zu haben. Er meinte nur, es gäbe auch ein Affekt- oder Phantasie-Ereignis „Verführung", das lose oder auch gar nicht an das Real-Ereignis „Verführung" gebunden sein könne. Schwerpunktmäßig beschäftigte FREUD sich allerdings mit inneren Ereignissen.

Dieser Hinweis ist deshalb wichtig, weil das von FECHNER aufgestellte und von FREUD ausgestaltete Lustprinzip gerade ein theoretisches Modell ist, das die relative Unabhängigkeit der selbstregulatorischen Prozesse des psychischen Apparates aufzeigt. Ob die organismische Stabilität nun durch ein faktisches oder nur phantasiertes Ereignis bedroht ist – in beiden Fällen beginnt derselbe Prozeß einer versuchten Restabilisierung. Und tatsächlich zeigt auch eine genauere Analyse der von FECHNER erwähnten Beispiele, daß im Hinblick auf die Gültigkeit des Lustprinzips nicht zwischen faktischer und psychischer Realität (vgl. NITZSCHKE 1978) unterschieden werden muß (wenn solche Unterscheidungen auch im Zusammenhang anderer Fragestellungen von außerordentlicher Bedeutung sein können).

Der „Genuß eines guten Gerichts", den FECHNER erwähnt, ist ein faktisches Ereignis, aber gewiß auch ein inneres Erlebnis. Das „böse Gewissen" ist, anders als die reale orale Befriedigung, möglicherweise ausschließlich Folge einer Phantasie, die für den Betreffenden unannehmbar erscheint bzw. die Folge eines Über-Ich-Einspruchs gegen ein phantasiertes Befriedigungserlebnis. „Wohlgefühl" kennzeichnet die stabile libidinöse Besetzung des Selbst oder den Umgang mit guten inneren Objekten oder eine reale Beziehung zu einem Menschen, durch die stabilisierende Erlebnisse möglich sind. Unabhängig von den Bedingungen, durch die das „Wohlgefühl" zu erreichen ist, läßt sich der Wunsch nach einem derartigen Gefühl nach dem Lustprinzip und aufgrund des Prinzips der Tendenz zu Stabilität erklären. Das „Jawort der Geliebten" ist in jedem Falle ein faktisches Ereignis, es sei denn, es werde – in pathologischen Fällen – halluzinatorisch vernommen. „Verzweiflung an sich selbst" ist Korrelat eines pathologischen Narzißmus – wie immer dieser bedingt sein mag – und kann im Einzelfalle zu bedrohlichen Konsequenzen, unter Umständen auch zur faktischen Realität des Suizid, führen.

Ich breche die Reihe der Beispiele hier ab. Demonstriert werden sollte, daß das von FECHNER entworfene Prinzip der Affektregulation zwar mit inneren und äußeren Daten korreliert, nicht aber in der einen oder der anderen Datenreihe aufgeht. Im engeren Sinne bezieht es sich auf innere Daten (wodurch immer diese bedingt sein mögen); im weiteren Sinne wäre durch eine Explikation – die allerdings den Regulationsvorgang selbst nicht mehr betrifft – die Verbindung zwischen inneren und äußeren Daten aufzuzeigen.

Das Lustprinzip kennzeichnet einen inneren Regulationsprozeß, der allerdings keineswegs von einem „freien" Willen oder von der „Vernunft" gesteuert wird. Vielmehr erfolgt – um diesen Aspekt des Prinzips hervorzuheben – die Abwehr unlustvoller Erlebnisse automatisch. Ereignisse, die den Körper („Organismus") destabilisieren, partiell desintegrieren oder vollständig desorganisieren könnten[2], sind nach Möglichkeit zu vermeiden. Der Automatismus, der abläuft, wäre durch Charakteristika zu kennzeichnen, die FREUD dem „Trieb" zuerkennt: In beiden Fällen geht es um einen „natürlichen" („organismischen") Drang, der zunächst völlig unabhängig von jeder vermittelt eingreifenden Vernunft sein Ziel zu erreichen sucht.

Anders gesagt: Das von FECHNER postulierte Lustprinzip verkörpert die „Natur". Solange die Affekt-Ereignisse nach dem Lustprinzip reguliert werden, hat sich der Prozeß der Zivilisation die Affekte noch nicht unterwerfen können. Beherrschung und Selbstbeherrschung der Affekte setzen die Modifikation des Lustprinzips voraus, die durch Erziehung, Einsicht und Vernunft erreicht wird – also eine Umformung des Lustprinzips zum Realitätsprinzip. Dieser Fort-Schritt ist gleichbedeutend mit dem Fort-Schritt von der „Natur" zur „Kultur". Daher kann FREUD die Domestikation der „Triebnatur", also die Umformung des Lustprinzips zum Realitätsprinzip oder die partielle Ersetzung des „Es" durch das „Ich", stimmig mit der Kulturarbeit, mit der Trockenlegung der Zuydersee, vergleichen[3].

In FREUDs Theorie ist der vernünftig begründete Einspruch gegen den Trieb gleichbedeutend mit dem Einspruch gegen die Funktionsweisen, die ein unmodifiziertes Lustprinzip vorschreibt. Mit welcher Formel immer man den Fortschritt auch beschreiben will – von der Natur zur Kultur, vom Es zum Ich, vom Primärvorgang zum Sekundärvorgang –, er ist ohne Eingriff in das „natürlich" gegebene, organismische Regulationsprinzip der Affekte nicht denkbar. Erst Erziehung, Vernunft, Einsicht, Kontrolle und Selbstkontrolle ermöglichen eine partielle Umwandlung des Lustprinzips zum Realitätsprinzip.

Genau aus diesem Grunde hat FREUD recht, wenn er das von ihm empfohlene Therapiekonzept – in seiner allgemeinsten Kennzeichnung – als eine Form der „Nacherziehung" (1940, S.101; vgl. zum Inhalt dieses Programms: 1937, Kap. III) auffaßt. Dem entspricht – wiederum konsequent – FREUDs allgemeine Auffassung der psychischen Krankheit als einer Entwicklungshemmung, die zu verstehen ist als gehemmter, nicht vollzogener, aus welchen inneren und äußeren Gründen immer verweigerter Fortschritt des Kranken – vom Lustprinzip zum Realitätsprinzip. Psychische Krankheit wird von FREUD – im allgemeinsten Sinne – identifiziert mit der noch weitgehend unmodifizierten Herrschaft des Lustprinzips (als Affektregulations- und Stabilisierungsprinzip des Organismus), also mit der „Natur", mit der ungezähmten Triebstärke. Das hört sich heroisch an, ist aber im konkreten (klinischen) Fall gleichbedeutend mit der anhaltenden Fixierung an infantile Befriedigungsformen und Angstbedingungen, also an regulatorische Prozesse, die unter der Herrschaft des Lustprinzips auf möglichst kurzem Wege Befriedigungserlebnisse sichern und Unlusterlebnisse zu vermeiden suchen.

Ein kurzer Exkurs, der die umfangreichen Konsequenzen des Konzepts „Lustprinzip" für die psychoanalytische Theorie weiter belegen soll, sei gestattet: Der Transformationsprozeß, der den Fortschritt vom Lustprinzip zum Realitätsprinzip bezeichnet, kann auf den unterschiedlichsten theoretischen Ebenen nachgezeichnet werden:

– auf der Ebene des Denkens ginge es dabei um den Fortschritt vom Primärvorgang zum Sekundärvorgang;
– auf der Ebene intrapsychischer Transformation (des „Es" zum „Ich") ginge es um Prozesse, die FREUD mit Hilfe energetischer Modelle, also in der Sprache der Libidotheorie, darstellt;
– verbunden mit dieser zuletzt genannten Ebene wäre die Beschreibung des Transformationsprozesses im Rahmen von Identifikationen (des Kindes mit seinen Objekten oder – falls es sich um „Nacherziehung" handelt – des Analysanden mit dem Analytiker).

Die Darstellung läßt erkennen, daß der wichtigste Unterschied in der Verwendung des Konzepts durch FECHNER und FREUD darin besteht, daß FECHNER gerade den entscheidenden Modifikationsprozeß nur in Umrissen andeutet (wie später zu sehen sein wird, betrifft dies die Andeutung, noch in der „Liebe" des Erwachsenen sei die „Lust" des Kindes mitenthalten). Daher ordnet FECHNER auch den beiden „Klassen" (Lust und Unlust) umstandslos differenzierte Gefühle und Affekte zu, deren Differenzierung allerdings erst das Ergebnis der Sozialisation des Triebes ist – beginnend mit emotionalen Austauschprozessen (NITZSCHKE 1985), die sich zwischen dem Kind und der Mutter abspielen. Der Verlauf dieser Interaktionen zwischen dem „Trieb" und dem „Objekt", zwischen dem Kind und der Mutter, mag selbst durch ein interpersonell gefaßtes Lustprinzip theoretisch dargestellt werden können. In jedem Falle handelt es sich dabei um den entscheidenden Prozeß, um einen somato-psychischen Dialog zweier Körper (vgl. NITZSCHKE 1984), der in der Regel die wichtigsten, bedeutungsvollsten und für lange Zeit bestimmenden Lust- und Unlusterlebnisse konstituiert, die dann bei jeder späteren Annäherung zwischen zwei Körpern, die leidenschaftlich-affektiv und/oder sexuell ist, in der einen oder anderen Form reinszeniert (bzw. abgewehrt) werden. Die Fixierung an das Lustprinzip, die FREUD als das allgemeine Kennzeichen der psychischen Erkrankung hervorhebt, ist eben immer auch gleichbedeutend mit einer Fixierung an Lust- und Unlusterlebnisse, die aus den frühen Interaktionen des Kindes mit der Mutter (erweitert: mit dem Vater und anderen wichtigen infantilen Objekten) resultieren. Auf einer anderen theoretischen Ebene ausgedrückt, bedeutet dies eine Fixierung an Befriedigungs- und Angstbedingungen, die sich anhand von (zunächst unbewußten) Fixierungen an infantile (inzestuöse) Objekte und aus den entsprechenden Phantasien erkennen lassen. In diesem Zusammenhang wäre – weit über FECHNER hinausgreifend – die Regulation nach dem Lustprinzip auch unter einem anderen Aspekt als entscheidender Faktor bei der Entstehung psychischer Erkrankungen zu erwähnen: Gerade weil nach dem Lustprinzip unlustvolle (traumatische und/oder konflikthafte) Erlebnisse abgewehrt werden müssen, besteht die Gefahr einer Desintegration dieser Erlebnisse. Dies hat zweierlei Konsequenzen: Zum einen stehen dann bei einem späteren, ähnlich unlustvollen Erlebnis keine Bewältigungsmechanismen zur Verfügung (sondern nur die, die zur Abwehr nach Maßgabe des unmodifizierten Lustprinzips bereits früher eingesetzt wurden); der Urverdrängung folgt die Nachverdrängung. Zum anderen wird das abgewehrte Erlebnis – das stattgefunden hat, aber nicht bewältigt werden konnte – an einem „Ort" jenseits des Bewußtseins aufgehoben, von dem aus es fortgesetzt seine eigene Reinszenierung zu betreiben versucht (im Sinne des Wiederholungszwanges). Das abgewehrte Erlebnis wird so zur Quelle einer inneren Gefahr, zum Ausgangspunkt einer latenten Instabilität, die – im Falle einer „auslösenden" Situation – manifest werden kann.

FREUDS Therapiekonzeption, die bereits als Versuch einer nachträglichen Modifikation des Lustprinzips dargestellt worden ist, ist also eine (psycho-)logisch konsequente Antwort auf die in Form der psychischen Erkrankung zum Ausdruck kommende Problematik: Der therapeutische Eingriff versucht, in sinnvoller Weise die zwanghaft-unfreiwilligen Inszenierungen (Übertragungen) der unlustvollen Erlebnisse (negative Übertragung), aber auch der infantilen (häufig schambesetzten) Befriedigungswünsche (positive Übertragung) bei gleichzeitiger Bearbeitung der gegen diese Reinszenierung auftretenden Kräfte (Widerstand), in einem vorgegebenen Rahmen (therapeutisches Setting) und mit Hilfe eines anderen Menschen, von dem erwartet wird, daß seine innere Regulation nicht mehr unter dem Zwang des Lustprinzips erfolgt (weshalb er sich etwa besonders unlustvollen Erlebnissen aussetzen kann, die der Patient in ihm stimuliert, ohne daß der Therapeut sie etwa vergelten müßte), so aufzugreifen und zu bearbeiten, daß das Ziel des Wiederholungszwanges (die Restabilisierung des psychophysischen Systems) auf einer höheren (reiferen) Stufe erreicht werden kann. Dabei ist die Deutung das signifikante Ereignis: Durch sie kommt letztlich vernünftige Sprache ins Spiel der scheinbar sinnlosen Abläufe. Mit Hilfe der Deutung soll es gelingen, den organismischen Regulationsprozeß durch „Vernunft" zu modifizieren.

Da es Patientengruppen gibt, denen es nicht oder nur schlecht gelingt, die Reinszenierungen im Rahmen des klassischen Behandlungsverfahrens zu halten, und/oder auf das spannungserhöhende, konfliktmobilisierende Verfahren mit „Agieren" (außerhalb der Behandlungsstunden), Dekompensationen, vielleicht auch mit der Darbietung eines „falschen" Selbst auf der Couch (während das „wahre", nämlich affektvolle, Selbst draußen vor der Behandlungstür bleibt) reagieren, wurden für diese Patienten – und in Reaktion auf das von FREUD vorgeschlagene Behandlungsverfahren – immer wieder (mehr oder weniger umfangreiche) Behandlungsmodifikationen vorgeschlagen. Dies reichte von der Einführung neuer Parameter über die stärkere Berücksichtigung der Hilfs-Ichfunktionen des Therapeuten (holding function; container) bis zur nahezu vollständigen Umwandlung (Behandlung im Gegenübersitzen; niedere Stundenfrequenz). In der Regel antworten diese Modifikationen – im Einzelfall nicht unbedingt theoretisch expliziert, bestimmt aber „empathisch" – auf die Tatsache eines bei allen infragekommenden Patientengruppen gemeinsam vorhandenen Merkmals: Die therapeutisch unerwünschten oder unbrauchbaren Reaktionen dieser Patienten sind Indikatoren selbstregulatorischer Prozesse, die ganz im Sinne des noch weitgehend unmodifizierten Lustprinzips ablaufen. Das heißt: Spannungserhöhung und Konfliktbearbeitung werden durch entsprechende – theoretisch zu erwartende – Abwehrmanöver beantwortet, die im Rahmen des klassischen Settings und mit Hilfe der (oft rigide verstandenen) tradierten Interventionen nicht bearbeitet werden können.

Der hier unterbreitete Vorschlag, zwischen diesen Reaktionen, der Modifikation des klassischen Behandlungsverfahrens und dem regulatorischen Geschehen nach Maßgabe eines noch weitgehend unmodifizierten Lustprinzips einen Zusammenhang herzustellen, hat den Vorteil, die Diskussion nicht ausschließlich unter Rückgriff auf Theoreme der Ich-Psychologie führen zu müssen. Es ist zwar richtig, davon zu sprechen, diese Patientengruppen reagierten mit „frühen" Abwehrmechanismen, hätten die nötigen Ichfunktionen nicht im ausreichenden Maße zur Verfügung oder sie wiesen ein strukturelles Ich-Defizit auf. Genauso richtig ist es aber, davon zu reden, sie erreichten organismische Stabilität nur unter Rückgriff auf ein in seiner Herrschaft noch kaum eingegrenztes Lustprinzip. Das hat den Vorteil, diese Patientengruppen – deren Objektbeziehungen und inneren Erlebnisse – nicht ausschließlich unter dem Gesichtspunkt des Defizits wahrzunehmen, sie vielmehr auch im Rahmen der Trieb-Psychologie zu verstehen. Das ist insbesondere deshalb von therapeutischem Nutzen, da gerade bei diesen Patienten ein zentraler Gegenstand des FREUDschen Nachdenkens – die archaischen Phantasien, in denen sich ein elementares Körpergeschehen abbildet (vgl. NITZSCHKE 1985 – bes. Kap. I zu Schreber) – eine besondere Bedeutung hat, die bei einer zu einseitig ich-psychologischen Betrachtung leicht übersehen werden kann.

Suchtpatienten sind in diesem Zusammenhang ein illustratives Beispiel, das abermals den theoretischen Wert des Konzepts „Lustprinzip" unterstreicht. Suchtpatienten greifen unter Benutzung einer Droge auf ein Regulationsgeschehen zurück, das kurzfristige Stabilisierung, mittel– und langfristig aber selbst- und fremd-schädigendes Verhalten impliziert. Der „künstliche" Versuch, mit Hilfe von Drogen bestimmte Gefühle zu „haben" (Stabilität zu erreichen) und andere Gefühle nicht zu „haben" (die die latent vorhandene Instabilität zum Ausdruck bringen), scheitert in dem Augenblick, in dem die Droge ihre Wirkung verliert. Bei Wegfall des Suchtobjekts wird die nur überdeckte Instabilität wieder manifest. Solange das Regulationsgeschehen nach Maßgabe eines unmodifizierten Lustprinzips erfolgt, sind daher Änderungen kaum zu erwarten.

In Analogie hierzu wären jene Versuche zu verstehen, mit Hilfe eines anderen Menschen, der im Sinne einer „Droge", also wie ein Suchtobjekt, benutzt wird, organismische Stabilität aufrechtzuerhalten. Entfällt das Objekt – zum Beispiel infolge einer Trennung – so treten die zugrundeliegenden „Defizite", also die Gefühlszustände wieder auf, die die vorhandene organismische Instabilität signalisieren. Dem entsprechen dann die psychophysischen Folgen, die nach Maßgabe eines unmodifizierten Lustprinzips theoretisch auch zu erwarten sind. In der Regel wird allerdings zunächst die „Heilung durch Liebe", also der Versuch, mit Hilfe eines geeigneten Liebesobjekts (das in der Regel komplementäre Züge aufweist) vorhandene Regulationsmechanismen zur Aufrechterhaltung von Stabilität einzusetzen, jeder „Heilung" durch Therapie vorgezogen. Erst wenn der an der Kollusion beteiligte Partner (zum Beispiel durch eigene Nachreifung) das Bündnis aufkündigt und kein Ersatz rasch genug die hinterlassene „Lücke" füllen kann, wird gegebenenfalls therapeutische Hilfe gesucht, wobei dann auch dem Therapeuten gegenüber versucht wird, eben die Objektbeziehungen herzustellen, die dem „primitiven" Regulationsgeschehen entsprechen. Lassen sich diese Objektbeziehungen entfalten und in einem zweiten Schritt allmählich auch umwandeln, so beinhaltet dies wiederum die Modifikation des Lustprinzips zum Realitätsprinzip, also den Erwerb „reiferer" Regulationsmechanismen. Wenn FREUD die psychische Erkrankung als Entwicklungshemmung charakterisiert, so bedeutet dies, daß – wenn überhaupt Außenwelt-Objekte infrage kommen – ein mögliches Liebesobjekt eben die Befriedigungsformen gewähren sollte, die in den inzestuösen Phantasien fixiert sind und dem Regulationsgeschehen nach Maßgabe eines weitgehend unmodifizierten Lustprinzips entsprechen. Dem Objekt kommt somit ein fest vorgeschriebener Platz zu. Es soll als Stellvertreter eines früheren Objektes agieren, hat also wenig eigenen Spielraum. Macht es sich in seiner Individualität dennoch bemerkbar, unterscheidet es sich also vom Inhalt der Phantasien, die mit seiner Hilfe reinszeniert werden sollen, ist die Beziehung in der Regel gefährdet. Gerade weil nach Maßgabe des unmodifizierten Lustprinzips Befriedigungsformen gesucht (Stabilität erreicht) und Angstsituationen gemieden (Instabilität vermieden) werden, die ihre Signifikanz der infantilen Vorgeschichte verdanken, besteht nach Auffassung FREUDs ein weiterer allgemeiner Zug der psychischen Erkrankung darin, die aktive Auseinandersetzung mit der Außenwelt-Realität, insbesondere die Suche nach einem Außenwelt-Objekt zugunsten von Rückzug in die Innenwelt und Passivität aufzugeben. Es ist leichter, die benötigten Objekte in der Phantasie aufzufinden, als sie sich in der Außenwelt verfügbar zu machen, zumal sie sich als Außenwelt-Objekte dem Wunsch, sie mögen mit den infantil-vertrauten Objekten identisch sein, mehr oder weniger entziehen. Mit Hilfe von Masturbationsphantasien gelingt hingegen zweierlei: Die aktive Auseinandersetzung mit dem Außenwelt-Objekt bleibt erspart und die phantasierten infantilen Objekte (und Beziehungsformen) sind relativ leicht wieder aufzufinden. Aus diesem Grunde – nicht aus moralischen Gründen – spricht FREUD auch von der Schädlichkeit einer zulange betriebenen Onanie. Da sie den Triebwunsch unter Vermeidung einer Beziehung zur Außenwelt exekutiert und die bestehende Fixierung an Phantasieobjekte mit jedem Akt der Befriedigung erneut bestätigt, entspricht sie zwar den nach dem Lustprinzip naheliegenden Regulationsprozessen; sie kann aber gerade wegen ihrer leichten Verfügbarkeit den (unter partiellem Verzicht zu leistenden) Fortschritt zu realitätsnaheren Befriedigungsformen mit Hilfe eines in der Außenwelt erst zu findenden Objekts erschweren.

Wiederum unter Rückgriff auf das Konzept Lustprinzip wäre auch FREUDs Aussage zu würdigen, die Neurose sei das Negativ der Perversion. Die für die Neurose angenommene Fixierung an unbewußte (abgewehrte) Phantasien besteht auch im Falle der Perversion, die als zwanghaft suchtartiger Prozeß relativ stabile (rigide, stereotype) Handlungsmuster vorschreibt. Dabei wird der an der Handlung beteiligte Partner im Sinne einer „Droge" eingesetzt. Er hat sich den Angst und Nähe kontrollierenden Ritualen anzupassen, um sich den realisierten Tagtraumphantasien (die dem Inhalt von Masturbationsphantasien analog sind) in einer (Re-)Inszenierung zu unterwerfen. Unabhängig vom Inhalt dieser Phantasien und

Rituale wäre der perverse Handlungsablauf als ein Versuch zu verstehen, Stabilität mit Hilfe regulatorischer Prozesse zu erreichen, die nicht nur unter Rückgriff auf infantile Phantasiemuster, sondern eben auch nach den abstrakteren Gesetzen eines unmodifizierten Lustprinzips zu erklären sind.

Vom Inhalt neurotisch ausgestalteter, unbewußter (Masturbations-) Phantasien zur Inszenierung solcher Phantasien im pervers genannten Akt führt also ein – theoretisch mit Hilfe des Lustprinzips nachzuzeichnender – Weg, der auch eine Erklärung der Wirkung gemeinhin als „pornographisch" bezeichneter Produkte erlaubt. Diese wäre – wenn nicht dem Inhalt, so doch den Wirkmechanismen nach – auch mit den romantischen Klischees zu vergleichen, die in der Trivialliteratur transportiert werden. Stets geht es um eine wenig „kunst"-volle – wenig spannungsreiche, wenig differenzierte – Darstellung schablonierter Inhalte, die unmodifizierten, klischeehaften Phantasien entsprechen. Daher enthalten diese Produkte wie die ihnen zugrundeliegenden Phantasien Reihenbildungen, die ewige Wiederkehr des Gleichen, und nötigen zum zwanghaft-suchtartigen Konsum. Die implizierte Scheinbefriedigung – um den Preis einer Fixierung an die Produkte, die die Fixierung an infantile Phantasien nur aufgreifen, bestätigen und kommerziell ausbeuten – erinnert abermals an Versuche, bei Vermeidung eines lebendigen, autonom reagierenden Außenwelt-Objekts Stabilität zu erreichen. Gerade der Verweis auf die „Pornographie", die einen beachtlichen kommerziellen Faktor darstellt, betrachtet man die Umsätze und finanziellen Gewinnmöglichkeiten, zeigt, daß Befriedigung nach Maßgabe eines unmodifizierten Lustprinzips mit der gesellschaftlichen Realität durchaus vereinbar ist.

Die größtmögliche Emanzipation von der Herrschaft des Lustprinzips, die für den Menschen erreichbar sei, stelle das wissenschaftlich-objektive Denken dar, meinte FREUD. Solches Denken setzt die Fähigkeit zur Spannungstoleranz in einem sehr hohen Maße voraus: Wenn es nämlich möglich werden soll, auch das „Unangenehme in den Denkzusammenhang zu ziehen" (1900, S.606)[4], wenn es also gelingen soll, alle Seiten des Denkgegenstandes – einschließlich jener, die aversive Affekte auslösen – „wahr"-zunehmen, dann müssen die regulatorischen Prozesse, die nach dem Lustprinzip zu erwarten sind, in hohem Maße eingeschränkt sein. Erst unter dieser Voraussetzung ist es möglich, auch solche freien (kreativen) Gedanken zuzulassen, die die Sicherheit eines bestehenden Denksystems erschüttern, den Denkgegenstand in neuen Seiten zeigen, also eine vorübergehende kognitiv-affektive Instabilität provozieren.

Damit wäre der spannungsreiche Bogen, der, ausgehend von FECHNER Lustprinzip, skizzenhaft die Bedeutung dieses Prinzips für die psychoanalytische Theorie (und Praxis) aufweisen sollte, beendet. Sinn dieses Exkurses war es, die von FREUD vorgenommene fruchtbare Erweiterung des Konzepts zu demonstrieren, sowie dessen Bedeutung als eines tragenden Pfeilers der psychoanalytischen Theorie aufzuzeigen.

III

Nicht nur bei FREUD, sondern bereits bei FECHNER (1848) selbst zeichnet sich ab, daß das Lustprinzip ein theoretisches Modell ist, das eine ausgesprochene Vielfalt der unterschiedlichsten Phänomene (und dementsprechend der empirischen Daten) in einer geordneten theoretischen Gestalt zusammenfassen läßt. Es sei nun versucht, wenigstens kurz einige der Aspekte zu referieren, die bereits von FECHNER im Zusammenhang mit dem „Lustprinzip des Handelns" angesprochen wurden. Wie zu sehen sein wird, verweisen auch die im folgenden zu nennenden Aspekte auf signifikante Teilbereiche der FREUDschen Theorie. Sie können demnach als außerordentlich anregend für die psychoanalytische Konzeptbildung bewertet werden. Dabei handelt es sich etwa um die folgenden Überlegungen FECHNERs:

1. Handeln wird ausschließlich durch gegenwärtig empfundene Lust-Unlust reguliert.
2. Es gibt auch, abgeschwächt, Lust-Unlust-Signale in Gestalt von Vorstellungen (vgl. das Denken als Probehandlung bei FREUD).
3. Insofern es möglich ist, die Konsequenzen des gegenwärtigen Handelns für die Zukunft vorzustellen und auf diese Weise Lust und Unlust (wenn auch in geringerer Intensität als durch Realerlebnisse ausgelöst) zu erleben, beeinflußt auch die Zukunft das gegenwärtige Handeln.
4. Ein wesentlich stärkerer Einfluß auf das gegenwärtige Handeln kommt allerdings der Vergangenheit zu. Dies ist deshalb der Fall, weil den gegenwärtigen Lust-Unlust-Erlebnissen ihre subjektive Bedeutung nur vor dem Hintergrund einer Lern- und Erfahrungsgeschichte zuwächst.
5. Die Erfahrungsgeschichte der Lust-Unlust-Erlebnisse führt zu Motiven (Bedeutungen) für das gegenwärtige Handeln. Sie kann als solche durch Rückgriff auf das Gedächtnis, also mit Hilfe von Erinnerungen, rekonstruiert werden.
6. Beim Versuch, die Kette der Lust-Unlust-Erlebnisse zu rekonstruieren, gelangt man immer tiefer in die Kindheit und stößt somit auf Gedächtnislücken.
7. Je weiter die Rekonstruktion zurückzugreifen sucht, desto umfangreicher werden die Gedächtnislücken. Das Bewußtsein, damit beschäftigt, die Genese der Motive zu erforschen, stößt auf eine Grenze:

„Ganz natürlich aber ist es, daß, wo die Motive in's Unbewußtsein sich verlieren, es auch mit der Lust und Unlust derselben der Fall ist, und man hat
hierin nicht einen Beweis weniger sondern mehr für ihr wesentliches Vorhan-
denseyn darin." (FECHNER 1848, S.11)

8. Die eigentliche Grenze beim Versuch, durch Bewußtsein und Rückerinnerung die Motivgenese zu erforschen, stellt demnach das Unbewußte
dar.

9. Die Lern- und Erfahrungsgeschichte, auf die es ankommt, will man
deren determinierenden Einfluß auf die das gegenwärtige Handeln re-
gulierenden Motive verstehen, ergibt eine Biographie, die in allen Einzelheiten zu erforschen wäre, will man die tatsächlich subjektive Bedeutung konkreter Lust-Unlust-Erlebnisse erfassen.

10. Wollte man eine derartige Untersuchung vornehmen, so wäre eine um-
fangreiche „psychologische Analyse" (1848, S.9) nötig. Man beachte:
Verkürzt man diesen Ausdruck um einige Silben und faßt man den
Rest zusammen, so erhält man das Wort: Psychoanalyse[5].

11. Wendet man den Blick von der Vergangenheit wieder auf die Gegenwart, so stellt man fest, daß eine Erlebnis-Situation in den seltensten
Fällen reine Lust oder Unlust impliziert. Im Regelfall muß mit „Trie-
ben und Gegentrieben" (1848, S.11) gerechnet werden, die sich auf ein
und dieselbe Handlung (oder möglicherweise auch unterlassene Handlung) beziehen. Je nachdem, welche Kräfte sich schließlich durchsetzen,
realisiert sich die Absicht in einer Handlung oder Unterlassung.

12. Demnach kennt FECHNER neben einer genetischen Betrachtung (der
Handlungsmotive) auch eine dynamische Betrachtung des Konflikts
der Motive.

13. Zwar haben die gegenwärtigen Lust-Unlust-Erlebnisse ihre individuelle
Bedeutung, derentwegen die Biographie einer psychologischen
Analyse zu unterziehen wäre. Doch es gibt auch angeborene – und
insofern für alle Menschen gemeinsame – Urbausteine der Lust und
der Unlust:
„Einige instinctartige Vorgefühle von Lust und Unlust mögen beim Menschen
angeboren seyn; worauf z.B. der Trieb des Kindes zum Nehmen der Mutterbrust geschoben werden kann..." (FECHNER 1848, S.21)

14. FECHNER bringt die angeborenen Lust-Unlust-Vorgefühle nicht mit ir-
gendeinem, sondern gerade mit jenem (oralen) „Trieb" in Verbindung,
mit dem auch FREUD seine psychosexuelle Phasenlehre beginnen läßt.

15. FECHNER erwähnt somit gerade jene Intimität – zwischen dem Kind
und der Mutter – durch die sich die angeborenen Regulationsmechanismen mit einem zweiten Körper verbinden. Von dieser Situation aus-

gehend, entwickeln sich die Triebschicksale, wie FREUD aufzeigt. Das sind aber auch die Schicksale der Lust-Unlust-Erlebnisse, die die organismischen Stabilitäts-Instabilitätsverhältnisse wiederspiegeln.

16. Die „Lust" ist, laut FECHNER, sowohl die „Anregung" zur „Begierde" wie die „Befriedigung" der „Begierde", „nur daß anfangs die erste, gegen Ende die letzte Seite überwiegt" (1848, S.16). FECHNER unterscheidet demnach zwischen Vorlust und Endlust, während er den gesamten Vorgang als „Begierde" (Trieb) begreift. Beide Seiten der „Lust" stiften den Kontakt zur Mutter und halten ihn aufrecht.

17. Aus dieser ersten „Lust" entwickelt sich schrittweise die „Liebe" (bishin zur reifen Objektliebe). Daher ist es psychologisch gerechtfertigt, „das Princip der Liebe durch das der Lust zu erläutern" (1848, S.14); das heißt, noch die genitale oder reife oder kulturell akzeptierbare „Liebe" wäre auf animalisches Verlangen zurückzuführen, ein theoretisches Programm, das FREUD später mit Hilfe der psychoanalytischen Sexualtheorie expliziert.

18. Es ist möglich, „mit Hülfe namentlich der Beziehung auf das Unbewußte" (1848, S.16) nachzuweisen, daß das Lustprinzip durchgängig erklärt, warum im Späteren das Frühere, im Erwachsenen das Infantile, im Kulturellen das Animalische mitenthalten sein muß.

Es ist an dieser Stelle nicht möglich, die Anregungen, die FECHNER (1848) gab, in allen Einzelheiten im Hinblick auf ihre Fortführung in der FREUD-schen Theorie nachzuzeichnen. Nur ein einziger Aspekt sei hier weiterführend aufgegriffen. FREUDS Begriff des „Triebes" ist eng gebunden an die Regulationsmechanismen, die FECHNER mit dem Konzept des Lustprinzips bzw. mit dem Prinzip der Tendenz zur Stabilität beschreibt. Der Trieb – psychologisch gesprochen: der Wunsch – ist bei FREUD eine selbstregulatorische Bewegung, die – falls sie nicht auf ein Hindernis trifft – so rasch wie möglich ihr Ziel (die Befriedigung, die Stabilität des psychophysischen Systems) – anstrebt. Ausgelöst wird diese Bewegung durch einen „Triebreiz". Dabei geht der Reiz von einem Mangel- oder Irritationszustand aus. Der Mangel oder die Irritation sollen behoben werden. Ist dieses Ziel erreicht, hat der Trieb ein Ende gefunden. Dann sind auch die psychischen Äquivalente des Triebes nicht mehr wahrnehmbar – bis der Prozeß von neuem stattfinden wird.

Bei FREUD definiert sich die lebende Substanz dadurch, daß sie reizbar, irritierbar – also bedürftig – ist und den nicht-irritierten Ruhezustand wieder erreichen möchte. Nun gibt es, laut FREUD, zwei Triebarten, die auf unterschiedliche Weise dasselbe erreichen wollen, nämlich den gegenwärtigen Zustand (der Irritation) in einen künftigen Zustand (der Nicht-Irritation, Spannungslosigkeit, Stabilität) zu überführen, der seinerseits als eine Wiederholung eines vergangenen Zustands (der Stabilität) aufzufassen ist. Der Trieb liegt immer in der Gegenwart – und will stets in der Zukunft den in der Vergangenheit (vor der Irritation) bereits vorhandenen (nicht-irritierten) Zustand wieder erreichen. So will der Trieb die Wiederkehr des Gleichen, wie alle Lust die „Ewigkeit" für sich beansprucht.

Die Todestriebe wollen die Irritation, die Leben heißt, grundsätzlich aufheben. Die Lebenstriebe wollen die Irritation, die durch die Individuation gegeben ist, durch Verschmelzung mit dem Objekt aufheben. In beiden Fällen ist Stabilität, das heißt: ein objekt-loser, wunsch-loser, bedürfnis-loser, spannungs-loser Zustand, das Ziel des Triebes.

Wichtig an dieser Beschreibung ist, daß das Ziel des Triebes keineswegs das Objekt ist. Das Objekt ist nur das Mittel für den Zweck, die psychophysische Stabilität wieder herzustellen. Das Objekt ist das Variabelste am Trieb; und am Ende ist jedes Mittel recht, das Ziel zu erreichen.

Der Trieb ist konservativ – weil er nach Möglichkeit den Stabilitätszustand konservieren, also sich selbst aufheben will. Er ist konservativ – weil er als Wunsch im „Unbewußten" den verlorenen Ausgangszustand konserviert, zu dem endlich wieder zurückzukehren wäre. Der Trieb will die „Regression"; er will die „Wiederherstellung von Früherem" (FREUD 1920, S.39). Der Trieb ist ein über jedes Objekt hinausgehender, blinder, bewußtloser, „dem belebten Organischen innewohnender Drang zur Wiederherstellung eines früheren Zustandes" (1920, S.39).

IV

Mit Einführung des Todestriebes in die psychoanalytische Theorie gewinnt im Werk FREUDs die Sexualität ein freundlicheres Gesicht. Vor 1920 tritt sie bisweilen mit einer bedrohlich wirkenden Maske auf. Eng mit dem Lustprinzip verbunden, erscheint sie als eine Macht, die bei Gelegenheit die Grenzen des Ichs auflösen, die Gesetze der Realität und die Gebote der Kultur mißachten kann. Sie ist der große Gegenspieler der Selbst-Erhaltung und zerstört das Selbst bei ungenügender Selbst-Beherrschung, insbesondere dann, wenn die unkontrollierte Begierde, das sexuelle Verlangen, die grenzenlosen Leidenschaften, die Trieb-Stärke in der Lage sein sollten, die Ich-Entwicklung rückgängig zu machen, d.h. die Regression zur animalischen Lust und zur unbegrenzten Verschmelzung auslösen können. Bis 1920 bemüht sich FREUD darum, theoretisch und therapeutisch Mittel und Wege zu finden, durch die diese Naturgewalt einzugrenzen wäre.

Man hat die Revision der Triebtheorie, die FREUD 1920 vornahm, in der Regel unter einem pessimistischen Gesichtspunkt gewürdigt: Jetzt sei das Konzept des Todestriebes eingeführt worden; damit sei der FREUDsche Entwurf düsterer ausgefallen als zuvor. Würde man mehr den zweiten Aspekt, die Umbewertung der Sexualität, betrachten, käme man vielleicht zu einer optimistischeren Einschätzung dieser Revision. Denn jetzt erscheint die Sexualität als eine freundliche Macht, eingekleidet ins Gewand eines griechischen Gottes, bei einem poetisch-philosophischen Namen gerufen: Eros. Sie wird zum Synonym der Lebenstriebe und verliert ihre zerstörerischen Potenzen, die sie offenbar an den Todestrieb weiterreicht. Die libidinöse Besetzung des Ichs, des Körpers, ist Ausdruck eines neuerwachten Willens zum Leben und beugt der Selbst-Zersetzung, dem stummen Wirken der Todestriebe im Organismus, vor. Sexualität, zum Eros umgewandelt, schützt jetzt vor der Selbst- und Fremddestruktion und nimmt den Kampf mit dem Tode auf.

Daher sind die Sexualtriebe

„ ... die eigentlichen Lebenstriebe; dadurch daß sie der Absicht der anderen Triebe, welche durch die Funktion zum Tode führt, entgegenwirken, deutet sich ein Gegensatz zwischen ihnen und den Übrigen an... Es ist wie ein Zauderrhythmus im Leben der Organismen; die eine Triebgruppe stürmt nach vorwärts, um das Endziel des Lebens möglichst bald zu erreichen, und die andere schnellt an einer gewissen Stelle dieses Weges zurück, um ihn von einem bestimmten Punkt an nochmals zu machen und so die Dauer des Lebens zu verlängern." (FREUD 1920, S.43)

Das Individuum erweist sich dennoch – genauer betrachtet – nur als ein Übergang: zur Gattung oder zum Tod. Der Wunsch zur Wiederholung ist beiden Triebarten gemeinsam. In der Gattung wiederholt sich das Leben – und im Tode holt sich die anorganische Materie wieder das Recht, das sie vorübergehend an die organische Materie verloren hatte, kehrt der Organismus in den endgültig spannungsfreien Ausgangszustand zurück:

„Ist einmal die Grenze des Wachsthums eingetreten, so verharrt der Organismus allgemein gesprochen eine Zeit lang ziemlich gleichförmig in einem approximativ stabilen Verhältnisse zugleich in sich und zur Aussenwelt; allmählig aber beginnt die unorganische Stabilität mehr und mehr auf Kosten der organischen Platz zu greifen, indem die Theile fester und starrer werden und die Bewegungen sich verlangsamen, bis endlich der ganze Organismus dem unorganischen Zustande wieder verfällt, und hiemit würde das organische Leben überhaupt beendet sein, wenn er nicht während seines Lebens Theile [die Keimzellen – B.N.] von sich abzuspalten vermöchte, die seinen Lebensprocess wiederholen." (FECHNER 1873, S.39)

Da die Zeitlosigkeit ein Hauptmerkmal des „Unbewußten" ist, kann man diese als einen Vorboten des Todes ansprechen. Der Tod im Leben wäre realisiert, könnte das „Unbewußte" die ganze Macht an sich reißen, ließe sich die Zeitlosigkeit durchsetzen. Das aber hieße: Das Gedächtnis wäre zerstört, dessen strukturierendes Element die Zeit ist. Rückerinnerung und Bewußtsein wären unmöglich, weil die Rückkehr zum „Unbewußten", wenn auch nicht das Leben, so doch dessen bewußte Struktur zerstört hätte. Daran schließt sich ein Gedanke an: Eros ist nicht nur eine lebens-, sondern auch eine gedächtniserhaltende Kraft. Denn erst die libidinöse „Besetzung" einer Vorstellung gestattet deren Aufbewahrung im Gedächtnis. Die Realität des bewußtlosen Willens, des ungebrochenen Strömens, läßt sich nicht in Worte fassen. „Die Welt als Vorstellung", über die sich reden läßt, existiert nur unter der Voraussetzung einer zeitlichen Strukturierung, einer „Besetzung" der Vorstellungen, die dem „Libidostrom" entwunden worden ist. Über „die Welt als Wille" lassen sich hingegen nur metaphysische (und vielleicht auch nur metapsychologische) Konstruktionen angeben.

Gestattet sei für einen kurzen Augenblick eine metaphorische Sprache: Gäbe es für den „Libidostrom" keine Barriere, an der sich die „Energien" anstauen könnten, an der sie verdichtet werden, käme es nicht zur Stückelung der „Energie", so wären „Besetzungen" nicht möglich. Die Barriere, um die es geht, ist das Objekt, der Widerstand, an dem sich das Subjekt aufrichten kann. Das Objekt, das anders ist, also der Eigen-Wille des Objekts, ist die Grenze des bewußtlosen Willens, an der sich das Bewußtsein bilden kann. Die Zeit, die zwischen dem Bedürfnis und der Befriedigung des Bedürfnisses mit Hilfe des Objekts liegt, also der Wunsch, der für eine (zumindest kurze) Zeit frustriert wird, ist ein erstes Realitätszeichen. Die Differenz, also der Schmerz der Trennung, führt in das psychophysische System die Irritationen ein, durch die sich das Bewußtsein am Leben erhalten kann. Das Gedächtnis aber ist Zeuge der Zeit, die zwischen dem Wunsch und seiner Befriedigung vergangen ist:

„Irgend einmal wurden in unbelebter Materie durch eine noch ganz unvorstellbare Krafteinwirkung die Eigenschaften des Lebenden erweckt. Vielleicht war es ein Vorgang, vorbildlich ähnlich jenem anderen, der in einer gewissen Schicht der lebenden Materie später das Bewußtsein entstehen ließ. Die damals entstandene Spannung in dem vorhin unbelebten Stoff trachtete danach, sich abzugleichen; es war der erste Trieb gegeben, der, zum Leblosen zurückzukehren." (FREUD 1920, S. 40)

Wenn der Todestrieb, oder, mit FECHNER, „allgemein gesprochen die Tendenz zur Stabilität organische Zustände in unorganische zu verwandeln" (1873, S. 36), die endgültige Ruhe sucht, dann wird mit Erreichen dieses Zieles mit der organischen Substanz auch das Bewußtsein aufgehoben. Der „kleine" Tod begnügt sich mit weniger; immerhin kann er vorübergehend das Bewußtsein, also die Spannung der Individuation, aufheben.

V

Mehr als ein Jahrzehnt nach Einführung des Todestriebes in die psychoanalytische Theorie erläutert FREUD dieses Konzept abermals. Diesmal wird kein Verweis auf FECHNER mehr gegeben. Stattdessen taucht unvermittelt ein ganz anderer Kronzeuge auf.

„Sie werden vielleicht achselzuckend sagen: Das ist nicht Naturwissenschaft, das ist Schopenhauersche Philosophie." (1933, S.114)

Nicht Naturwissenschaft und nicht Philosophie, wohl aber ein interdisziplinäres Gespräch zwischen beiden, zu dessen Rekonstruktion die vorliegende Studie ihren Teil beitragen sollte, das ist: die Psychoanalyse. Und gerade hinsichtlich der beiden ausgewählten Konzepte bietet sich ein solches Gespräch geradezu an, zumal FECHNER Naturwissenschaft philosophisch[6] und Schopenhauers Philosophie naturwissenschaftlich (vor allem durch die zeitgenössische französische Physiologie) inspiriert sind. Die doppelte Herkunft der FREUDschen Konzepte hat, wie gezeigt, eine wissenschafts-historisch rekonstruierbare Begründung. Dennoch handelt es sich bei FREUDs Konzepten nicht lediglich um eine – möglicherweise gar „verunglückte", einem vorgeblichen Selbstmißverständnis zuzuschreibende – Summation, die je nach Laune und Vorliebe wieder in ihre Einzelbestandteile zu zerlegen wäre, – so daß willkürlich die ungeliebte Hälfte beiseite zu werfen wäre. Es handelt sich vielmehr um eine, beide Traditionslinien aufhebende Denkanstrengung, die in ein eigenständiges Denksystem einmündet. Die Rekonstruktion der Herkunft dieses Denksystems dient nicht der platten Absicht, das Spätere auf das Frühere zu reduzieren, vielmehr dem Zweck, mit Hilfe des Verstehens einer Entwicklung Sinn-Zusammenhänge zu rekonstruieren und mit Hilfe einer Rekontextualisierung der FREUDschen Konzepte deren Verdinglichung vorzubeugen.

Am Ende sei noch einmal FREUDs Hinweis auf Schopenhauer aufgegriffen. Kaum gibt FREUD diesen Hinweis, relativiert er ihn schon wieder, um den Ähnlichkeiten zwischen den eigenen und den fremden Gedanken die Unterschiede gegenüberzustellen. Dies soll uns jedoch nicht daran hindern, FREUDs Hinweis einen kurzen Augenblick weiterzuverfolgen. In SCHOPEN-HAUERS Hauptwerk „Die Welt als Wille und Vorstellung" (Band I, 1819) ist von einem „Kampf" die Rede, der zwischen verschiedenartigen „Kräften" im Organismus ausgefochten wird, bis endlich jene Naturkraft den Sieg davonträgt, die mit der anorganischen Materie verbündet ist. Zitieren wir abschließend noch diese Stelle:

„... so unterhält jede und auch die Willenserscheinung, welche sich im menschlichen Organismus darstellt, einen andauernden Kampf gegen die vielen physischen und chemischen Kräfte, welche, als niedrigere Ideen, ein früheres Recht auf jene Materie haben ... Daher also überhaupt die Last des physischen Lebens, die

Nothwendigkeit des Schlafes und zuletzt des Todes, indem endlich, durch Umstände begünstigt, jene unterjochten Naturkräfte dem ... Organismus die ihnen entrissene Materie wieder abgewinnen ..." (1819, S.173 f.) [7].

Anmerkungen

1 „Freud hat von Fechner das Konzept der seelischen Energie, die 'topische' Einteilung der Psyche, das Lust–Unlust–Prinzip, das Konstanzprinzip und das Prinzip der Wiederholung übernommen. Ein Großteil des theoretischen Gerüsts der Psychoanalyse wäre ohne die Spekulationen des Mannes, den Freud den 'großen Fechner' nannte, wohl kaum zustande gekommen." (ELLENBERGER 1973, I, S.309)

„Es war Fechner, der nicht nur das Prinzip der Energieerhaltung in die Psychologie einführte (1842 vom Physiker Robert Mayer formuliert und 1845 von Helmholtz weiterentwickelt), sondern aus diesem Konzept auch ein hochentwickeltes Äquivalent zu Freuds Lust-Unlust-Prinzip herleitete." (SULLOWAY 1982, S.111)

Sulloway erwähnt – im Unterschied zu ELLENBERGER (1973, I, S.307) – allerdings nicht die entscheidende Arbeit FECHNERs (1848), sondern lediglich die frühere Thesen zusammenfassende Schrift FECHNERs (1873). Bei BUGGLE u. WIRTGEN (1969) findet sich ein systematischer Überblick zu den Übereinstimmungen zwischen FECHNER und FREUD. Die Autoren nennen unter anderem folgende Parallelen: (1) Prinzip der Determiniertheit allen psychischen Geschehens; (2) Bedeutung und Wirksamkeit des Unbewußten; (3) Behauptung unterschiedlicher Lokalitäten für bewußte und unbewußte Prozesse (topologischer Gesichtspunkt); (4) ähnliche Auffassungen bezüglich der Träume, des Witzes, der Fehlleistungen und mancher Abwehroperationen; (5) Triebhaftigkeit und Konfliktbedingtheit seelischen Erlebens und des Handelns; (8) überragende Rolle der Lust-Unlust-Regulation für das gesamte seelisch-organismische Geschehen.

2 Erregungsanstieg und Destabilisierung des psychophysischen Systems sind laut FECHNER nicht unmittelbar identisch. Es kann innerhalb des psychophysischen Systems einen Erregungsanstieg geben, der sogar als lustvoll erlebt wird, solange dadurch die Gesamtstabilität des Systems nicht bedroht ist. Dies entspricht der Beobachtungstatsache, daß „Streß" als lustvolles Ereignis gesucht wird, solange die Möglichkeit besteht, ihn zu „bewältigen". FECHNER bemerkt in diesem Zusammenhang:

„Die sich beim ersten Blicke darbietende Schwierigkeit, dass die lustvollste, also nach der Hypothese den stabelsten Bewegungszustand in einem Theile unseres psychophysischen Systems hervorrufende, Einwirkung bei constanter Forterhaltung mehr und mehr an Lustwirkung verliert und endlich gar der Unlust der Langeweile oder des Ueberdrusses Platz macht, dürfte sich theils dadurch heben, dass die innere Erregung, welche von der Einwirkung abhängt, nach dem Gesetze der Abstumpfung mehr und mehr der quantitativen Schwelle der Stärke zusinkt, wovon der Grad der Lust mit abhängt, theils die Voraussetzung einer solchen Einrichtung unseres psychophysischen Systems, dass ein approximativ stabler Zustand des ganzen Systems nur mit einem gewissen Wechsel der Erregung zwischen seinen einzelnen Theilen besteht, welchem die über eine gewisse Grenze fortgesetzte einseitige Erregung irgend eines darunter widerspricht." (1873, S.95)

3   Bei FREUD findet sich eine interessante, allerdings selten zitierte Stelle, die am Beispiel der Epilepsie – die von FREUD an dieser Stelle in eine „organische" und in eine „affektive" unterteilt wird – die Naturgewalt demonstriert, die im Zwischenbereich organisch-affektiver Erkrankung, metaphorisch gesprochen, zum Ausbruch kommt. Im übrigen kommt FREUD an dieser Stelle – sehr spät, 1928 publiziert – auch noch einmal auf die „toxische" Theorie der Sexualität, die unter dem Einfluß von Fließ entwickelt wurde, zurück. Die Passage insgesamt lautet: Die der Epilepsie entsprechenden

„Anfälle finden sich mit allen ihren Variationen auch bei anderen Personen vor, die eine volle seelische Entwicklung und eher übergroße, meist ungenügend beherrschte Affektivität bekunden. Kein Wunder, daß man es unter diesen Umständen für unmöglich findet, die Einheit einer klinischen Affektion 'Epilepsie' festzuhalten. Was in der Gleichartigkeit der geäußerten Symptome zum Vorschein kommt, scheint eine funktionelle Auffassung zu fordern, als ob ein Mechanismus der abnormen Triebabfuhr organisch vorgebildet wäre, der unter ganz verschiedenen Verhältnissen in Anspruch genommen wird, sowohl bei Störungen der Gehirntätigkeit durch schwere gewebliche und toxische Erkrankung als auch bei unzulänglicher Beherrschung der seelischen Ökonomie, krisenhaftem Betrieb der in der Seele wirkenden Energie. Hinter dieser Zweiteilung ahnt man die Identität des zu Grunde liegenden Mechanismus der Triebabfuhr. Derselbe kann auch den Sexualvorgängen, die im Grunde toxisch verursacht sind, nicht ferne stehen; schon die ältesten Ärzte nannten den Koitus eine kleine Epilepsie ... Die 'epileptische Reaktion', wie man dies Gemeinsame nennen kann, stellt sich ohne Zweifel auch der Neurose zur Verfügung, deren Wesen darin besteht, Erregungsmassen, mit denen sie psychisch nicht fertig wird, auf somatischem Wege zu erledigen. Der epileptische Anfall wird so ein Symptom der Hysterie und von ihr adaptiert und modifiziert, ähnlich wie vom normalen Sexualablauf. Man hat also ganz recht, eine organische von einer 'affektiven' Epilepsie zu unterscheiden." (1928, S. 403 f.)

4   „Zufolge des Unlustprinzips [dasselbe Prinzip nennt Freud später: Lustprinzip – B.N.] ist das erste System also überhaupt unfähig, etwas Unangenehmes in den Denkzusammenhang zu ziehen. Das System kann nichts anderes als wünschen. Bliebe es so, so wäre die Denkarbeit des zweiten Systems gehindert, welche die Verfügung über alle in der Erfahrung niedergelegten Erinnerungen braucht. Es eröffnen sich nun zwei Wege; entweder macht sich die Arbeit des zweiten Systems vom Unlustprinzip völlig frei, setzt ihren Weg fort, ohne sich um die Erinnerungsunlust zu kümmern, oder sie versteht es, die Unlusterinnerung in solcher Weise zu besetzen, daß die Unlustentbindung dabei vermieden wird. Wir können die erste Möglichkeit zurückweisen, denn das Unlustprinzip zeigt sich auch als Regulator für den Erregungsablauf des zweiten Systems; somit werden wir auf die zweite gewiesen, daß dies System eine

Erinnerung so besetzt, daß der Abfluß von ihr gehemmt wird, also auch der einer motorischen Innervation vergleichbare Abfluß zur Entwicklung der Unlust. Zur Hypothese, daß die Besetzung durch das zweite System gleichzeitig eine Hemmung für den Abfluß der Erregung darstellt, werden wir also von zwei Ausgangspunkten her geleitet, von der Rücksicht auf das Unlustprinzip und von dem Prinzip des kleinesten Innervationsaufwands. Halten wir aber daran fest, – es ist der Schlüssel zur Verdrängungslehre, – daß das zweite System nur dann eine Vorstellung besetzen kann, wenn es imstande ist, die von ihr ausgehende Unlustentwicklung zu hemmen." (FREUD 1900, S. 606f.)

Wie man sieht, weicht diese FREUDsche These noch ab von der, die im Haupttext von mir dargestellt wird.

5   Noch in den „Studien über Hysterie" (BREUER u. FREUD 1895) unternimmt FREUD eine „psychische Analyse", wenn er versucht, bei einem „jungen Mädchen" ein „Symptom" unter Rückgriff auf deren Biographie (bzw. die Symptomgeschichte) zu erklären (FREUD 1895, S. 273). Von „Psychoanalyse" spricht FREUD dann wenig später (1896, S.379).

6   So nennt beispielsweise WUNDT FECHNER den „Vollender der romantischen Naturphilosophie" (zitiert nach BUGGLE u. WIRTGEN 1969, S.195). Zum Verhältnis von Naturphilosophie und Naturwissenschaft bei FECHNER vergleiche man die ausgezeichnete Arbeit von HEIDELBERGER (1993).

7   Eine veränderte Fassung des vorstehenden Beitrages findet sich unter dem Titel „Freud und Fechner, Einige Anmerkungen zu den psychoanalytischen Konzepten 'Lustprinzip' und 'Todestrieb'" in: NITZSCHKE 1989, S.80-96.

Literatur

BLANCK, G.; BLANCK, R. (1980) : Ich-Psychologie II – Psychoanalytische Entwicklungspsychologie. Klett-Cotta, Stuttgart.

BREUER, J.; FREUD, S. (1895) : Studien über Hysterie. Deuticke, Leipzig Wien.

BUGGLE, P.; WIRTGEN, P. (1969) : Gustav Theodor Fechner und die psychoanalytischen Modellvorstellungen Sigmund Freuds. Arch. ges. Psychol. 121: 140-201.

ELLENBERGER, H.P. (1973) : Die Entdeckung des Unbewußten, Bd I. Huber, Bern Stuttgart Wien.

FECHNER, G.T. (1848) : Über das Lustprinzip des Handelns. Zschr. Phil. phil. Kritik (Neue Folge) 19: 1-30, 103-194.

FECHNER, G.T. (1873) : Einige Ideen zur Schöpfungs- und Entwicklungsgeschichte der Organismen. Breitkopf & Härtel, Leipzig.

FREUD, S. (1895) : Studien über Hysterie. GW I, 75-312.

FREUD, S. (1896) : Weitere Bemerkungen über die Abwehr Neuropsychosen. GW I, 377-403.

FREUD, S. (1900) : Die Traumdeutung. GW II/III.

FREUD, S. (1920) : Jenseits des Lustprinzips. GW XIII, 1-69.

FREUD, S. (1925) : „Selbstdarstellung". GW XIV, 31-96.

FREUD, S. (1928) : Dostojewski und die Vatertötung. GW XIV, 397-418.

FREUD, S. (1933) : Neue Vorlesungen zur Einführung in die Psychoanalyse. GW XV.

FREUD, S. (1937) : Die endliche und die unendliche Analyse. GW XVI, 57-99.

FREUD, S. (1940) : Abriß der Psychoanalyse. GW XVII, 83-138.

GUNDLACH, H.; MÉTRAUX, A. (1979) : Freud, Kokain, Koller und Schleich. Psyche 33: 434-451.

HEIDELBERGER, M. (1993) : Die innere Seite der Natur. Gustav Theodor Fechners wissenschaftlich-philosophische Weltauffassung. Klostermann, Frankfurt a.M.

MASSON, J.M. (1986) : Was hat man dir, du armes Kind getan? Sigmund Freuds Unterdrückung der Verführungstheorie. Rowohlt, Reinbek.

NITZSCHKE, B. (1978) : Die reale Innenwelt. Anmerkungen zur psychischen Realität bei Freud und Schopenhauer. Kindler, München.

NITZSCHKE, B. (1984) : Frühe Formen des Dialogs. Musikalisches Erleben - psychoanalytische Reflexion. Musikther. Umsch. 5: 167-187.

NITZSCHKE, B. (1985) : Der eigene und der fremde Körper. Bruchstücke einer psychoanalytischen Gefühls- und Beziehungstheorie. Konkursbuchverlag, Tübingen.

NITZSCHKE, B. (1988) : Freuds „technische Experimente" – auf dem Wege zum psychoanalytischen Standardverfahren. Eine historische Reminiszenz unter aktuellen Aspekten. Luzifer-Amor, Zschr. Gesch. Psychoan. 1 (Heft 1): 49-78.

NITZSCHKE, B. (Hg.) (1989) : Freud und die akademische Psychologie. Beiträge zu einer historischen Kontroverse. Psychologie Verlags-Union München.

SCHOPENHAUER, A. (1819) : Die Welt als Wille und Vorstellung. Bd.I. Brockhaus, Wiesbaden 1972.

SULLOWAY, P.U. (1982) : Freud – Biologie der Seele. Jenseits der psychoanalytischen Legenden. Hohenheim, Köln-Lövenich.

STEFAN NAGEL

Das Leib-Seele-Problem in der psychoanalytischen Theoriebildung

Die Bedeutung des Leib-Seele-Problems für die Theoriebildung, insbesondere die psychoanalytisch orientierte Theoriebildung im Rahmen der medizinischen Fächer, die sich mit psychosomatischen Erkrankungen beschäftigen, scheint evident. Schon der vermutlich erstmals von HEINROTH im Jahre 1818 verwandte, letztlich aber womöglich sogar auf die aristotelische Terminologie zurückgehende Begriff psychosomatisch (MARGRETTS 1950) ist ja nichts anderes als eine schlichte und in dieser Schlichtheit äußerst problematische Zusammenstellung der beiden griechischen Worte für Seele (Psyche) und Leib (Soma). Und so weist die überwiegende Mehrzahl der einschlägigen Lehrbücher auch auf die Bedeutung des Leib-Seele-Problems für die psychosomatische Medizin hin. Stellvertretend sei kurz das Lehrbuch von HOFFMANN u. HOCHAPFEL zitiert, wo es in dem entsprechenden Abschnitt heißt:

Das zentrale Problem der Psychosomatischen Medizin ist das Leib-Seele-Problem. Es geht um die Frage, wie sich seelische und körperliche Vorgänge gegenseitig beeinflussen und verändern können. Es geht um den rätselhaften Sprung (Freud) vom Psychischen ins Körperliche und umgekehrt. Für diese Frage gibt es bis heute keine befriedigende Antwort. (HOFFMANN u. HOCHAPFEL 1984, S.148)

Die meisten Lehrbücher beschränken sich allerdings darauf, nachdem sie das Leib-Seele-Problem als „das zentrale Problem der Psychosomatischen Medizin" evoziert haben, „die verschiedenen theoretischen Konzepte und therapeutischen Ansätze" (HOFFMANN u. HOCHAPFEL 1984, S.148) zu referieren, die zur Lösung des Problems entwickelt wurden, ohne ihre Prägung durch spezifische, wenn auch zum Teil unterschiedliche philosophische Lehren deutlich zu machen. Im folgenden will ich versuchen, einige psychoanalytische Theorien zur Psychosomatik im Hinblick auf das ihnen zugrundeliegende philosophische Konzept zu betrachten. Ein kurzer Überblick über die Entwicklung der Leib-Seele-Problematik in der Philosophie soll uns die dazu nötigen Voraussetzungen schaffen.

In der Tat ist das Leib-Seele-Problem ja nicht eines, das erst mit den Überlegungen von Medizinern im Umfeld der psychosomatischen Erkrankungen auftaucht, sondern das bereits von den vorsokratischen Philosophen einige Jahrhunderte vor Christi Geburt thematisiert wurde. Es wurde relevant, als man in der griechischen Philosophie begann, Sein und Denken voneinander zu unterscheiden (GADAMER 1968, S.364 ff.); die Begriffe Psyche und Psychologie waren damals und lange Zeit im abendländischen Philosophieren überwiegend der Kennzeichnung und Lehre der bewußten Verstandestätigkeiten wie Wahrnehmen und Denken vorbehalten, also eher dem, was man auch Geist genannt hat. Die Vorstellung unbewußter seelischer Vorgänge gewinnt erst bei SCHOPENHAUER (1788-1860) und FREUD (1856-1939) zentrale Bedeutung. Mit der von den griechischen Philosophen vorgenommenen Trennung von Sein und Denken aber ergaben sich einige Schwierigkeiten:

1. die getrennte Existenz der Seele, 2. die Rangordnung von Leib und Seele und vor allem 3. die Art und Weise ihrer Vereinigung im beseelten Leib. (RITTER u. GRÜNDER 1980, S.185)

Von den Pythagoräern sind erste Lösungsversuche für diese Probleme überliefert. Bei ihnen ist es so, daß die Seele auch ohne Leib existenzfähig ist und daher nach dem Tode weiterlebt, folglich wertvoller ist als der Leib (DIELS u. KRANZ 1974, 58 B 1 u. 14 A 1). Eine ähnliche Ansicht kommt in dem von PLATON (427-347 a.Chr.; 1974, „Kratylos" 400b f.) überlieferten orphischen Wort zum Ausdruck, wonach der Leib das irdische Gefängnis der Seele ist. PLATON (1974, „Phaidon" 70c-106d; „Der Staat" X 608c-611a; „Menon" 81b f.; „Phaidros" 245c-245e) führte die Lehre von der getrennten Existenz der Seele und ihrem Vorrang gegenüber dem Leib in einigen seiner Werke noch weiter aus. Seine Philosophie war von maßgeblichem Einfluß auf das abendländische Denken. ARISTOTELES (384-322 a.Chr.) dagegen hielt das Problem einer Wechselwirkung von Leib und (unkörperlicher) Seele für unlösbar und bestritt daher ihre getrennte Existenz. Bei ihm ist die Seele vielmehr das Formprinzip (Entelechie), das die Materie zu einem Leib organisiert, ihn erhält und bewegt (ARISTOTELES 1986, II, 4, 415b 8-28), folglich muß sie mit ihm sterben (ARISTOTELES 1986, III, 12, 434a 22 f.). Auch seine Lehre behielt neben der PLATONs erheblichen Einfluß während des gesamten Mittelalters.

Die für die Diskussion der Neuzeit bedeutsamste Leib-Seele-Lehre entwickelte bekanntlich RENÉ DESCARTES (1596-1650) auf der Grundlage einer scharfen Trennung von Materie und Geist. Der Res extensa steht die Res cogitans als substantiell verschieden gegenüber. Die Res extensa wiederum unterliegt, sofern sie sich in Form von Organismen präsentiert, den Materiemodi Motus (Bewegung) und Figura (Gestalt), die im Rahmen der Naturgesetze eine entsprechende Anordnung von Korpuskeln (Dispositio partium) hervorbringen. Heilung von Krankheiten ist der Reparatur mechanischer Automaten vergleichbar (DESCARTES 1664 (1953, S.873)), eine Vorstellung, von der die naturwissenschaftliche Medizin bis heute geprägt ist und die möglicherweise in der Kybernetik oder Systemtheorie eine moderne Variante gefunden hat, bei der der Begriff des mechanisch verstandenen Automaten durch den des Regelkreises ersetzt wurde. Doch zurück zu DESCARTES! Bei menschlicher Dispositio, also einer bestimmten, möglichen Anordnung der Materiekorpuskel, gießt Gott der Maschine eine geistige Seele ein (DESCARTES 1645 (vgl. ADAM u. TANNERY 1964-74, Bd.4 (1972), „Brief an Mesland vom 9.2.1645", S.166)). Diese veranlaßt nun im Körper willkürliche Bewegungen und der Körper veranlaßt in ihr Cogitationes. Als Sitz der Seele gilt die Zirbeldrüse, die das Informations- und Bewegungszentrum des Automaten darstellt (DESCARTES 1649 (1980, S.246 f.)). Die Verschiedenheit von Geist und Körper gilt ihm als beweisbar, aber beider Vereinigung ist genau wie ihre gegenseitige Beeinflussung nur aus der alltäglichen Erfahrung bekannt (DESCARTES 1643 u. 1648 (vgl. ADAM u. TANNERY 1964-74, Bd.3 (1971), „Brief an Elisabeth vom 28.6.1643", S.166; Bd.5 (1974), „Brief an Arnauld vom 29.7.1648", S.221 f.; Bd.5 (1974), „Gespräch mit Burman vom 16.4.1648", S.163)). Mit diesen Überlegungen inaugurierte DESCARTES eine Theorie der Wechselwirkung (von Seele und Leib), die jedoch viele Unklarheiten birgt.

Hatte schon DESCARTES (1646 (vgl. ADAM u. TANNERY 1964-74, Bd.4 (1972), „Brief an Elisabeth vom Januar 1646", S.353 f.)) auf Gott als möglichen Urheber des leibseelischen Zusammenspiels verwiesen, so begegnet SPINOZA (1632-1677) den Schwierigkeiten des Commerciums von Leib und Seele, indem er sie nicht als zwei unterschiedliche Substanzen, sondern als zwei Attribute eines Dritten auffaßt, das dann die eigentliche und einzige Substanz darstellt. Diese eine, mit Gott identische Substanz ist im Rahmen seiner pantheistischen Lehre die Natur (SPINOZA 1677 (1980, Bd.II, „Ethik", S.163 f. u. S.87 f.)), in der jegliches Seiende eine psychische und eine physische Seite und Ausdrucksmöglichkeit hat (SPINOZA 1677 (1980, ebd., S.169 f. u. S.263 f.)). So wird SPINOZAs Entwurf zum Paradigma des psychophysischen Parallelismus. Jeder Weise des Ausgedehnten (Materialen) entspricht ohne zusätzliche kausale Beziehung eine Weise des Denkens (Cogitatio), deren Analogie darauf beruht, daß sie Aspekte der einen göttlichen Substanz sind (SPINOZA 1677 (1980, ebd., S.205-S.215)).

Neben der Theorie der Wechselwirkung und der des psychophysischen Parallelismus gab es zwei weitere als klassisch anzusehende Lösungen des Leib-Seele-Problems, einmal den sogenannten Occasionalismus und die Theorie der prästabilierten Harmonie (LEIBNIZ 1646-1716). Der Occasionalismus vertrat wie DESCARTES die Theorie der substantiellen Verschiedenheit von Leib und Seele, erklärte die Wechselwirkung aber nicht mit Naturgesetzen, sondern als permanentes Wunder, das auf einen Gnadenakt Gottes zurückzuführen ist. Im LEIBNIZschen System ist die Materie keine eigenständige Substanz, sondern Effekt der Perzeption bewußter Monaden, womit das leibseelische Zusammenspiel als Perzeptionsveränderung erklärlich wird, in der Innen und Außen, Seele und Leib in einer von Gott prästabilierten Harmonie aufeinander abgestimmt sind (LEIBNIZ 1714, S.705 u. S.707). Der Occasionalismus und die Theorie der prästabilierten Harmonie sind nur von geringem Einfluß auf die nachfolgende philosophische Debatte geblieben. Entscheidende Impulse gingen von der Theorie der Wechselwirkung und der Theorie des psychophysischen Parallelismus aus.

Die Autoren, die im Anschluß an DESCARTES eine Theorie der substantiellen Verschiedenheit von Leib und Seele, also einen Leib-Seele-Dualismus in Verbindung mit einer trotz dieses substantiellen Unterschiedes dennoch bestehenden Wechselwirkung vertraten, taten sich in der theoretischen Debatte naturgemäß schwerer, da eine solche Wechselwirkung kaum erklärlich ist. Leichter dagegen hatten es die Vertreter des psychophysischen Parallelismus, weil sie keine Wechselwirkung begreiflich machen mußten. Interessanterweise gibt es aber bei den entsprechenden Autoren eine Tendenz, den psychophysischen Parallelismus dadurch aufzulösen, daß sie Leib und Seele wie SPINOZA in einer höheren Einheit, also wiederum in einem Monismus zusammenfassen. Darüber, was das Leib und Seele einschließende Gemeinsame sei, gehen die Ansichten allerdings weit auseinander. Entweder Leib und Seele sind, stark vereinfacht ausgedrückt, zwei Aspekte des Materialen oder Organischen, oder aber sie sind zwei Aspekte eines übergeordnet Geistigen, bei SPINOZA zum Beispiel der Natur, die nichts anderes als Gott selbst ist. Aus dem psychophysischen Parallelismus erwächst als ein „Spezialfall" (POPPER u. ECCLES 1982, S.121 f.) die sogenannte Identitätstheorie von Leib und Seele: Entweder alles ist letztlich körperlich oder alles ist letztlich seelisch erklärbar. Die Versuchung ist groß, den schwer zu bewältigenden Leib-Seele-Dualismus dadurch zu umgehen, daß man ihn mittels einer Identitätslehre entweder materialistisch oder panpsychistisch für nicht existent erklärt. Man entgeht so vielen theoretischen Schwierigkeiten, wie schon HEGEL (1770-1831) im Blick auf SPINOZA anmerkt:

Wenn man anfängt zu philosophieren, so muß man zuerst Spinozist seyn. Die Seele muß sich baden in diesem Aether der einen Substanz, in der alles, was man für wahr gehalten hat, untergegangen ist. (HEGEL 1816 (1952, S.376))

Aber man unterliegt auch der Gefahr eines möglicherweise unzulässigen Reduktionismus. Ein typisches Beispiel dafür sind die Schriften FRANZ ALEXANDERs, der in der Nachfolge JULIAN DE LA METTRIEs (1745 (1954, S.174)) – vgl. auch INDEFREY (1986) – der materialistischen Richtung zuzurechnen ist, wenn er den Menschen als „komplizierte Maschine" (ALE-

XANDER 1977, S.19) begreift, in der die seelischen Phänomene „die subjektiven Spiegelungen (Reflektionen) physiologischer Prozesse sind" (ebd.,
S.18).

Im Grunde ist daher der Gegenstand psychologischer Studien in nichts von dem
der Physiologie unterschieden; die beiden Wissenschaften unterscheiden sich nur
in der Art ihres Vorgehens. (ALEXANDER 1977, S.32)

Trotz aller Abgrenzung gegenüber ALEXANDER muß wohl auch MAX SCHUR
dieser materialistisch-biologistischen Schule zugezählt werden, wenn er von
den „primärautonomen Wurzeln" der Ich-Funktionen in Verbindung mit
„einer biologischen Reaktionsform" spricht, die

genetische Bezüge zu den Instinkten der Tiere aufweist und bei der Geburt bereits
als angeborene Reaktionsweise vorhanden ist. (SCHUR 1955 (1988, S.87))

Übrigens sind auch die frühen Arbeiten FREUDS vor diesem materialistischen Hintergrund zu sehen (SCHMIDT 1988, S.399 ff.). Der von HABERMAS
und RICŒUR erhobene Vorwurf des szientistischen Mißverständnisses ist
hier sicherlich zutreffend (HABERMAS 1973, S.300 ff.; RICŒUR 1974, S.366
ff.).

Wesentlich seltener als eine Reduktion des Psychischen aufs Körperliche ist umgekehrt die Reduktion des Körperlichen auf Psychisches vorge-
nommen worden, was ja auch in krasserem Gegensatz zur Alltagserfahrung
steht. Als Vertreter dieser Richtung könnte man GEORG GRODDECK (1917
(1983, S.62-S.90)) nennen, für den

das Es, Hort der Symbole, gewissermaßen als übermächtige Vollzugsinstanz psychische und organische Äußerungen in sich (BREDE 1971, S.173)

vereinigt. Vielleicht ist auch VIKTOR VON WEIZSÄCKER (1947) am ehesten
dieser Richtung zuzuordnen.

Eine interessante Variante des Reduktionismus stellen die Versuche
LUDWIG WITTGENSTEINS und in seiner Nachfolge auch GILBERT RYLES
dar, den psychophysischen Dualismus, DESCARTES' Mythos vom Geist in
der Maschine, als ein Scheinproblem zu entlarven (RYLE 1969, S.7 ff.), das
durch die Struktur unserer Sprache suggeriert wird:

Wo unsere Sprache uns einen Körper vermuten läßt, und kein Körper ist, dort,
möchten wir sagen, sei ein Geist. (WITTGENSTEIN 1971, §36)

Wie auch immer es nun aber zu einem monistischen Reduktionismus
kommt, eher im Rahmen einer materialistischen oder panpsychistischen
oder sprachanalytischen Haltung, in jedem Fall löst eine solche Auffassung das Problem weniger, als daß sie es beseitigt. Allerdings haben die

Autoren, die bemüht sind, es sich mit der Problemlösung nicht ganz so einfach zu machen und ein dualistisches Konzept zu wahren, große Mühe, die dann notwendig werdende Theorie einer Wechselwirkung zwischen Leib und Seele zu erstellen. ALEXANDER MITSCHERLICH, der sicherlich dieser Richtung angehört, sagt zwar, es gehe darum

die wechselseitige Repräsentanz von Leiblichem in Seelischem und von Seelischem in Leiblichem im Rahmen eines ganzen Lebens zu sehen (MITSCHERLICH 1950, S.29),

muß dann aber eingestehen, daß eine für die „Reflexion unüberbrückbare Kluft zwischen seelischem Erleben und somatischen Prozessen" klafft (MITSCHERLICH 1963, S.128) und

daß unsere Erkenntnis hinter den Möglichkeiten eines angemessenen sprachlichen Ausdrucks zurückbleibt (MITSCHERLICH 1966, S.91).

Genau wie MITSCHERLICH müssen auch GEORG L. ENGEL und ARTHUR H. SCHMALE, die ebenfalls versuchen, an einem dualistischen Konzept festzuhalten, zugeben, daß eine Wechselwirkung psychischer und somatischer Gegebenheiten prinzipiell nicht begreifbar ist (ZEPF 1986, S.73; WEINER 1977; ENGEL 1976; ENGEL u. SCHMALE 1988). Darüber hinaus geraten sie auch noch in die Nähe einer idealistisch-metaphysischen Hypothesenbildung. Dieser Gefahr erliegt auch die sogenannte französische psychosomatische Schule, wenn sie in Anlehnung an FREUDs (1920) Aufsatz „Jenseits des Lustprinzips" auf die wissenschaftlich nicht nachweisbare Annahme eines in allem Seienden wirksamen Lebens- und Todestriebes rekurriert, ein Dualismus, der nun wiederum imstande sein soll, den leibseelischen Dualismus begreiflich zu machen (ZEPF 1986, S.129 ff.). Es scheint nicht möglich zu sein, eine Theorie der Wechselwirkung ohne eine solche letztlich metaphysische Grundlegung zu erstellen. Noch einmal hat dies vor einigen Jahren der Philosoph KARL R. POPPER versucht. Allerdings führt er neben den Welten 1 und 2 (sehr verkürzt: Körperliches und Seelisches) eine Welt 3 soziokultureller Gegebenheiten ein, womit sich das Problem kaum verringert, sondern eher verdoppelt (POPPER u. ECCLES 1982).

Man ist also aufgrund der theoretischen Schwierigkeiten gezwungen, zur Position eines psychophysischen Parallelismus zurückzukehren, möglichst ohne der Versuchung eines monistischen Reduktionismus zu erliegen. Auf diesem Wege scheint es vorläufig zwei Lösungen zu geben.

In Anlehnung an das Paralogismus-Kapitel in IMMANUEL KANTS „Kritik der reinen Vernunft" (1781) haben VON UEXKUELL u. WESIACK (1981) im Rahmen der Kybernetik eine semantische Theorie zur Klärung des „geheimnisvollen Sprunges von der Seele zum Körper" (DEUTSCH 1959) entwickelt. In dem erwähnten Paralogismus heißt es:

Die berüchtigte Frage wegen der Gemeinschaft des Denkenden und Ausgedehnten würde also, wenn man alles Eingebildete absondert, lediglich darauf hinauslaufen: wie in einem denkenden Subjekt überhaupt äußere Anschauung ... möglich sei. Auf diese Frage aber ist es keinem Menschen möglich eine Antwort zu finden, und man kann diese Lücke unseres Wissens niemals ausfüllen, sondern nur dadurch bezeichnen, daß man die äußere(n) Erscheinungen einem transcendentalen Gegenstande zuschreibt, welcher die Ursache dieser Vorstellungen ist, den wir aber gar nicht kennen, noch jemals einen Begriff von ihm bekommen werden. (KANT 1781 (1968, S.245))

THURE VON UEXKUELL und WOLFGANG WESIACK gehen

von biologischen Bedürfnissen der Lebewesen aus ... Dabei dienen dem Organismus die Bedürfnisse als Bezugssysteme für die Interpretation von Umgebungsfaktoren (Bedeutungserteilung) und für den Umgang mit ihnen (Bedeutungsverwertung). (VON UEXKUELL u. WESIACK 1981, S.68)

„Interpretation von Umgebungsfaktoren (Bedeutungserteilung)" aber ist eine Leistung des erkennenden Subjekts, womit alle Erkenntnis, auch die der Wissenschaft, subjektiv wird. Das gestehen VON UEXKUELL und WESIACK denn auch konsequent zu, wenn sie sagen

daß die einzelnen medizinischen Subdisziplinen verschiedene Wirklichkeiten entwerfen und verschiedene Sprachen sprechen. (VON UEXKUELL u. WESIACK 1981, S.84)

Sind jedoch die physiologischen und psychologischen Betrachtungsweisen nichts anderes als bedeutungserteilende Wirklichkeitsentwürfe eines erkennenden Subjekts, die nicht mehr hintergangen, sondern nur mehr ineinander übersetzt werden können, bewegt man sich in der Konzeption eines erkenntnistheoretischen Konstruktivismus, der keine verbindliche Erkenntnis des Erkenntnisobjekts (des Dings an sich, mit KANT gesprochen, in unserem Fall handelt es sich ja um den Menschen) mehr zuläßt. POPPER bezeichnet diesen Standpunkt auch als einen „neutralen Monismus" (POPPER u. ECCLES 1982, S.243 ff.), da er keine Entscheidung in Richtung Materialismus oder Panpsychismus fällt und eine solche Entscheidung auch nicht möglich ist. Erklärt VON UEXKUELL den psychophysischen Parallelismus zu einem semantischen Parallelismus im erkennenden Subjekt, löst er zwar das Problem des leibseelischen Dualismus in der Theorie, alle Erkenntnis der Wirklichkeit ist dann aber nur subjektive Interpretation der Wirklichkeit im Rahmen von Bedeutungserteilung auf physischer, psychischer oder sozialer Ebene.

Dem steht die von ALFRED LORENZER entwickelte und in seiner Nachfolge von SIEGFRIED ZEPF vor allem für psychosomatische Erkrankungen weitergeführte Theorie der Interaktionsformen entgegen (LORENZER 1972; 1973; 1974; 1977; 1983; ZEPF 1973; 1976a; 1976b; 1981), die den psychophysischen Parallelismus dialektisch als zwei Seiten der sozialen Wirklichkeit und Praxis begreift, in der zum einen auf biologischer Grundlage die physisch-körperliche Welt geprägt und zum anderen für die „Produktion von Subjektivität" (ZEPF 1985) gesorgt wird. Damit entwirft sich die Psychoanalyse – eine Forderung, die schon ALEXANDER MITSCHERLICH erhoben hatte – als Sozialwissenschaft. Es ergibt sich nun allerdings die Frage, wie sich sozialwissenschaftliche und naturwissenschaftlich-medizinische Erkenntnisse und Einsichten miteinander vermitteln lassen.

Letztlich, so muß man wohl sagen, sind beide Theorien, die von VON UEXKUELL u. WESIACK, die den psychophysischen Parallelismus als semantisches Problem begreift, und die von LORENZER, die ihn als ein Problem sozialer Praxis auffaßt, monistisch. Wie SPINOZA verstehen sie Leib und Seele als die beiden möglichen Aspekte einer höheren Einheit, im ersteren Fall vor dem Hintergrund eines auf KANT und den deutschen Idealismus (insbesondere HEGEL) zurückgehenden erkenntnistheoretischen Monismus, im anderen Fall vor dem Hintergrund eines auf MARX (1818-1883) zurückgehenden historischen Materialismus. Damit erhält sich in der Deutung psychosomatischer Erkrankungen mittels psychoanalytischer Theoriebildung die Debatte des 19. Jahrhunderts zwischen Hegelianismus und Marxismus. Soweit für mich ersichtlich, scheinen die neueren philosophischen Versuche, den in diesen beiden Richtungen gipfelnden Weltanschauungen andere Lösungen theoretischer Probleme gegenüberzustellen, noch keinen Eingang in die Diskussion gefunden zu haben. Dies ist schon deshalb bedauerlich, weil natürlich jede Theorie, gehe sie nun auf HEGEL oder auf MARX zurück, sich exakt mit der Kritik auseinandersetzen muß, die auch schon an HEGEL und MARX geübt wurde. Darüber hinaus wäre eine Kenntnisnahme neuerer philosophischer Theorien, wie zum Beispiel der erwähnten WITTGENSTEINschen aus dem Bereich der überwiegend im angelsächsischen Raum beheimateten analytischen Philosophie, besonders aber des französischen Strukturalismus auch deshalb wünschenswert, weil beide angetreten sind, der Psychoanalyse als Humanwissenschaft den Garaus zu machen (FOUCAULT 1971). Ich denke, die Aufgaben einer zukünftigen psychoanalytischen Theorie der psychosomatischen Störungen sind damit umrissen, vor allem in Erinnerung an FREUDs 1941 ausgesprochene Mahnung, sich davor zu hüten

das Seelische und Geistige seiner noch unbekannten Eigentümlichkeiten zu berauben. (FREUD 1941, S.29)

Denn:

Wie immer sich die Philosophie über die Kluft zwischen Leiblichem und Seelischem hinwegsetzen mag, für unsere Erfahrung besteht sie zunächst und gar für unsere praktischen Bemühungen. (FREUD 1926, S.291)

Literatur

ADAM C.; TANNERY, P. (Hg.) (1964-74) : Oeuvres de Descartes. Librairie Philosophique J. Vrin, Paris.

ALEXANDER, F. (1977[3]) : Psychosomatische Medizin: Grundlagen und Anwendungsgebiete. Springer, Berlin New York.

ARISTOTELES (1986[7]) : Werke in deutscher Übersetzung. Bd. 13: Über die Seele, übs. v. Willy Theiler. Wissenschaftliche Buchgesellschaft, Darmstadt.

BREDE, K. (1971) : Die Pseudo-Logik psychosomatischer Störungen. In: LORENZER, A. et al. (Hg.): Psychoanalyse als Sozialwissenschaft. Suhrkamp, Frankfurt am Main.

DESCARTES, R. (1953) : Traité de L'Homme. In: DESCARTES, R.: Oeuvres et Lettres. Gallimard, Paris.

DESCARTES, R. (1980) : Über die Leidenschaft der Seele (Les Passions de l'Âme). In: DESCARTES, R.: Ausgewählte Schriften. Reclam, Leipzig.

DEUTSCH, F. (1959) : On the mysterious leap from the mind to the body. Keine Verlagsangabe, New York.

DIELS, H.; KRANZ, W. (Hg.) (1974[6]): Die Fragmente der Vorsokratiker. Weidmann, s.l.

ENGEL, G.L. (1976) : Psychisches Verhalten in Gesundheit und Krankheit. Huber, Bern.

ENGEL, G.L.; SCHMALE, A.H. (1988[4]) : Eine psychoanalytische Theorie der somatischen Störung. In: OVERBECK, G.; OVERBECK, A. (Hg.): Seelischer Konflikt – körperliches Leiden. Fachbuchhandlung für Psychologie, Frankfurt am Main.

FOUCAULT, M. (1971) : Die Ordnung der Dinge: Eine Archäologie der Humanwissenschaften. Suhrkamp, Frankfurt am Main.

FREUD, S. (1920) : Jenseits des Lustprinzips. GW XIII, 1-69.

FREUD, S. (1926) : Die Frage der Laienanalyse. GW XIV, 207-296.

FREUD, S. (1941) : Psychoanalyse und Telepathie. GW XVII, 27-44.

GADAMER, H.-G. (1968) : Zur Vorgeschichte der Metaphysik. In: GADAMER, H.-G. (Hg.): Um die Begriffswelt der Vorsokratiker. Wissenschaftliche Buchgesellschaft, Darmstadt.

GRODDECK, G. (1983) : Psychische Bedingtheit und psychoanalytische Behandlung organischer Leiden. In: GRODDECK, G.: Krankheit als Symbol. Fischer, Frankfurt am Main.

HABERMAS, J. (1973) : Erkenntnis und Interesse. Suhrkamp, Frankfurt am Main.

HEGEL, G.W.F. (1952) : Vorlesungen über die Geschichte der Philosophie, Bd. XIX, hg. v. HOFFMEISTER, J.. Meiner, Hamburg.

HOFFMANN, S.O.; HOCHAPFEL, G. (1984[2]) : Einführung in die Neurosenlehre und Psychosomatische Medizin. Schattauer, Stuttgart New York.

INDEFREY, P. (1986) : Franz Alexander: Der Mensch als komplizierte Maschine. In: ZEPF, S. (Hg.): Tatort Körper – Spurensicherung. Springer, Berlin Heidelberg.

KANT, I. (1968) : Werke, Bd. IV: Kritik der reinen Vernunft. Walter de Gruyter & Co., Berlin.

LEIBNIZ,]G.W. (1714) : La Monadologie. In: LEIBNIZ, G.W.: Opera philosophica. Scientia, Aalen.

LORENZER, A. (1972) : Zur Begründung einer materialistischen Sozialisationstheorie. Suhrkamp, Frankfurt am Main.

LORENZER, A. (1973) : Über den Gegenstand der Psychoanalyse oder: Sprache und Interaktion. Suhrkamp, Frankfurt am Main.

LORENZER, A. (1974) : Die Wahrheit der psychoanalytischen Erkenntnis. Suhrkamp, Frankfurt am Main.

LORENZER, A. (1977) : Sprachspiel und Interaktionsformen. Suhrkamp, Frankfurt am Main.

LORENZER, A. (1983) : Interaktion, Sprache und szenisches Verstehen. Psyche 37: 97-115.

MARGETTS, E.G. (1950) : The early history of the word 'psychosomatic'. Canad. Med. Ass. J. 13: 402-404.

METTRIE, J.O. de la (1954) : Textes Choisis. Editions Sociales, Paris.

MITSCHERLICH, A. (1950) : Die Medizin sucht einen neuen Umgang mit dem Menschen. Umschau 50: 27-29.

MITSCHERLICH, A. (1963) : Auf dem Weg zur vaterlosen Gesellschaft. Piper, München.

MITSCHERLICH, A. (1966) : Krankheit als Konflikt: Studien zur psychosomatischen Medizin I. Suhrkamp, Frankfurt am Main.

PLATON (1974) : Sämtliche Werke. Artemis, Zürich München.

POPPER, K.R.; ECCLES, J.C. (1982) : Das Ich und sein Gehirn. Piper, München.

RICŒUR, P. (1974) : Die Interpretation: Ein Versuch über Freud. Suhrkamp, Frankfurt am Main.

RITTER, J.; GRÜNDER, K. (Hg.) (1980) : Historisches Wörterbuch der Philosophie, Bd. 5. Wissenschaftliche Buchgesellschaft, Darmstadt.

RYLE, G. (1969) : Der Begriff des Geistes. Reclam, Stuttgart.

SCHMIDT, A. (1988) : Schwierigkeiten einer philosophischen Freud-Rezeption. Psyche 42: 392–405.

SCHUR, M. (1988[4]) : Zur Metapsychologie der Somatisierung. In: OVERBECK, G.; OVERBECK, A. (Hg.): Seelischer Konflikt – körperliches Leiden. Fachbuchhandlung für Psychologie, Frankfurt am Main.

SPINOZA, B. de (1980) : Opera – Werke, Bd. II. Wissenschaftliche UEXKÜLL, T.v.; WESIACK, W. (Hg.) (1981^2) : Lehrbuch der Psychosomatischen Medizin. Urban & Schwarzenberg, München Wien Baltimore.

WEINER, H. (1977) : Psychobiology and human disease. Elsevier, New York.

WEIZSÄCKER, V.v. (1947) : Körpergeschehen und Neurose: Analytische Studie über somatische Symptombildung. Klett, Stuttgart.

WITTGENSTEIN, L. (1971) : Philosophische Untersuchungen. Suhrkamp, Frankfurt am Main.

ZEPF, S. (1973) : Zur Theorie der psychosomatischen Erkrankung. Campus, Frankfurt am Main.

ZEPF, S. (1976a) : Die Sozialisation des psychosomatisch Kranken. Campus, Frankfurt am Main.

ZEPF, S. (1976b) : Grundlinien einer materialistischen Theorie psychosomatischer Erkrankung. Campus, Frankfurt am Main.

ZEPF, S. (1981) : Psychosomatische Medizin auf dem Weg zur Wissenschaft. Campus, Frankfurt am Main.

ZEPF, S. (1985) : Narzißmus, Trieb und die Produktion von Subjektivität: Stationen auf der Suche nach dem verlorenen Paradies. Springer, Berlin Heidelberg.

ZEPF, S. (Hg.) (1986) : Tatort Körper – Spurensicherung. Eine Kritik der psychoanalytischen Psychosomatik. Springer, Berlin Heidelberg.

SIEGFRIED ZEPF

„Die Gesundheit zum Tode" – Psychoanalyse jenseits der Lust

Die berufsmäßige Güte fingiert des Profits wegen Nähe und Unmittelbarkeit dort, wo keiner vom anderen weiß. Sie betrügt ihr Opfer, indem sie in seiner Schwäche den Weltlauf bejaht, der es so machte, und tut so viel Unrecht ihm an, wie sie von der Wahrheit nachläßt.
(ADORNO 1944, S.71)

Als Titel meiner Arbeit habe ich ein Diktum von ADORNO (1944, S.68) vorangestellt und als Untertitel angefügt „Psychoanalyse jenseits der Lust". Der Untertitel könnte freilich auch heißen „Psychoanalytische Therapie auf der Höhe der Zeit", „Die Mutation einer ehemals kritischen Sozialwissenschaft in eine affirmative Verfügungswissenschaft" oder „Von der Triebpsychologie zur Ichpsychologie". Ich habe denn auch vor, das Resultat dieser Entwicklung, in welcher der Stachel FREUD wegmutiert wurde, möglichst praxisnah, und das heißt am Beispiel der Diagnostik und Therapieverfahren vorzuführen, welche sich auf die neueren Ich-psychologisch zugerichteten psychoanalytischen Konzepte gründen.

Zunächst eine kurze Vorbemerkung. In der psychoanalytischen Strukturtheorie FREUDs wird das Ich als eine relativ eigenständige dynamische Organisation innerhalb des psychischen Apparates verstanden, die sich in der Verarbeitung von Triebkonflikten gebildet hat und die selbst in diese Konflikte einbezogen werden kann. In dieser Organisation sind bestimmte, zwischen Es, Über-Ich und der Realität vermittelnde Funktionen zusammengefaßt, zu denen unter anderem das Bewußtsein gerechnet wird, die Realitätsprüfung und Synthese, das Gedächtnis und die Sprache (ARLOW u. BRENNER 1964, S.42), die motorische Kontrolle, die Abwehr, die Wahrnehmung, das Phantasieren (SANDLER u. NAGERA 1966) sowie das prälogische, vorstellungsmäßige und das logisch begriffliche Denken (FENICHEL 1945, S.72-79; s.a. FREUD 1911, S.234; 1923, S.243, S.258, S.286; 1926, S.112, S.126 f.; 1933, S.82 f.; 1937, S.80; 1938, S.68, 129-131).

Diagnostisch und behandlungstechnisch bedeutsam war diese konzeptuelle Fassung des Ichs vor allem für die Therapie sogenannter „funktioneller" Ich-Störungen. Funktionelle Ich-Störungen sind das Resultat von

Abwehroperationen, in deren Gefolge diese Funktion gestört wird. FREUD (1926, S.116) beschreibt dies am Beispiel einer motorischen Hemmung des Schreibens und des Gehens:

Wenn das Schreiben, das darin besteht, aus einem Rohr Flüssigkeit auf ein Stück weißes Papier fließen zu lassen, die symbolische Bedeutung des Koitus angenommen hat, oder wenn das Gehen zum symbolischen Ersatz des Stampfens auf dem Leib der Mutter Erde geworden ist, dann wird beides, Schreiben und Gehen, unterlassen, weil es so ist, als ob man die verbotene sexuelle Handlung ausführen würde. Das Ich verzichtet auf diese ihm zustehenden Funktionen, um nicht eine neuerliche Verdrängung vornehmen zu müssen...

Das Ich, so FREUD (1926, S.116) verhält sich hier

wie eine Köchin – die nicht mehr am Herd arbeiten will, weil der Herr des Hauses eine Liebesbeziehung zu ihr angeknüpft hat.

Die Ich-Funktionen des Schreibens und des Gehens sind im Zuge einer Verschiebung sexualisiert worden, ihnen haftet eine unbewußte, der Abwehr verfallene triebbestimmte Bedeutung an, wobei dann die für die Hemmung der Ich-Funktionen verantwortlichen Triebinhalte im psychoanalytischen Verfahren tiefenhermeneutisch eingeholt und aufgelöst werden können.

Ganz anders ist die Sachlage bei dem Ich-psychologischen Konzept der sogenannten „strukturellen"-Ich-Störungen. Ohne die Geschichte dieses Begriffes hier entfalten zu wollen, sei als historische Reminiszenz angemerkt, daß sich dieser Begriff bei FREUD nicht findet. Bei ihm ist von „Ich-Veränderungen" die Rede, die er im Hinblick auf den Abstand von einem fiktiven „Normal-Ich" definierte (FREUD 1937, S.85). Erstmals findet sich dieser Begriff dem Sinne nach vermutlich in einer Arbeit von FENICHEL (1938), und zwar in Bezug auf die zerrissene und deformierte Persönlichkeit des modernen Neurotikers, die FENICHEL (1938) von der verhältnismäßig intakten Persönlichkeit bei klassischen Neurosen abzugrenzen versuchte. In folgender Bestimmung fand dieser Begriff den Eingang in das deutschsprachige psychoanalytische Schrifttum durch eine Arbeit von FÜRSTENAU (1977): Bei den strukturellen Ich-Störungen handele es sich um eine „strukturelle Abweichung des Ichs der Patienten vom fiktiven Normal-Ich", bei denen erlebnisbedingte Störungen zu einer mangelhaften Entwicklung der Ich-Funktionen selbst führen und bei denen nicht, wie bei funktionellen Ich-Störungen, eine Beeinträchtigung primär-intakter Ich-Funktionen vorliegen würde.

Diese entwicklungsbedingten Mängel werden mittels einer Wahrnehmungseinstellung erfaßt, die sich auf das beobachtbare Verhalten und nicht – wie die psychoanalytische – auf lebensgeschichtliche Erlebniszusammenhänge richtet, in denen die klinischen Manifestationen gründen. FÜRSTENAU (1977) fordert ausdrücklich dazu auf, in der Diagnostik struk-

tureller Ich-Störungen die Äußerungen der Patienten wie Beobachtungsdaten als Indikatoren zu verwenden, die das jeweilige Funktionsniveau des
Ich anzeigen sollen. Es sei für die subtile Diagnostik der Ich-Struktur geradezu hinderlich, wenn der Analytiker die Mitteilungen des Patienten in
der gewohnten Perspektive aufnehme und deren manifeste Inhalte auf unbewußte lebensgeschichtliche Zusammenhänge zu befragen suche. Für die
Therapie folgt dann aus den ausdrücklich quer zur Lebensgeschichte des
Patienten angelegten Ermittlungen struktureller Ich-Störungen, daß der
Analytiker für den Patienten die fehlenden basalen Ich-Funktionen solange
stellvertretend ausüben muß, bis der Patient in der Lage ist, diese Funk-
tionen in eigener Regie zu übernehmen. Sämtliche vorgeschlagenen the-
rapeutischen Modifikationen für die Behandlung strukturell Ich-gestörter
Patienten gehen denn auch davon aus, daß der Therapeut die beschädigte
Ich-Organisation seines Patienten in Richtung auf ein „fiktives Normal-
Ich" zu verändern hat. Er tut dies, wie etwa BLANCK u. BLANCK (1980) und
RHODE-DACHSER (1979) anmerken, indem er das Identifikationsbedürfnis
des Patienten nutzt und sich selbst als Objekt für selektive Identifizierun-
gen anbietet:

Die Identifizierung soll mit den allgemeinen menschlichen Attributen erfolgen,
die wir [die Therapeuten – d. Verf.] besitzen... " (BLANCK u. BLANCK 1980,
S.133)

Dieses vorgeschlagene Untersuchungs- und Behandlungsverfahren ist nicht
nur eine Modifizierung des psychoanalytischen, sondern ein qualitativ anderes. Hört dort der Psychoanalytiker in „gleichschwebender Aufmerksamkeit" (FREUD 1912, S.377) den Mitteilungen seines Patienten zu, um im
Zusammenspiel von Übertragung und Gegenübertragung die verschütte-
ten, unbewußt gewordenen Lebensentwürfe eines Patienten in Vervollstän-
digung seiner Lebensgeschichte verstehend einzuholen, so zentriert hier der
Analytiker seine Aufmerksamkeit auf die Ich-Organisation und liest die
Mitteilungen als Indikatoren, welche ihm das jeweilige Funktionsniveau
des Ich seines Patienten anzeigen sollen. Während im psychoanalytischen
Verfahren tiefenhermeneutisch operiert wird, hat das hier vorgeschlagene
die Struktur eines naturwissenschaftlichen Verfahrens. Der Patient wird
aus seiner Lebensgeschichte herausabstrahiert, von seiner Subjektivität –
und damit auch von seiner Triebentwicklung – wird systematisch abgesehen. Er wird zu einem Objekt gemacht, das auf aktuelle Eigenschaften
hin befragt wird. So wie die Organmediziner aus den Klagen seines Patienten über Herzjagen, Zittern, allgemeine Unruhe, Gewichtsabnahme und
Schweißausbrüche etwa auf die Funktionsweise seiner Schilddrüse schließt,
so schließt der Psychoanalytiker aus den Mitteilungen des Patienten auf
die Funktionsweise seines Ich.

116

Auch FÜRSTENAU (1977) sieht eine Analogie zum Diagnostikverfahren der Organmediziner und macht die naturwissenschaftliche Ausrichtung dieses Verfahrens klar. Er übersieht freilich, daß in dem Ich-psychologischen Diagnostikverfahren genau das fehlt, was den Kern des naturwissenschaftlichen ausmacht, nämlich die Konfrontation subjektiver, in Hypothesen formulierter Eindrücke mit den Tatsachen der Empirie. Während der Organmediziner in seinem naturwissenschaftlich strukturierten Erkenntnisverfahren die Aussagen des Patienten als Aussagen über seinen körperlichen Zustand betrachtet und diese Aussagen durch labortechnische Untersuchungsverfahren objektiviert, fehlt in dem hier vorgeschlagenen diagnostischen Verfahren genau diese Objektivierung eines Ich-Defekts, der sich auch außerhalb der psychoanalytischen Situation darstellt.

Genau besehen hat die Ich-psychologische Diagnostik die formal-logische Struktur einer reduktiven Schlußbildung. Reduktive Schlüsse sind aber logisch nie zwingend. Aus der Tatsache etwa, daß morgens das Pflaster naß ist, kann nicht geschlossen werden, daß es in der Nacht geregnet hat. Es könnte auch ein Sprengwagen vorbeigefahren oder etwas anderes passiert sein. Während in einem naturwissenschaftlichen Untersuchungsverfahren genau nach der Ursache gefahndet wird, die für das nasse Pflaster verantwortlich ist, unterbleibt dies bei der Diagnose struktureller Ich-Störungen. Die Diagnose ist somit weitgehend ins Belieben gestellt.

Klar geworden sein dürfte, daß mit der Verpflichtung auf ein naturwissenschaftliches Verfahren, das sich der subjektiven Erlebnisperspektive verschließt, die Ich-Psychologen sich zugleich auch ihres Gegenstandes als eines erlebnisbedingten Defektes entledigen. Die konfliktuöse Mutter-Kind-Symbiose, in der die Ich-strukturellen Störungen heute mehrheitlich dem Anspruch nach verankert werden (BLANCK u. BLANCK 1980), entzieht sich dem diagnostischen Blick ebenso wie die gesellschaftlichen Gewaltverhältnisse, die in den Sozialisationsprozeß in Gestalt von Triebkonflikten hineinragen und welche die Ich-Funktionen nur verkümmert sich entfalten lassen. Verborgen bleibt auch, daß die Patienten gewiß nicht an dem Punkt stehengeblieben sind, wo ihre Störung einsetzte. Ganz fraglos haben sie sich weiterentwickelt und haben sich auch mit Konflikten etwa in der analen oder genitalen Entwicklungsphase auseinandergesetzt, wenn auch unter der Bedingung einer Ich-strukturellen Störung. Die Störung steht mithin immer in einem konfliktuösen, dem Subjekt verborgenen, lebensgeschichtlichen Zusammenhang, welcher auch in einem – sicherlich zu modifizierenden – tiefenhermeneutischen Verfahren der Psychoanalyse eingeholt und aufgearbeitet werden könnte. Damit würden dem Patienten auch die Entwicklungsmöglichkeiten zurückgegeben, die durch seine erlebten Konflikte festgezurrt wurden, auch seine Ich-Struktur könnte sich verändern, und zwar nach Maßgabe der Möglichkeiten, die ihm zur Verfügung stehen, und nicht nach Maßgabe der Vorstellungen eines Therapeuten.

Wenn sich nämlich die strukturellen Ich-Störungen nur als Abweichungen von einem fiktiven Normal-Ich diagnostizieren lassen, dann setzt das kurz skizzierte diagnostische Verfahren zwingend Vorstellungen dieses fiktiven Normal-Ich auf seiten des Therapeuten voraus. Da der Patient nicht in seiner Geschichtlichkeit eingeholt wird, können diese Vorstellungen über psychische Gesundheit oder Reife auch nicht innerhalb des Bezugssystems des Patienten unter der Frage entwickelt werden, ob er das, was ihm zu erreichen möglich war, auch erreicht hat. Die Struktur des Verfahrens zwingt hier zu Gesundheitsvorstellungen, die quer zur Lebensgeschichte des Patienten angelegt sind. Wie denn etwa auch BELLAK u. SMALL (1972) betonen, sind die Gesundheitsvorstellungen nicht von den Möglichkeiten des Patienten, sondern inhaltlich von sozialen Rollen bestimmt. Sie werden als Maßstab genommen, entlang dem die Ich-Funktionen befragt werden, ob und inwieweit sie dem Patienten erlauben, sich in den sozialen Rollen zu bewegen und sich in sie einzupassen:

Es empfiehlt sich, 'Anpassung' hier im Hinblick auf den soziokulturellen Kontext zu verstehen: Wie jemand im Leben zurecht kommt, die Beziehungen zur Familie, Schule, Beruf, Ehe, Krisenbewältigung usw. In diesem Zusammenhang ist ein Begriff aus der Sozialpsychologie nützlich: Der Begriff der Rolle. Ein adäquates Funktionieren in den verschiedenen Rollen des realen Lebens geht parallel mit dem adäquaten Verhalten insgesamt und ist somit ein wesentlicher Gesichtspunkt bei der psychodiagnostischen Beurteilung eines Patienten. Störungen in der Fähigkeit zur Anpassung führen zu Fehlanpassungen sowohl in der Beziehung zu anderen Menschen als auch bei der Bewältigung der Probleme des täglichen Lebens." (BELLAK u. SMALL 1972, S.57)

Diese Fehlanpassungen, die Diskrepanz zwischen den Rollendefinitionen des Therapeuten und ihre Ausübung durch den Patienten, gilt es in der Therapie zu bewältigen.

Damit wird der affirmative Charakter der Diagnostik und Therapie offenkundig. Die Rollendefinitionen des Therapeuten sind ja keine wertneutralen, bloß individuellen Schöpfungen. Es handelt sich bei ihnen vielmehr um individuierte Erscheinungsformen ihrer gesellschaftlich vorherrschenden Definitionen, Erscheinungsformen der in einer Gesellschaft vorherrschenden sozialen Verkehrsformen, die von ADAM SMITHs „invisible hand" entworfen wurden. Bekanntlich hat MARX diese „invisible hand" als Kapitalverwertungsprozeß sichtbar gemacht (vgl. ZEPF u. HARTMANN 1990). Diese sozialen Verkehrsformen bilden den Horizont, an dem sich die Gesundheitsvorstellungen des Therapeuten orientieren, wenn er sich – wie einst die Eltern, die immer nur das „Beste" gewollt haben, nämlich eine Anpassung des Kindes an die eigenen Erwartungen – als Identifikationsobjekt anbietet und mit der Ausbeutung des aus der Störung des Patienten resultierenden Identifikationsbedürfnisses seine Ich-Funktionen nachsozialisiert.

Aufgrund der erkenntnislogischen Struktur des Verfahrens kann dieser Horizont von den Therapeuten jedoch nicht mehr in Frage gestellt werden. Für die Ich-Psychologie gilt mithin das, was MARCUSE (1980, S.63) am neo-freudianischen Revisionismus kritisierte:

> Diese Psychologie hat keinen anderen objektiven Wertmaßstab als den geltenden. Gesundheit, Reife, Errungenschaft werden so hingenommen, wie sie von der heutigen Gesellschaft definiert werden ...

Im Therapieverfahren werden dann die Individuen in die herrschenden gesellschaftlichen Verhältnisse eingebunden, in deren Verkehrsformen sie sich aufgrund ihrer Störung nicht angemessen bewegen konnten.

Nun werden gewiß all jene Therapeuten, deren Gesellschaftsverständnis sich letztlich auf den trivialen Satz reduziert „Wir sitzen alle in einem Boot", auch die Interessen des kranken Subjekts in dieser Art einer Psychotherapie ausreichend berücksichtigt finden. Sie übersehen allerdings dabei, daß die Richtung, in welche das Boot führt, gewiß nicht vom Interesse der arbeitenden Matrosen, sondern vom Interesse des Schiffseigners bestimmt wird, das gerade nicht verallgemeinerungsfähig ist. Zwar mag sich der psychotherapierte Patient subjektiv durchaus wohler fühlen, ohne es zu merken, wird er aber zugleich in Dienst genommen für die Durchsetzung von Interessen, die nicht die der Mehrheit in unserer Gesellschaft sind, welche über die Produktionsmittel nicht verfügt. Über eine Verbesserung seiner Ich-Funktion wird das Subjekt in kapitalfunktionable soziale Verkehrsformen eingepaßt, in deren Ausübung dann auch blind die gesellschaftlichen Bedingungen für's „gemeine[s] Unglück", wie FREUD (1895, S.312) das nannte, aufrechtzuerhalten hilft, in denen letztlich seine Erkrankung gründet. Die gesellschaftliche Aufgabe, die etwa POPITZ (1967, S.6) der Erziehung zuschreibt und die in der Sozialisation strukturell Ichgestörter Patienten verfehlt wurde, wird in ihrer therapeutischen Nachsozialisation erfüllt, nämlich daß der Einzelne

> selbst willens und fähig wird, sich in seine Rolle zu fügen ... indem wir lernen, zu wollen, was wir sollen, und es schließlich tun, ohne es zu merken.

Diese Art einer therapeutischen und affirmativen Nachsozialisation kann der Psychoanalyse Freudscher Prägung nicht unmittelbar unterstellt werden. Machen wir uns die Eigentümlichkeiten ihres Therapieverfahrens, die es zumindest der Möglichkeit nach enthält, nochmals in aller Kürze klar. Im tiefenhermeneutischen Verfahren der FREUDschen Psychoanalyse, das sich auf die konkrete Einmaligkeit des jeweiligen Subjekts zentriert, wird über kritische Selbstaufklärung Selbstverfügung wieder hergestellt. Psychoanalytische Therapie macht Lebensgeschichte als Konfliktgeschichte lesbar und zwingt das Interesse auf die Punkte eigener Ohnmacht. Indem sie das System bisher blind-unbewußt agierter Triebkonflikte der Selbsterfahrung zugänglich macht, kann sie eine bewußte Widerspruchserfahrung produzieren und damit auch die Frage nach der Ursache der eigenen Ohnmacht provozieren. Idealtypisch gesehen macht die Aufarbeitung der eigenen Lebensgeschichte in der psychoanalytischen Therapie diese Geschichte nicht in Erkenntnissen greifbar, sondern in Fragen zugänglich. Die Erfahrung der Beschädigung drängt zur Frage nach ihren objektiven Ursachen, das heißt sie drängt auch zur politischen Selbstreflexion. Gewiß können diese Fragen ideologisch abgefangen und in verkürzten, die Sachlage mystifizierenden Argumentationen zum Schweigen gebracht werden. Gleichwohl aber ist damit das Problem der Verursachung zur Debatte gestellt. Auch wenn die Erklärungsversuche des Einzelnen meist vor der Sozialgenese seines neurotischen Leidens enden mögen, der Möglichkeit nach enthalten sie dennoch auch jene Perspektive, in der sich ein gesellschaftliches Problembewußtsein entfalten kann.

In einer Ich-psychologisch zugerichteten Psychoanalyse dagegen ist die Möglichkeit, über Selbstaufklärung Selbstverfügung wiederherzustellen, konzeptuell überhaupt nicht vorgesehen. Während die FREUDsche Psychoanalyse die Geburtsurkunde der ersten Wissenschaft ist, welche die konkrete Einmaligkeit des menschlichen Subjekts zu ihrem Gegenstand hat, ist in ihrem Ich-psychologischen Verschnitt das menschliche Individuum als Subjekt nicht nur praktisch, sondern auch in theoretischer Hinsicht ausgeschlossen. Praktisch, weil in ihrem Verfahren seine personale, „vertikale" Identität nicht durch eine deutende Aufarbeitung seiner Lebensgeschichte vervollständigt wird, sondern sich über eine Korrektur isolierter Momente seines Verhaltens in einer abstrakten und „horizontalen" Identität auflöst, die sich aus der Quersumme seiner verschiedenen sozialen Rollen destilliert (DE LEVITTA 1971, S.194). Theoretisch, weil dem Subjekt die Verfügungsgewalt über seine Ich-Funktionen entzogen ist. Das Ich, schrieb HARTMANN (1964, S.13) in seiner Differenzierung des FREUDschen Ich-Begriffs in den der Person, des Selbst und der Ich-Funktionen, ist

ein Teilgebiet der Persönlichkeit und durch seine Funktionen bestimmt.

Seit dieser Differenzierung gilt, daß die Selbst-, Objekt- und Beziehungsrepräsentanzen, über welche auch die Triebe Eingang in das Seelenleben finden, aus denen sich die psychische Realität und damit die Subjektivität eines Individuums aufbaut, über den Einsatz von Ich-Funktionen gebildet werden. SANDLER u. JOFFE (1969) gliedern nun den seelischen Bereich in einen „erlebnishaften" und einen „nicht-erlebnishaften" auf, wobei die bewußten und unbewußten, die Subjektivität eines Individuums konstituierenden Selbst- und Objektrepräsentanzen in den erlebnishaften, die Ich-Funktionen aber in den nicht-erlebnishaften Bereich gehören. Auf

120

sie wäre das Gegensatzpaar bewußt-unbewußt nicht anwendbar. Damit aber werden die Ich-Funktionen der intentionalen Verfügung des Subjekts entzogen. Es selbst wird vielmehr zum Resultat von Funktionsabläufen, die sich seiner Einflußnahme entziehen. In dieser Konzeption gewinnt das Subjekt den Status einer bloßen Folie, auf der sich die Produkte der Ich-Funktionen eintragen. Der Subjektbegriff wird zu einer inhaltslosen Abstraktion, und die aktive, intentionale Seite des Individuums impliziert dann auf theoretischer Ebene eine Personalisierung der Ich-Funktionen. Das heißt, in der theoretischen Fassung der Ich-Psychologie sind die Ich-Funktionen subjektiviert und das Subjekt ist zu ihrem Objekt gemacht.

Als Fazit läßt sich mithin festhalten, daß sich durch die Ausklammerung der Triebproblematik auch die psychoanalytische Kritik am Verhältnis Individuum-Gesellschaft qualitativ ändert. Nahm FREUD (1908, S.155) noch offen für die Besonderheiten des Subjekts Partei – so heißt es etwa:

Es ist eine der offenkundigen sozialen Ungerechtigkeiten, wenn der kulturelle Standard von allen Personen die nämliche Führung des Sexuallebens fordert.

so hat die Ich-psychologisch orientierte Psychoanalyse die Seiten gewechselt und sich zum Vertreter eben dieser gesellschaftlich vorherrschenden Normen gemacht. Bemaß FREUD (1927) noch die Güte einer Gesellschaft an dem Leiden der Subjekte unter den von ihr produzierten Beschädigungen ihrer triebhaften Bedürfnisse – und dies stempelte seine Kulturtheorie zu einer kritischen (DAHMER 1975) – so wird nun in Umkehrung der FREUDschen Position die Güte des Subjekts an der bestehenden Gesellschaftsformation bemessen, das heißt daran, inwieweit es in der Lage ist, sich in die gesellschaftlich definierten Rollen zu integrieren und unter den von ihr produzierten Beschädigungen nicht mehr zu leiden. Kritisierte FREUD (1927, S.333) die Gesellschaft, weil in ihr

die Befriedigung einer Anzahl von Teilnehmern die Unterdrückung einer anderen, vielleicht der Mehrzahl, zur Voraussetzung hat

votierte er noch für die

Unterdrückten, welche die Kultur durch ihre Arbeit ermöglichten, an ihren Gütern ... aber einen zu geringen Anteil haben,

so suggeriert nun die Ich-Psychologie, daß die bürgerliche Gesellschaft jener Widersprüche ledig ist, die sie in ihrem Wesen bestimmen, daß für alle gleichermaßen subjektive und gesellschaftliche Interessen zusammenfallen und auch in den gesellschaftlich notwendigen Formen der Entmenschlichung ein menschliches Leben möglich ist.

Die theoretischen Konzeptionen freilich sind nun keineswegs ein bloß zufälliges Produkt einzelner Individuen. Theoretische Kategorien werden immer gesellschaftlich produziert, in denen sich – in welch mystifizierter Form auch immer – die Gesellschaft darstellt, in der sie produziert werden. So verweist MARX (1862, S.249) darauf, daß DARWIN unter Bestien und Pflanzen seine englische Gesellschaft mit ihrer Teilung der Arbeit, Konkurrenz, Aufschluß neuer Märkte, Erfindungen und Kampf ums Dasein wiedererkennt. Zu fragen wäre also abschließend, welche gesellschaftliche Realität sich in dieser theoretischen Konzeption mystifiziert abbildet. Die Antwort liegt auf der Hand. Die Irrelevanz menschlicher Subjektivität für den Kapitalverwertungsprozeß, die Reduzierung menschlicher Subjekte auf Objekte, deren Verhalten bestimmt ist durch die Vorschriften der herrschenden, der Kapitalverwertung dienenden Verkehrsformen, wird in diesen Konzeptionen offensichtlich auf das Individuum projiziert und im Verhältnis des Subjekts zu seinen Ich-Funktionen wiederentdeckt. Wird in der gesellschaftlichen Realität das Subjekt auf ein bloßes Produkt der herrschenden sozialen Verkehrsformen verkürzt, so wird es hier auf ein bloßes Produkt seiner Ich-Funktionen reduziert. Das Subjekt löst sich beide Male in ein abstraktes Individuum auf. Auch die von MARX u. ENGELS (1847/48, S.476) beschriebene Umkehrung des Verhältnisses von Personen und Sachen in einer kapitalistischen Gesellschaftsformation – nämlich, daß in der bürgerlichen Gesellschaft das Kapital selbständig und persönlich und das tätige Individuum unselbständig und unpersönlich ist – findet sich in dieser Konzeption wieder. Hier wie dort werden die Subjekte zu bloßen Akteuren in einem Drama gemacht, deren Autoren sie nicht selbst sind. Werden ihnen in der Gesellschaft ihre Rollen im Kapitalverwertungsprozeß aufgenötigt, so liegt hier die Autorenschaft bei den Ich-Funktionen.

In den Ich-psychologischen Konzeptionen erscheint das Subjekt somit als das, wozu es im Laufe der gesellschaftlichen Entwicklung mehr und mehr gemacht wurde und wird, – als ein seiner Subjektivität entleertes, abstraktes Individuum. Mit dem Übergang zum Monopolkapitalismus, notierte JACOBY (1975), wurde das Subjekt endgültig liquidiert. Betrachtet man die Sachlage unter diesem Aspekt, dann wird auch einsichtig, worin der Vormarsch der Ich-Psychologie in den letzten Jahren gründet. Mit der zunehmenden reellen Subsumption der Subjekte unter das Kapitalinteresse profilierte sich zunehmend auch der Ich-psychologische Gegenstand, während der psychoanalytische mehr und mehr verlorenging. Mehr als die Psychoanalyse FREUDs erweist sich damit die Ich-Psychologie auf der Höhe einer Zeit, in der die Individuen „entindividualisiert und unpersönlich" werden, wie JACOBY (1975) meint, und ihre Subjektivität – so ADORNO (1955, S.112)

als ohnmächtige Reservatsphäre gegenüber der wuchernden 'rationalen' Komponente zur Kuriosität verkommen ist. Für die Ich-Psychologie gilt das, was ADORNO (1944, S.78-80) bereits vor 40 Jahren in das Stammbuch der Neo-Psychoanalyse HORNEYscher Prägung schrieb. Auch die Ich-psychologisch verstümmelte Psychoanalyse

verwandelt... die analytischen Einsichten... in Massenprodukte und die schmerzlichen Geheimnisse der individuellen Geschichte... in geläufige Konventionen... Anstatt die Arbeit der Selbstbestimmung zu leisten, erwerben die Gelehrten die Fähigkeit, alle Triebkonflikte unter Begriffe wie Minderwertigkeitskomplex, Mutterbindung, extrovertiert und introvertiert zu subsumieren, von denen sie im Grunde sich gar nicht erreichen lassen. Der Schrecken vom Abgrund des Ichs wird weggenommen durch das Bewußtsein, daß es sich dabei um gar nicht so viel anderes als um Arthritis oder sinus troubles handele. Dadurch verlieren die Konflikte das Drohende. Sie werden akzeptiert; keineswegs aber geheilt, sondern bloß in die Oberfläche des genormten Lebens als unumgängliches Bestandsstück hineinmontiert... Auf dem Grunde der herrschenden Gesundheit liegt der Tod ... Überdies bewirkt die Konventionalisierung der Psychoanalyse deren eigene Kastration: Die sexuellen Motive, teils verleugnet, teils approbiert, werden gänzlich harmlos, aber auch gänzlich nichtig. Mit der Angst, die sie bereiten, entschwindet auch die Lust, die sie bereiten könnten... Das letzte großkonzipierte Theorem der bürgerlichen Selbstkritik ist zu einem Mittel geworden, die bürgerliche Selbstentfremdung in ihrer letzten Phase zur absoluten zu machen und noch die Ahnung der uralten Wunde zu vereiteln, bei der die Hoffnung eines Besseren in der Zukunft liegt.

Treffender läßt sich der soziale Kern der Ich-Psychologie auch 40 Jahre später nicht auf den Begriff bringen.

Literatur

ADORNO, Th.W. (1944) : Minima Moralia. Suhrkamp Verlag, Frankfurt am Main.

ADORNO, Th.W. (1955) : Zum Verhältnis Soziologie und Psychoanalyse. In: ADORNO, Th.W., Gesellschaftstheorie und Kulturkritik. Suhrkamp Verlag, Frankfurt am Main 1981[2].

ARLOW, J.A.; BRENNER, Ch. (1964) : Grundbegriffe der Psychoanalyse. Rowohlt, Reinbek 1976.

BELLAK, L.; SMALL, C. (1972) : Kurzpsychotherapie und Notfallpsychotherapie, Fischer Verlag, Frankfurt am Main.

BLANCK, G.; BLANCK, R. (1980) : Ich-Psychologie II. KlettCotta, Stuttgart.

DAHMER, H. (1975) : Psychoanalyse als Gesellschaftstheorie. Psyche 29: 991-1010.

DE LEVITTA, D.J. (1971) : Der Begriff der Identität. Suhrkamp Verlag, Frankfurt am Main.

FENICHEL, O. (1938) : Ich-Stärke und Ich-Schwäche. In: Psychoanalyse und Gesellschaft, 229-238. Roter Druckstock, Frankfurt am Main 1972.

FENICHEL, O. (1945) : Psychoanalytische Neurosenlehre, Bd.1. Walter, Freiburg.

FREUD, S. (1895) : Zur Psychotherpie der Hysterie. GW I, 252-312.

FREUD, S. (1908) : Die kulturelle Sexualmoral und die moderne Nervosität. GW VII, 143-167.

FREUD, S. (1911) : Formulierungen über zwei Prinzipien des psychischen Geschehens. GW XIII, 229-238.

FREUD, S. (1912) : Ratschläge für den Arzt bei der psychoanalytischen Behandlung. GW XIII. 375-387.

FREUD, S. (1923) : Das Ich und das Es. GW XIII, 234-289.

FREUD, S. (1926) : Hemmung, Symptom und Angst. GW XIV, 111-205.

FREUD, S. (1927) : Die Zukunft einer Illusion. GW XIV, 325-380.

FREUD, S. (1933) : Neue Folge der Vorlesungen zur Einführung in die Psychoanalyse. GW XV.

FREUD, S. (1937) : Die endliche und die unendliche Analyse. GW XVI, 57-99.

FREUD, S. (1938) : Abriss der Psychoanalyse. GW XVII, 63-138.

FÜRSTENAU, P. (1977) : Die beiden Dimensionen des psychoanalytischen Umgangs mit strukturell ichgestörten Patienten. Psyche 31: 197-207.

HARTMANN, H. (1964) : Ich-Psychologie. Studien zur psychoanalytischen Theorie. Ernst Klett Verlag, Stuttgart 1972.

JACOBY, R. (1975) : Negative Psychoanalyse und Marxismus. Psyche 29: 961-990.

MARCUSE, H. (1980) : Epilog. Kritik des neofreudianischen Revisionismus. In: GÖRLICH, B.; LORENZER, A.; SCHMIDT, A. (Hg.): Der Stachel Freud, 149-178. Suhrkamp Verlag, Frankfurt am Main.

MARX, K. (1862) : Marx an Engels. Brief vom 18.6.1862. MEW 30, 248-249.

MARX, K.; ENGELS, F. (1847/48) : Manifest der kommunistischen Partei. MEW 4, 459-493.

POPITZ, H. (1967) : Der Begriff der sozialen Rolle als Element der soziologischen Theorie. Mohr, Tübingen.

RHODE-DACHSER, Ch. (1979) : Das Borderline-Syndrom. Huber, Bern.

SANDLER, J.; JOFFE, W.J. (1969) : Auf dem Wege zu einem Grundmodell der Psychoanalyse. Psyche 23: 461-480.

SANDLER, J.; NAGERA, R. (1966) : Einige Aspekte der Metapsychologie der Phantasie. Psyche 20: 188-203.

ZEPF, S.; HARTMANN, S. (1990) : Zum Stellenwert der Restneurose in der psychoanalytischen Therapie. In: ZEPF, S. (Hg.): Wer sich nicht bewegt, der spürt auch seine Fesseln nicht – Anmerkungen zur gegenwärtigen Lage der Psychoanalyse, 31-58. Nexus, Frankfurt am Main.

Psychoanalyse im Widerblick

Verschiedene Arten beschaulichen Blickens

WOLFGANG KEMMNITZ und ANNELISE HEIGL-EVERS

Zur Frage der Verbindlichkeit psychoanalytischer Diagnostik

> Es könnte sich durch zukünftige extraklinische Beweise (z. B. epidemiologische oder experimentelle Befunde) schließlich ergeben, daß Freud mit seiner glänzenden intellektuellen Vorstellungskraft durchaus zutreffende Entdeckungen auf dem Gebiet der Psychopathologie und anderer Aspekte menschlichen Verhaltens gemacht hat, obwohl seine klinischen Argumente eindeutig versagen.
>
> (GRÜNBAUM 1988, S.309)

Experimentelle Befunde über menschliches Verhalten oder psychologische Tests bzw. Fragebögen als ‚Meßinstrumente‘ für beispielsweise sogenannte Persönlichkeitseigenschaften, dienen den einen als Kriterien von Wissenschaftlichkeit.

The task of the analyst, first and foremost, is to understand rather than explain, and to understand meaning above all. But meaning is not . . . „out there“ in any clear and defined sense . . . (SPENCE 1986, S.219)
. . . there is an attempt to bring the clinical account into conformity with some kind of public standard or stereotype . . . largely a narrative account which attempts to tell a coherent story . . . (a.a.O., S.212)
We do not „account for“ the truth in the clinical material . . . (a.a.O., S.229)

Die anderen hinterfragen den Stellenwert von ‚Wahrheit‘, ‚Fakt‘ oder ‚Erklärung‘ und rücken Interpretation, Deutung, Plausibiliät in den Vordergrund.

Zu überlegen wäre also u. a., welche dieser beiden schon alten Traditionen wissenschaftlichen Argumentierens welche Begründung für welches Vorgehen bei psychoanalytischem Diagnostizieren bietet und welches Vorgehen dann als das angemessene zu wählen wäre: Geht es darum, nomologische Erklärungen zu finden, um – wie GRÜNBAUM meint – psychoanalytische Hypothesen zu validieren oder zu bestätigen, oder geht es um das Verständnis eines einzelnen Falles? Und was heißt dann ‚Gesetz‘, ‚Hypothese‘, ‚Verstehen‘? – Was sind je die notwendigen Voraussetzungen? Für das nomologische Vorgehen GRÜNBAUMs zumindest: Eine bestimmte Konstanz des Untersuchungsgegenstandes – also der Erkrankung und damit der Diagnose dieser Erkrankung, insofern nämlich GRÜNBAUM neurotische Symptome als Zeichen versteht, mittels derer man „... retrodiktiv auf ihre vermeintlichen Ursachen schließt ... " (1988, S.114) – wie ein Fußabdruck an einem Meeresstrand als Zeichen dient, vermittels dessen retrodiktiv auf die vorangegangene Einwirkung (GRÜNBAUM, a.a.O., S.113) geschlossen werden kann (zu einer Kritik hierzu siehe STEPHAN 1989, S.147 ff).

Daß aber dieser Ausgangspunkt GRÜNBAUMs schon in der Medizin so nicht zu halten ist, merkt zum Beispiel GROSS (1973) an:

Unsere heutigen Diagnosen sind ungleicher Art, zum Beispiel (mehr oder minder) deskriptiv, funktionell, pathologisch-anatomisch, pathogenetisch, äthiologisch. Es ist leicht ersichtlich, daß diese verschiedenen Formen ganz unterschiedliche Ansprüche stellen. (S.786)

Was das konkreter im sozialwissenschaftlichen Bereich bedeutet, wird zum Beispiel durch RICHTER (1979, S.33) deutlich, der bezüglich des Gießen-Tests das Verständnis der Klassischen Testtheorie erweitert – gemäß der zum Beispiel nach LIENERT (1969) von einem Test als von einem Instrument zur Untersuchung von Persönlichkeitsmerkmalen gesprochen wird – indem RICHTER dessen Verwendung auch sieht als Ausdruck einer Äußerung eines Subjekts gegenüber einem helfenden Partner, also einer Fortsetzung des Gesprächs mit anderen Mitteln, das unter Umständen dazu dienen könnte, den Klienten besser zu verstehen.

Ähnlich nähern sich SENF u. VON RAD (1986) dem Problem auf einer etwas anderen Ebene: der des Vergleichs zwischen Beginn- und Abschluß-Diagnose zur Therapiebewertung, wobei hier allerdings eine weitere Schwierigkeit hinzukommt: die der Gewichtung der zu vergleichenden Information. Den Status von Therapiebewertungen diskutierend kommen sie zu dem Schluß:

Erst durch Interpretation und Bewertung ... läßt sich Erfolg oder Mißerfolg festlegen. Interpretation und Bewertung sind aber eine Frage der Maßstäbe, die angelegt werden, und der jeweiligen Standorte, von denen aus beurteilt wird, und hier kann sehr Unterschiedliches und sogar Kontroverses zum Tragen kommen. (SENF u. VON RAD 1986, S.25)

Genau diese Gesamtproblematik aber, erstens mindestens zwei Diagnosen erstellt zu haben und dann zweitens beide miteinander zu vergleichen, um zu einer Aussage über „Erfolg" oder „Mißerfolg" zu gelangen, wäre von der Gegenseite zunächst erst einmal zu bemerken, um dann überhaupt zu einem Vorschlag einer Lösung kommen zu können. Konkreter: GRÜNBAUM wäre zu fragen, was noch unter „epidemiologischen oder experimentellen Befunden" zu verstehen ist, wenn doch schon vor dem Experiment das Diagnose-Problem zu lösen ist – sein Verweis auf die Differentialdiagnose (1988, S.206) wird jedenfalls der umfangreichen

Literatur in Medizin, Psychiatrie und Psychologie zum Diagnoseproblem nicht gerecht.

Fachkollegen haben dieses Problem bereits ‚diagnostiziert' – der Wissenschaftstheoretiker dagegen hat noch keine einschlägige Symptomatik bemerkt. Woran krankt die Argumentation des Philosophen? SENF u. VON RAD sprechen von „Bewertungen", die eine Rolle spielen, SPENCE und RICHTER sprechen von „Verstehen". Ausgehend von SENF u. VON RADs Hinweis liegt es nahe, Parallelen in der Ästhetik zu betrachten: auch hier ist von Bewertungen die Rede. So könnte zum Beispiel X, aufgefordert, ein ästhetisches Urteil bezüglich Beuys' Honigpumpe abzugeben, mit ‚Schön' reagieren. Und man würde nicht sagen, diese Reaktion sei falsch. Man würde vielleicht sagen, man selbst fände diese Honigpumpe eher häßlich – oder weder schön noch häßlich, sondern interessant. Es ist hier also ein Spielraum möglicher Antworten gegeben, weswegen man auch sagt: „Über Geschmack läßt sich nicht streiten." Niemand käme darum auf die Idee, einen ‚Schönheitstest' zu entwickeln. – Anders im physikalischen Labor: Gegeben eine bestimmte Technik, ist es möglich, die Länge eines Gegenstandes zum Beispiel auf den Millimeter genau zu bestimmen. Zwischen den Möglichkeiten „Ist dieser Gegenstand 32 mm oder 33 mm lang?" gibt es nur eine richtige Antwort.

Diese Streiflichter in die altbekannten unterschiedlichen Welten von Kunst und Physik sollen nun nicht zu der Frage verleiten: In welche dieser beiden Welten ordnest Du psychoanalytische Diagnostik ein? So scheint GRÜNBAUM sich gefragt zu haben – und hat sich dann für die Physik entschieden. Hingegen soll gefragt werden: Wenn es zwei verschiedene Welten gibt, warum dann nicht auch weitere? Zum Beispiel eine Welt psychoanalytischer Diagnostik – oder eine, in der auch psychoanalytische Diagnostik ihren Platz hat? Jedenfalls unterscheidet sich psychoanalytische Diagnostik von physikalischen Aussagen darin, daß ein größerer Spielraum der Möglichkeiten gegeben ist – und sie unterscheidet sich von ästhetischen Urteilen darin, daß nicht generell argumentiert werden kann: „Über Geschmack läßt sich nicht streiten." Entsprechende Verbindungen zur Welt der Physik bzw. der Kunst lassen sich leicht ziehen – aber auf den Unterschied kam es hier an.

Und unter ‚Verstehen' läßt sich nun manches verstehen. Zum Beispiel ‚Das verstehe ich gut, ich hätte genauso gehandelt' entspricht in etwa ‚Dieses Bild ist schön, dieses Bild spricht mich an'. Dagegen: ‚Ich versuche, einen Zugang zu diesem Patienten zu finden, ich versuche, seine Beweggründe zu verstehen' entspräche etwa: ‚Ich setze mich mit diesem Buch auseinander, ich versuche, seine Aussage zu verstehen'. – Und das Ergebnis: ‚Jetzt habe ich verstanden' ist damit entsprechend ganz verschieden. Im ersten Fall – ‚Dieses Bild spricht mich an' – habe ich einen direkten

Zugang, entsprechend zum Beispiel dem Fall ‚Liebe auf den ersten Blick‘. Und das kann zum Beispiel heißen, daß ich diesen Zugang niemand anderem vermitteln kann. Im zweiten Fall – ‚Ich versuche, einen Zugang zu finden‘ – setze ich mich mit etwas auseinander, um unter Umständen zu einem Ziel zu gelangen – und die Schritte dieser Auseinandersetzung lassen sich in einigen Fällen angeben.

Ein Beispiel für eine – zumindest für die Autoren – gelungene Auseinandersetzung und damit ein gelungenes Verständnis ist FREUDS Analyse folgender Kindheitserinnerung des LEONARDO DA VINCI, die dann u. a. auch zur Diagnose Homosexualität führt:

> ... es kommt mir als eine ganz frühe Erinnerung in den Sinn, als ich noch in der Wiege lag, ist ein Geier zu mir herabgekommen, hat mir den Mund mit seinem Schwanz geöffnet und viele Male mit diesem Schwanz gegen meine Lippen gestoßen. (FREUD 1910, S.150)

Es ist die FREUD einzige bekannte Kindheitserinnerung LEONARDOS und sie ist für ihn höchst befremdend, sowohl ihres Inhaltes wegen wie auch des Alters, das LEONARDO angibt. FREUD zieht in seiner Analyse eine Parallele zur möglichen Entstehung von Geschichtsschreibung aus Sagen, nämlich eher verfaßt zum Ausdruck von Meinungen und Wünschen der Geschichtsschreiber selbst. FREUD deklariert seine Analyse ausdrücklich als Versuch (a.a.O., S.153) – kann also die Analyse-Schritte auch nur versuchen zu vermitteln.

„... den Mund mit seinem Schwanz geöffnet ... “, verstanden von ihm als Erinnerung an das Saugen an der Mutterbrust, führt FREUD zu dem Problem der Ersetzung der Mutter durch einen Geier. Nachdem FREUD eine Lösung durch Verweis auf die Symbolisierung der Mütterlichkeit durch einen Geier in der Antike angeboten hat – „die Entstehung der Geier-Phantasie können wir uns nun in folgender Weise vorstellen", sagt FREUD an der entsprechenden Stelle (a.a.O., S.159) – kommt er u. a. auch auf das ‚rätselhafte Lächeln‘ von LEONARDOS weiblichen Figuren zu sprechen – insbesondere der Mona Lisa – um dann nach weiteren Analysen

> ... die Möglichkeit zu ahnen, daß seine Mutter das geheimnisvolle Lächeln besessen ... (a.a.O., S.183)

Nach FREUD steht der Mona Lisa zeitlich am nächsten die sogenannte „Heilige Anna Selbdritt" – die heilige Anna mit Maria und dem Christusknaben (a.a.O., S.183). Und nun fährt er eine Seite weiter fort:

> Bei einer gewissen Vertiefung in dieses Bild kommt es wie ein plötzliches Verständnis über den Beschauer: Nur Leonardo konnte dieses Bild malen, wie nur er die Geierphantasie dichten konnte. (a.a.O., S.184)

Grund für FREUD: LEONARDO ordnet dem Knaben – entsprechend seiner eigenen Biographie – zwei Mütter zu.

FREUD demonstriert hier eine weitere Art von Verstehen – wir sagen heute etwa: ‚Die Erkenntnis traf mich wie ein Blitz'. Es ist kein direkt erarbeitetes Verständnis und kein direkter Zugang, sondern zum Beispiel mittels Auseinandersetzung und Vertrautheit gewonnene, plötzliche andere Sichtweise. – Und etwas später teilt FREUD ein ähnliches Erlebnis eines anderen Autoren mit diesem Bild mit:

An dem Louvrebild hat Oskar Pfister eine merkwürdige Entdeckung gemacht, der man auf keinen Fall sein Interesse versagen wird, auch wenn man sich ihrer unbedingten Anerkennung nicht geneigt fühlen sollte. Er hat in der eigentümlich gestalteten und nicht leicht verständlichen Gewandung der Maria die Kontur des Geiers aufgefunden... (a.a.O., S.187 Anm.)

FREUD schließt seine Analyse:

Scheint es doch, als hätte nur ein Mann mit den Kindheitserlebnissen Leonardos die Monna (sic!) Lisa und die heilige Anna selbdritt malen... können, als läge der Schlüssel zu all seinen Leistungen und seinem Mißgeschick in der Kindheitsphantasie vom Geier verborgen. (a.a.O., S.210)

„Scheint es doch..." – wie in dieser Zusammenfassung hat FREUD in der gesamten Analyse LEONARDOs mögliche Verbindungen aufgezeigt, er hat ein Bild komponiert, das von Aufbau und Farb-Wahl eine für ihn geschlossene Arbeit ergibt, oder m.a.W.: sein Verständnis beinhaltet. Grundlage dessen waren eben nicht Spuren, äquivalent Fußabdrücken im Sand – die ihm das Bild schon vorgezeichnet hätten: siehe zum Beispiel die Verbindung Geier – Mutter. Es wurden hingegen in einer Abfolge von möglichen zu lösenden Fragen – für FREUD aber nicht möglich, sondern unumgänglich – Lösungswege vorgeschlagen, indem zunächst etwas unter Umständen erst zum Zeichen erklärt werden mußte. Dies ist eine Arbeit, die in der Therapie entsprechend verläuft, nur daß hier beide, Therapeut und Patient, aktiv an der Komposition des Bildes beteiligt sind, und zwar im Sinne einer dauernden Gestaltung. So ist es ganz natürlich, daß ein von Fachkollegen aufgegebener Patient von einem engagierten Arzt gerettet wird, wie es natürlich ist, daß jeder Therapeut mit seinen Vorlieben und Ängsten – seinen Kompositionsideen und Farben also – die Sitzungen und damit Beurteilungen, Diagnosen, zu bestreiten sucht, solange der Patient nicht eingreift, um das Bild nach eigenen Vorstellungen zu beeinflussen.

FREUD, S. (1910) : Eine Kindheitserinnerung des Leonardo da Vinci. GW VIII, 127-211.

GROSS, R. (1973) : Der Prozeß der Diagnose. Deutsche Medizinische Wochenschrift Nr.15: 783-787.

GRÜNBAUM, A. (1988) : Die Grundlagen der Psychoanalyse. Reclam, Stuttgart.

LIENERT, G.A. (1969) : Testaufbau und Testanalyse. Beltz, Weinheim.

RICHTER, H.-E. (1979) : Die Anwendung des Gießen-Tests in der analytischen Zwei-Wochen-Therapie. In: BECKMANN, D.; RICHTER, H.-E. (Hg.): Erfahrungen mit dem Giessen-Test (GT). Huber, Bern.

SENF, W.; RAD, M.v. (1986) : Ergebnisforschung in der Psychosomatischen Medizin. In: UEXKÜLL, T.v. (Hg.): Lehrbuch der Psychosomatik. Urban & Schwarzenberg, Berlin.

SPENCE, D.P. (1986) : Narrative smoothing and clinical wisdom. In: SARBIN, T.R. (Hg.): Narrative psychology. Praeger, New York.

STEPHAN, A. (1989) : Sinn als Bedeutung. Bedeutungstheoretische Untersuchungen zur Psychoanalyse Sigmund Freuds. Walter de Gruyter, Berlin.

WOLFGANG KEMMNITZ

Terra diagnostica

... Hier überall mehr Besonnenheit als Kraft. Ängstlich gerade,
nichts Hohes, Aufbrausendes, weder Newton noch Rüttgerot, süßes
Stutzerpeitschchen, nicht zur Zucht, sondern zur Zierde, und zartes
Marzipanherz ohne Feuer Puls...

(LICHTENBERG s.a., S.418)

In LICHTENBERGs „Fragment von Schwänzen" findet sich eine Anzahl von
Silhouetten von Schwänzen, von denen er einen u. a. in die gerade zitier-
ten Worte gekleidet hat. Diese Anwendung von LAVATERs Silhouetten-
Analyse – wiederaufgenommen von dem Kunsttheoretiker GOMBRICH –
verweist auf ein vielgegenwärtiges ,Symptom': die Art, in der man von
etwas angesprochen wird, gleichzusetzen mit einem Charakteristikum, einer Eigenschaft dessen.

Die Vielgegenwärtigkeit zeigt sich in thematisch vergleichbaren Dis-
kussionen von beispielsweise Geschichts-, Kunst-, Literatur-, Musik- und
Sozialwissenschaft, Psychologie, Psychiatrie und Medizin.

So spricht GOMBRICH selbst vom physiognomischen Trugschluß zum
Beispiel bezüglich WINCKELMANNs Antike-Rezeption, ruft uns „das Problem des ersten Eindrucks" in Erinnerung oder kommt zu dem Ergebnis,
daß der Historiker

... seine Beweisstücke so ordnet, daß er ihnen einen einheitlichen geschlossenen
Sinn unterlegen kann... (GOMBRICH 1963, S.88)

Ergänzt man GOMBRICH, so findet der Geschichtswissenschaftler Tradition
und Relikte vor. Was davon er dann als „Beweisstück" verwendet, hängt
ab von dem Konzept, dem Bild, das er sich geformt hat – siehe zum
Beispiel die geschichtswissenschaftliche Diskussion um die Gründe für den
Ausbruch des 1. Weltkrieges.

Entsprechend das Problem für den Kunstwissenschaftler: Exemplarisch mögen zwei verschiedene Interpretationen zu DÜRERs Entwurf einer Bauernsäule und DÜRERs eigenen Kommentaren dazu dienen: Während FRÄNGER darin eine „bitter ironische Anklage an die Sieger" (MIT-
TAG 1984, S.8) sieht, spricht PANOFSKY von einem Lächerlich-Machen der

133

Bauern (MITTAG 1984, S.7-8): Beide Interpreten fügen auf ihre Weise verschiedene Mosaike zusammen. PANOFSKY selbst versucht, das Problem zu umschreiben:

Wenn wir die Grundprinzipien erfassen möchten, die ... der Herstellung und Interpretation von Bildern, Anekdoten und Allegorien zugrunde liegen ... benötigen wir eine geistige Fähigkeit, die derjenigen eines Diagnostikers vergleichbar ist – eine Fähigkeit, die ich nicht besser beschreiben kann als durch den ziemlich in Mißkredit geratenen Ausdruck 'synthetische Intuition' und die in einem begabten Laien besser entwickelt sein kann als in einem belesenen Gelehrten. (1975, S.47 f)

Die Qualität dieser Intuition charakterisiert ein Diagnostiker so:

Die wissenschaftliche Beschreibung eines Minerals, einer Pflanze, eines Tieres ist nicht der Ausdruck einer Erkenntnis, sondern die Ordnung dieses Gebildes nach bestimmten Eigenschaften. Nicht zwei Menschen werden sie in derselben Weise erkennen, nicht zwei werden es in völlig gleicher Weise abbilden. ... Dasselbe Kind sehen Eltern, Lehrer, Ärzte, Anthropologen ganz anders. Niemand kann sagen, wer es richtig erkennt. (KOCH 1923, S.73)

Und das bedeutet für den Arzt KOCH:

Die Krankheit ist hier etwas rein Gedankliches, und real ist nur der Kranke ... (a.a.O., S.56)

womit er sich abgrenzt gegen folgendes Krankheitskonzept:

Die Krankheit lebt im Bewußtsein der Menschen, der Ärzte nicht weniger als der Kranken, sehr oft als eine Sache, als etwas, was vom Kranken verschieden ist, was man haben kann, was in einem ist, wovor man sich schützen, was man behandeln und heilen kann ... (a.a.O., S.55)

Drei Jahre später gelangt unabhängig von KOCH ein englischer Arzt zu einem entsprechenden Ergebnis:

... diagnosis ceases to be an esoteric process for finding out 'what is really the matter'. ... We appreciate that it is not governed by strict rules or comparable to the identification of a postage stamp by reference to a collector's catalogue ... (CROOKSHANK 1926, S.941)

und, einen seiner Vorgänger – W.T. VAUGHAN – wiedergebend, vergleicht er daher Diagnostizieren mit

... detective enterprise. For the detective, employing no formal logic or scheme, reasons as does every man in every hour of his live: making use of his acquired knowledge and experience, he interprets what he observes by means of his commonsense. (a.a.O., S.941).

Beide – KOCH wie CROOKSHANK – berufen sich auf Gedanken, die so neu nicht sind: Beider immer wieder zitierte Quelle ist das corpus hippocraticum – insbesondere der der Schule von Kos zugerechnete Teil, und hier solche Zugänge zur ärztlichen Praxis, wie sie im 2. Satz des Prognostikon formuliert sind, zugeschrieben dem Mediziner HIPPOKRATES:

... die Zustände [oder vielleicht: Angelegenheiten (d.Verf.)] der Kranken kennen ...

und eben nicht: Krankheiten (oder besser: Erkrankungen) diagnostizieren (siehe dazu ausführlich: TEMKIN 1927, S.327 ff). KOCH faßt dieses Denken so zusammen:

Der hippokratische Arzt hat die naivere Fragestellung seiner Vorgänger geändert. Er fragt gar nicht mehr, an welcher Krankheit leidet der Mensch ... er stellt die viel fruchtbarere Frage aller zukünftigen Diagnostik nach dem, was mit dem kranken Menschen vorgeht ... (1920, S.10).

Deutlich damit wird, warum immer wieder von der ‚Kunst' des Diagnostizierens gesprochen wird: Die abendländische Medizin unterscheidet nach den ältesten schriftlichen Überlieferungen zwischen „sichtbar verursachten und chirurgisch ... heilbaren Wunden" und einer „Krankheitskategorie ... ohne erkennbare natürliche Ursache ... Die Wunde ist ... daher das erste ... Modell für eine Krankheit" (KUDLIEN 1967, S.48-49).

Diätetische Maßnahmen zum Beispiel wurden entsprechend skeptisch beurteilt: sie passen nicht in ein Wunden-Modell. Das Ungenügen dieses Wunden-Modelles andererseits führte im corpus hippocraticum bis zu beispielsweise CROOKSHANK und KOCH zu einem wesentlichen Blickwechsel in der ärztlichen Praxis: Nach bestimmten Techniken und festen Regeln geleitetes Handeln (modernes Stichwort: Expertensysteme) bietet keine Erfolgsgarantie, verlangt ist – je nach Umstand – eventuell die ‚synthetische Intuition', das Herstellen neuer Beziehungen zwischen therapeutischen Möglichkeiten des Arztes und individuellem Ansprechen des Kranken, dem ‚Kennenlernen der Angelegenheiten' des einzelnen Kranken also, dem ‚detektivischen' Vorgehen im Gegensatz zu einem regelgeleiteten.

In diesen Fällen schafft sich also unter Umständen jeder einzelne Arzt seine eigene ‚Ordnung', sein eigenes Behandlungsschema für einen speziellen Kranken – gegeben die diesem Arzt zur Verfügung stehende fachwissenschaftliche Kompetenz, die ‚künstlerisch' mitverwendet oder beiseite gelegt werden kann.

M.a.W.: Der Arzt macht sich auf Grund des Zustandes des Kranken ein Bild, nicht notwendig in einem Lehrbuch vollständig oder auch nur teilweise vorgezeichnet, legt aus den ihm relevant erscheinenden Informationen ein Mosaik gemäß einem für ihn ‚einheitlichen Sinn' – entsprechend unter Umständen dem Vorgehen von Historikern oder Kunstwissenschaftlern bezüglich ihres Sujets. Dieses Mosaik kann sein wie ein Puzzle, d. h. die Lage jedes Steines zu jedem anderen ist genau vorgegeben. Dieser Fall entspricht medizinisch dem „Wunden-Modell". Das Mosaik kann auch sein wie eine Kombination von Teilen eines oder mehrerer Puzzle mit ‚frei' setzbaren Steinen, medizinisch zum Beispiel vergleichbar mit dem Fall einer Grippe-Behandlung – einer Kombination von detektivischer und regelgeleiteter Therapie. Oder das Mosaik besteht nur aus ‚frei' setzbaren Steinen, zum Beispiel im Fall der Behandlung einer bisher unbekannten, neu aufgetretenen Krankheit. ‚Frei' heißt in diesen Fällen: der Arzt arbeitet ‚künstlerisch' mit vorhandener Information. Einer schematischen Behandlung nach Lehrbuch entspräche dagegen ein Puzzle.

Da man in der Internistik nach GROSS (1973, S.783) nur in ca. 20% aller Erkrankungen von Lehrbuchfällen sprechen kann, in weiteren 40%-50% von einer Kombination detektivischer und regelgeleiteter Arbeit (gegeben nämlich mehr oder weniger ‚typische' Symptome), blieben also wenigstens 30% rein detektivischen Bemühens allein in dieser Disziplin. Vervielfacht wird diese Kunst „synthetischer Intuition" in Nachbardisziplinen wie zum Beispiel der Psychosomatik gefordert: Bietet sich für dieses ulcus duodendi eine ‚einfache' kausale Erklärung, ist jener Herzinfarkt nur aus der ‚komplexen' Biographie des Patienten zu verstehen? Oder gar in terra psychiatrica: Nach welcher Schule ‚erkennt' man mit welcher Diagnose die ‚richtige Krankheit'? Wir wissen nur: verschiedene Psychiater gelangen beim gleichen Patienten zu verschiedenen Diagnosen (STRÖMGREN 1969). Der Psychiater HEIMANN zieht denn auch eine Parallele zwischen der Tätigkeit eines Diagnostikers und der eines Historikers: in beiden Fällen handele es sich um einmalige historische Konstellationen (1979, S.7). Konsequent verweist darum HARTMANN (1972, S.121) auf WEEDs (1978) Praxis, Diagnosen durch Krankengeschichten zu ersetzen.

Um noch einmal HIPPOKRATES sprechen zu lassen:

Was unseren Augen entgeht, müssen wir durch das Licht des Geistes erfassen, und da der Arzt unfähig ist, die Natur der Krankheit zu sehen und sie ihm auch nicht gesagt wird, muß er Zuflucht zu Schlußfolgerungen aus den Symptomen nehmen, mit denen er konfrontiert ist . . . (Zitiert nach SEBEOK 1984, S.44).

Es handelt sich also bei dieser detektivischen Arbeit nicht darum, einen Fall zu entschlüsseln und zu einer richtigen Lösung zu führen, wie etwa Sherlock Holmes es zu tun pflegt – das ist möglich in den Fällen, die dem ‚Wunden-Modell' gleichen, sondern um folgende Detektiv-Figur:

Der Detektiv ist einer, der beobachtet, der horcht, der sich durch diesen Morast von Dingen und Ereignissen bewegt auf der Suche nach dem Gedanken, der Idee, die alles zusammenfaßt und allem einen Sinn gibt. (AUSTER 1990, S.15)

Literatur

AUSTER, P. (1990) : Die New York-Trilogie. Rowohlt, Reinbek.

CROOKSHANK, F.G. (1926) : Bradshaw lecture on the theory of diagnosis. The Lancet 211(2): 939-998.

GOMBRICH, E. (1963) : Über physiognomische Wahrnehmung. In: GOMBRICH, E.: Meditationen über ein Steckenpferd. Europaverlag, Wien.

GROSS, R. (1973) : Der Prozeß der Diagnose. Deutsche Medizinische Wochenschrift Nr.15: 783-787.

HARTMANN, F. (1972) : Der historische Diagnosebegriff und seine Entwicklung. Münchener Medizinische Wochenschrift Heft 4: 90-126.

HEIMANN, H. (1979) : Psychopathologie. In: KISKER, K.P.; MEYER, J.E.; MÜLLER, C.; STRÖMGREN, E. (Hg.): Psychiatrie der Gegenwart. Band I, 1: Grundlagen und Methoden der Psychiatrie. Springer, Berlin.

KOCH, R. (1920) : Die ärztliche Diagnose. Beitrag zur Kenntnis des ärztlichen Denkens. Bergmann, Wiesbaden.

KOCH, R. (1923) : Irrtümer der allgemeinen Diagnostik. In: SCHWALBE, J. (Hg.): Irrtümer der allgemeinen Diagnostik und Therapie sowie deren Verhütung. Thieme, Leipzig.

KUDLIEN, F. (1967) : Der Beginn des medizinischen Denkens bei den Griechen. Artemis, Zürich.

LICHTENBERG, G.C. (s.a.) : Fragment von Schwänzen. In: LICHTENBERG, G.C.: Ausgewählte Schriften. Reclam, Leipzig.

MITTAG, H.-E. (1984): Dürers Bauernsäule. Fischer, Frankfurt am Main.

PANOFSKY, E. (1975) : Sinn und Deutung in der bildenden Kunst. DuMont, Köln.

SEBOEK, T.A. (1984) : Symptome, systematisch und historisch. Zeitschrift für Semiotik 6: 37-52.

STRÖMGREN, E. (1969) : Uses and abuses of concepts in psychiatry. The American Journal of Psychiatry 126: 777-788.

TEMKIN, O. (1927) : Die Krankheitsauffassung von Hippokrates und Sydenham in ihren „Epidemien". Archiv für Geschichte der Medizin 19: 327-352.

WEED, L.L. (1978) : Das problemorientierte Krankenblatt. Schattauer, Stuttgart.

PETER K. G. GÜNTHER

Wahrnehmungsfigur
&
Erkenntnisfigur Modell

Ein Feuilleton um 6.342
ad rem
WITTGENSTEINS „Tractatus logico-philosophicus"

Als drei Narren einmal durch die Gegend wanderten, kamen sie auch an einen See, der war voll herrlicher bunter Fische. Alle drei bewunderten sie deren Schönheit, und der eine Narr meinte, es wäre doch wirklich schade um diese Fische, wenn im See ein Feuer ausbräche. Dazu bemerkte der zweite Geistesriese, es bestehe doch überhaupt kein Grund zur Sorge. Für Fische wäre es nämlich gar leicht, auf die Bäume am Ufer zu klettern und so dem Feuer zu entkommen. Der dritte Narr indes zieh seine Kameraden wahrhaftig der Narrheit, denn Fische seien doch wohl keine Ochsen, die rasch Bäume hinaufklettern könnten. Da mußten die beiden ersten Narren zugeben, daß sie nicht viel von den Kletterkünsten der Ochsen verstünden.

> (Eine Volksgeschichte aus dem Kumaon-Himalaya)

In folgendem einige Bemerkungen zu dem, was zur Regel hat: wie Eintagsfliegen unbeachtet zu bleiben, mit Binsenweisheiten das Gemeine zu teilen.

So auch sagt es nichts über die Welt aus, daß sie sich durch die Newtonsche Mechanik beschreiben läßt; wohl aber, daß sie sich so durch jene beschreiben läßt, wie dies eben der Fall ist. Auch das sagt etwas über die Welt, daß sie sich durch die eine Mechanik einfacher beschreiben läßt als durch die andere. (WITTGENSTEIN 1964, 6.342)

1. Weißwurm

Erklären ist eine Praxisform.

Und in einer Gemeinde von Wissenschaftsbürgern kann diese Praxis als eine Technik des Diagnostizierens vorhanden sein. Und doch: diese technische Ausgestaltung der Praxisform Erklären bleibt Beiläuferin des Entdeckens. Denn Entdecken ist ein Akt und keine Verrichtung.

'Etwas entdecken' ist Beispiel für kunstfertiges Sehen, nicht etwa Ergebnis geschickten Hantierens. Es ist eben kein logisches Ungefähr, daß eine Komödie, nicht aber eine Parodie des Entdeckens sich denken läßt.

2. Weißwurm

Gesetzmäßigkeiten entdeckt man. Man findet Gesetze.

Nach Gesetzen wie nach Gesetzmäßigkeiten kann man suchen: doch suche ich nach einer Gesetzmäßigkeit, so forsche ich nach dieser; wenn ich nach einem Gesetz suche, so probiere ich – ich erprobe eine Betrachtungsweise.

Gesetze taugen mithin nicht zum Erklären. Gesetze sind novellistischen Charakters: sie geben einen Rahmen den Schilderungen, Berichten, Beschreibungen von Vorfällen, Ereignissen, Vorgängen, Hergängen, Geschehnissen.

Letztere sind also logisch parasitär zu Gesetz? Letztere sind Bestandteile unserer Bilder vom menschlichen Leben, mithin frei von Begründung.

Und so ist es vielmehr so: Gesetze sind logisch überflüssig für die erklärende Erarbeitung eines Vorfalles, Ereignisses... Diese schöpferische Leistung bedarf nicht der Leistung eines Gesetzes.

Was aber ist dann eine Erklärung? Das ist eine Erklärung, was wir je als Erklärung zählen. Und das läßt sich von Gesetz nicht sagen.

3. Weißwurm

Zu diagnostizieren – „Immer wenn jenes, so auch dieses", „So gut wie immer wenn jenes, dann dieses", „Die Korrelation zwischen jenem und diesem" – heißt Erscheinungsformen von Vorfällen, Ereignissen... bilden, und heißt nicht, Erscheinungsbilder wiedergeben.

Der Topos „Formale Modelle sind Idealisierungen" gehört hierzu: Idealisieren wird aufgefaßt als ein Überzeichnen eines Erscheinungsbildes – eine Überzeichnung in Simplizität.

Erscheinungsformen bilden ist vorgangsorientiert und ist Beispiel für 'auf etwas blicken': Von etwas Berichten, etwas als etwas Beschreiben haben Erscheinungsformen zum Ergebnis.

Erzählen und Schildern haben Erscheinungsbilder zum Ergebnis: Erscheinungsbilder wiedergeben ist hergangsorientiert und ist Beispiel für 'betrachten als'.

Eine Erscheinungsform kann exemplarisch sein, ein Erscheinungsbild beispielhaft.

'Stereotyp', 'Syndrom' verweisen auf exemplarische Erscheinungsformen, Begriffe ad hominem auf beispielhafte Erscheinungsbilder – „ein Tölpel von Mensch", „eine Seele von Mensch". Für einen Volksstamm, dem der Himmel der Bauch des Wettergottes ist, können Regenwolken sowohl Symptome als auch Zeichen für schlechtes Wetter sein. Stoffliche Fassungen von Erscheinungsform bzw. Erscheinungsbild sind Wappen und Wahrzeichen.

4. Weißwurm

Erscheinungsformen lassen sich ersetzen. Erscheinungsbilder können sich verändern.

Erscheinungsform wie Erscheinungsbild sind nicht das Ergebnis eines Berichtes oder einer Erzählung. Die Möglichkeit des Prüfens und Nachprüfens ist hier nicht gegeben. Wenn man einen Bericht prüft, so untersucht man nicht die Gültigkeit einer Erscheinungsform; die Gültigkeit eines Erscheinungsbildes wird nicht untersucht, indem man die Stimmigkeit einer Erzählung nachprüft. Erscheinungsform wie Erscheinungsbild sind aber auch nicht das logische Produkt des Berichtens bzw. Erzählens. Das sind eben Bericht und Erzählung.

Man könnte so sagen: Erscheinungsform wie Erscheinungsbild sind die logische Wirkung eines Berichtes bzw. einer Erzählung. Andere Begriffe mit logischer Wirkung: 'Befehl', 'Frage'; 'Versprechen' hingegen nicht.

5. Weißwurm

Erscheinungsbilder gehören zum gefühligen, Erscheinungsformen zum geistigen Umgang mit Dingen, Sachen, Personen... Exemplarisch: Erscheinungsbilder der Liebe, Erscheinungsformen des Verliebtseins.

Erscheinungsbilder teilen heißt in den Meinungen übereinstimmen. Erscheinungsformen zustimmen heißt Überzeugungen teilen – ein gemeinsames Blickfeld haben.

Erscheinungsbilder gehören zu dem Spiel mit Betrachtungen – eine Tätigkeit der Seele. Erscheinungsbilder können wir vorführen, nicht jedoch einführen. (Erscheinungsbild der Liebenden)

Erscheinungsformen gehören zu dem Spiel mit Blicken – eine Tätigkeit des Geistes. Erscheinungsformen können wir einführen, nicht jedoch vorführen. (Psychoanalytische Erscheinungsformen des Verliebtseins)

6. Weißwurm

Durch den Kunstgriff der Analogie zu einem Erscheinungsbild kann eine eingeführte Erscheinungsform verständlich sein: Der Fall Ödipus der Psychoanalyse – wir können davon sprechen, daß Ödipus' Tragik modellhaft ist. Sie ist keine exemplarische Erscheinungsform.

Es kann sich hier nicht um ein metaphorisches Herausstreichen bestimmter Lebensepisoden der Menschen handeln. Denn eine – auch noch so verblaßte – Metapher erledigt die Aufgabe der Individuation. Aber hier hat man es mit einer Art Vervielfältigung zu tun. Nicht, daß wir selbst das Leben Ödipus' kopierten – Ödipus' Leben kann unserem persönlichen Leben keine Vorlage sein; 'Vorlage' und 'Leben' passen nicht, hingegen 'Vorlage' und 'Lebensführung'.

Dann ist vielleicht das Modellhafte darin zu sehen, daß Gemeinsames im Leben der Einzelnen identifizierbar ist? – Da ist das Zaumzeug der Logik in Unordnung: eine Erscheinungsform kann keine Skizze eines Erscheinungsbildes sein.

Der psychoanalytische Ödipus ist Beispiel für eine Wahrnehmungsfigur: Ein Erscheinungsbild ist anonymisiert zu einer Erscheinungsform, und Fälle dieser Erscheinungsform werden als Imitate herausgestellt. Und so paßt das Leben des Einzelnen zu dieser Erscheinungsform, ein logischer (nicht empirischer) Umstand von Wahrnehmungsfigur.

7. Weißwurm

Und wenn wir es nur wollten: Es gäbe dann auch den Fall des Dicken Fetten Pfannekuchens als Wahrnehmungsfigur für das menschliche Leben.

Dadurch glichen sich aber nicht die einzelnen Leben der Menschen in einer Gesetzmäßigkeit. Sie wären sich darin gleich, daß Episoden im Leben der Einzelnen als ein und dasselbe Imitat herausgegriffen werden könnten. Konfrontiert mit einem singulären Fall, wissen wir um die möglichen Imitate auf Grund der gewählten Wahrnehmungsfigur.

Eine Technik der Individuation ist das Verbildlichen der Erscheinungsform: wir fertigen Nacherzählungen, in denen sich die Imitate als markierte Vorgänge zu möglichen Hergängen ausgestalten – nicht Bilder von, sondern Bilder für Emotionen, Gefühle, Stimmungen, Wünsche... entstehen.

Beispiel: Unbedachte Wünsche und unbewußte Wünsche kann ich haben. Einen unbedachten Wunsch kann ich äußern, nicht jedoch einen unbewußten. Ich kann von mir sagen, daß ich etwas unbedacht wünsche oder wünschte; und das läßt sich auch von mir sagen. Daß ich etwas unbewußt wünsche oder wünschte, das läßt sich von mir sagen, aber ich selbst vermag das nicht von mir zu sagen: 'Ich' bei unbewußten Wünschen ist biographisches, 'Ich' bei unbedachten Wünschen ist autobiographisches Subjekt.

8. Weißwurm

„Der Mond", so erzählt der Fischer, „ist die himmlische Geliebte der Forellen. Steht sie vollgerundet nackend am Firmament, so torkeln die Forellen wonnesam in die ausgelegten Waten. Denn nur ein einziges Mal den gelben Hauch ihrer Geliebten auf den Kiemen fühlen, das ist für sie sterbenswert."

Ob die Geliebte Mond Ursache für das Sterben der Forellen ist, kann keine Frage sein, wenn der Mond diese Geliebte ist. Und ob der Mond die Geliebte der Forellen ist, kann man nicht untersuchen. (Ein etwaiger Attrappenversuch kann nicht die Schlüsselreize der Geliebten Mond erforschen.)

Ein Irrglaube ist der Glaube an die Substituierbarkeit des Subjektiven durch das Objektive: anstatt den Hergang zu erkunden, den entsprechenden Vorgang erforschen.

Von was mögen eine Erzählung, Schilderung die subjektive Tonung sein? – Der Schilderer oder Erzähler ist das „phänomenale Selbst" des Berichterstatters: eine Person kann berichten, was sie sieht, und sie kann schildern, was sie wahrnimmt. Und die Person N.N. bleibt N.N., gleichgültig ob sie berichtet oder schildert. Von daher ist Hergang nur eine phänomenale Ausgestaltung eines Vorganges. Oder so: Objektives ist das ausgeödete Subjektive. – So scheint es der Fall zu sein. Da N.N. sich mehr gleicht als ein Ei dem anderen, ob er nun berichtet oder schildert, muß etwas Gleiches existieren, auf das N.N. sich bezieht. Nur: Von der Gleichheit einer Person zu sprechen, das machte dann Sinn, wenn es eine sich gleichende Gleichheit gäbe .

Daß man zwischen Berichten und Schildern wählen kann, besagt, daß 'schildern' und 'berichten' sich im Gebrauch unterscheiden.

Gleichermaßen ist die Scheidung in Phänomene und Gegenstände eine logische: eine Lehre von dem seelischen Bezirk, in dem ein Ding als Gegebenheit sich zeigt, schmückt den Umstand aus, daß man berichten kann, was man sieht, nicht aber berichten kann von dem, was man sieht.

Was also bleibt zu sagen, da man nicht davon sprechen kann, daß hier ein Übergang von einem Erscheinungsbild zu einer Wahrnehmungsfigur erprobt werden soll? Denn eine Wahrnehmungsfigur stellt das zugehörige Erscheinungsbild nicht in Frage. Es ist das Erscheinungsbild, das erklärt, weshalb Imitate zur Gruppe der Wiederholungen gehören.

9. Weißwurm

Die Erzählung des Fischers ist die Erkundung eines Herganges. Die Lebhaftigkeit und Treue – insoweit die Erzählung eine geglückte Erzählung ist – rufen uns das Leben der Forellen vor Augen.

Ein Bericht des Vorganges, daß immer bei Vollmond sehr viele Forellen gefischt werden, erhebt den Beobachtungsfall – insoweit der Bericht geglückt ist – zu einem Kasus: Die Nüchternheit und die Genauigkeit führen uns das Forellenleben vor Augen. Der singuläre Fall dokumentiert einen Sachverhalt – „So gilt's allemal."

Kasus als Erscheinungsformen dienen der Orientierung, was auch von Wahrnehmungsfiguren gilt. Exemplarische Erscheinungsformen wie beispielhafte Erscheinungsbilder dienen der Einordnung.

Und ein Bericht ist geglückt, wenn wir nicht nur den Blick auf eine Sache teilen, sondern von den Darlegungen des Falles überzeugt sind. „Die Sache spricht für sich." – die Frage nach der Urheberschaft des Berichtes, der Beschreibung läuft leer. Da es keine Regeln für das Glücken geben kann, ist diese Unbestimmtheit eine notwendige. Hingegen muß das Gefühl nicht sein, daß das äußerst vage sei, denn die Möglichkeiten einer Präzisierung sind uns nicht erschöpft: sie sind uns nicht gegeben. Den Wahrheiten ein Bein stellen, das kann keine Kriegslist des Erkennens sein.

Wir mögen also der Erzählung des Fischers keinen Glauben schenken. Die Art des Zweifels zeigt sich in der Eröffnung eines neuen Blickes auf die Angelegenheit:

Unter der Setzung eines formalen statistischen Modelles – zum Beispiel des Pólyaschen Urnenschemas – wird nun Forellenfischen zu verschiedenen Mondphasen durchgeführt. Das Ergebnis – so möge N. N. sagen – gibt dem Zweifel recht: Unter keiner der Mondphasen ergibt sich ein bedeutsamer Unterschied in den Fangquoten. Also kann von der Lichtgestalt des Mondes als einer Ursache für das Verhalten der Forellen nicht gesprochen werden.

Die Eröffnung eines Blickes auf ein Geschehen ist nicht zwingend. So wie der Fischer für N. N. einem Irrtum aufsitzen mag, so auch N. N. für den Fischer.

„Aber, mein Sohn", entgegnet der Fischer, „warum hast du uns zuvor nicht gefragt. Die Forellen sind doch die Gierlinge der Wasser. Und damit hat es folgende Bewandtnis... "

10. Weißwurm

Der Einsatz eines formalen statistischen Modelles – zum Beispiel des Pólyaschen Urnenschemas – kann der Stärkung eines Blickes auf eine Angelegenheit nützen – exempli causa, den Blick auf die Göttliche Vorsehung bei der Verteilung der Geschlechter stärken.

Among innumerable Footsteps of Divine Providence to be found in the Works of Nature, there is a very remarkable one to be observed in the exact Ballance that is maintained, between the Numbers of Men and Women; for by this means it is provided, that the Species may never fail, nor perish, since every Male may have its Female, and of a proportionable Age. This Equality of Males and Females is not the Effect of Chance but Divine Providence, working for a good End, which I thus demonstrate... (ARBUTHNOTT 1710, S.186)

In beiden Fällen werden Erscheinungsformen von Ereignissen gebildet, die als Kasus vorgestellt werden. Verstünde man ARBUTHNOTTs Bericht als einen Gottesbeweis, so hätte der angeführte Fall der Verteilung der Geschlechter eine exemplarische Erscheinungsform zum Ergebnis.

Also keine Entdeckungen. Sondern technische Handstreiche des Diagnostizierens.

Und die eingesetzten formalen Modelle sind Stilmittel der Durchführung. „Statistische Evidenz", „zufälliger Stichprobenfehler", „aufgeklärte Varianz", „systematischer Stichprobenfehler",... qualifizieren derartige Handstreiche als gelungen oder mißlungen.

11. Weißwurm

Ist ein formal statistischer Zusammenhang gelungen, so haben wir nicht einen Begriff von einem Zusammenhang der in Rede stehenden Vorfälle, Ereignisse,... Von einer Entdeckung ließe sich das hingegen sagen.

Eine formale Mechanik des Erkennens und Einsehens kann es nicht geben: es ist natürliche Komik, vom Erfolg überrascht zu werden, und vom eigenen Erfolg überrascht zu sein.

Formale Begriffe bieten dar, nicht: stellen dar. Zur Logik der formalen Begriffe gehört, daß sie keine Begriffe von etwas zulassen: Der Strich mit Knick ⌐ kann Karikatur einer Soubrette sein, nicht aber die entsprechende wegzusammenhängende Menge. Und nicht der Strich mit Knick, sondern die wegzusammenhängende Menge ist Modell einer Axiomatisierung des syntaktischen Begriffes 'wegzusammenhängende Menge'. Es ist eben keine Frage von Syntax und Semantik, daß formale Begriffe keine Begriffe von etwas zulassen.

Ein Gickelgack zum Ergebnis muß der Versuch haben, die Frage zu beantworten, unter welchen Umständen ein formaler Begriff auf etwas verweist: 'auf etwas verweisen' und 'einen Begriff von etwas haben' gehören zusammen. So kann es keine formalen Kriterien dafür geben, wann ein formal gelungenes Resultat als Kasus, exemplarische Erscheinungsform oder als Gesetzmäßigkeit zu deuten, interpretieren, verstehen, ... ist. Zum Beispiel zeigt ein formales Modell nicht an, ob man sagen soll (sollte), daß x Ursache von y sei.

„Ein formales Modell kann aber indizieren, daß man sagen kann (könnte), x ist Ursache von y." – Die Lesarten hiervon – logische Botmäßigkeit eines Modelles oder das Formale als die Vergeistigung eines Blickes – variieren die Groteske: der Baumeister als Opfer seines Werkes. Eine weitere Lesart – Modell als Skizze des Erfahrbaren – ist verquer: Modell als eine derartige Skizze wäre Antwort auf die Frage, was erfahrbar ist. Es gibt aber keine Erlebnisse, die nicht erfahrbar sind.

Es bleibt: Formale Modelle sind Stilmittel für die Ausführung technischer Handstreiche; die Angewandte Statistik als Anleitung zu Handstreichen.

12. Weißwurm

Ob N.N. – als er die Lichtgestalt des Mondes als mögliche Ursache für das Verhalten der Forellen zurückwies – von einem statistisch signifikanten oder insignifikanten Resultat ausging, ist unbedeutend: Gelungene Handstreiche rechtfertigen nicht eine Erscheinungsform als Kasus.

Daß ein Kasus das Erträgnis des Forschens ist, heißt nicht, daß Kasus seinerseits ein Beobachtungsertrag ist. Ansonsten ließe sich eine Topik von den Beobachtungserträgen denken, zum Beispiel eine Ertragsstatistik von Beobachtungsdaten; letztlich wäre dann Kasus ein Datendrusch, besorgt von den formalen Mechaniken dieser Statistik.

Oder so: Einen Übergang von einer gelungenen Darbietung zur Methode ihrer Herstellung gibt es nicht. Das Tapfere Schneiderlein als Kobold des Erfolges: durch gewissenhafte Darlegung der Handgriffe den Erfolg von Handstreichen sichern.

Nur: Etwas technifizieren bedeutet ausgestalten, nicht fundieren.

Beispiel: Die Theorie der Itemcharakteristika verfeinert nicht den Blick auf seelische Eigenschaften der Menschen. Spricht man in diesem Zusammenhang vom maßgeschneiderten Testen im Gegensatz zum klassischen Testen, einem Testen von der Stange, so zeigt man auf einen formalen Unterschied. Die Trennung in latente und manifeste Struktur ist eine Ausgestaltung. Der Blick auf seelisches Geschehen ist weder zwingender noch bohrender geworden. – „Bei dem Forellenprojekt hätte N.N. auf jeden Fall als latente Variable die Aktinität einführen müssen." – Eine neue Formalie verändert nichts, was sich sagen läßt. Sicherlich, weitere Beispiele kämen zu Hauf.

13. Weißwurm

Nach dem Austausch des defekten Teiles einer Maschine gegen das entsprechende Ersatzteil ist das Ersatzteil kein Ersatzteil. Ersatzteile dienen nicht als Ersatz. Ersatzteile ersetzen – eine symbolische, nicht mechanische Funktion der Ersatzteile.

Eine Imitation ersetzt das Original. Imitationen ersetzen – ist nicht symbolische Funktion, sondern symbolische Leistung von 'Imitation': Imitationen ersetzen, weil sie als Ersatz dienen.

Daß Zieheltern die Eltern ersetzen, ist keine symbolische Leistung von 'Zieheltern', sondern Kennung der Institution Zieheltern: sie ersetzen, indem sie als Ersatz dienen. Daß Zieheltern nicht die leiblichen Eltern ersetzen können, ist in dieser Betontheit eine Groteske auf die Leiblichkeit der Menschen: für Eltern gibt es keine Ersatzteile.

Ein formaler Ausdruck kann einen anderen formalen Ausdruck ersetzen. Und das ist nicht die symbolische Leistung einer Regel. 'xyz' ersetzt 'xzy', heißt, 'xzy' läßt sich durch 'xyz' ersetzen. Die Ersetzung ist die Anwendung einer Ersetzbarkeit: Formale Ausdrücke ersetzen einander, weil sie ersetzen nach der & der Regel. Und manniggestaltig solche Regeln: die Substitutionsaxiome mit Ableitungsregel Substitution in einer Logik; Ersetzen des Mittelwertes einer Häufigkeitsverteilung durch den Erwartungswert einer Verteilung; Ersetzen einer Häufigkeitsverteilung durch ein Wahrscheinlichkeitsmaß; eine Aufzählung der möglichen Lagen von Meßpunkten in einem ausgezeichneten Raum ersetzen durch die Angabe einer Abbildungsschar; ...

'Schätzung' und 'Vorhersage' sind schlichte Namen für mitunter komplizierte Regeln der Ersetzbarkeit in einem Wahrscheinlichkeitsmodell.

14. Weißwurm

Sowenig ich die Schwere des Geldstückes in meiner Hand zu schätzen vermag, sowenig vermag ich die Farbe des Geldstückes zu schätzen, die ich wahrnehme. Logischer Grund: ich kann nicht etwas schätzen, mit dem ich nicht bekannt sein kann.

So wie ich das Gewicht des Geldstückes zu schätzen weiß, so weiß ich auch, die Farbe zu schätzen, die das Geldstück hat. Ich schätze das Gewicht, statt es mit einer Waage zu ermitteln. Ich schätze die Farbe, statt sie mit einem Chromoskop zu ermitteln. Schätzen macht nur Sinn, wenn die praktische Möglichkeit einer Ermittlung denkbar ist. Das heißt nicht, daß 'ermitteln' und 'schätzen' zusammengehören.

Schätzen vertritt oder ersetzt eine Ermittlung. 'Schätzen' und 'ermitteln' stehen – im Falle des Ersetzens – in einem Verhältnis wie 'Imitation' und 'Original'. Meine Schätzung vertritt eine Ermittlung, wenn die Ermittlung denkbar, aber nicht durchführbar ist. Weil es untersagt ist, Geldstücke zu wiegen, deshalb schätze ich das Gewicht des Geldstückes. Meine Schätzung leistet nun den Dienst einer Ermittlung; meine Schätzung ist die Attrappe einer Ermittlung.

In einer Chronik sei vermerkt, daß Rathard das Gewicht des Goldstükkes richtig geschätzt habe, während Ratbert das Gewicht genau ermittelte. Nachforschungen können nun nicht ergeben, daß Rathard der Kleinrechner des Rechenkünstlers Ratbert war. (Und wenn doch, so liegt ein Mißbrauch der Chronik vor. Karikaturen – hier eine Golem-Karikatur — haben keine Elemente einer Chronik zu sein.)

'Person' ist logisches Subjekt von 'schätzen'; 'Person' ist kontingentes Subjekt von 'ermitteln'.

15. Weißwurm

Sowenig ein Kalkül der Schätzung eine formale Aktlehre des Schätzens sein kann – es gibt keine depersonalisierten Akte – sowenig ist die statistische Entscheidungstheorie eine formale Aktlehre des Entscheidens. Akte wie Herausfinden, Feststellen, Beweisen, Aufzeigen, Erblicken, Entdecken, Verstehen, Begreifen... gehören zur Familie der Erscheinungsbilder Erkennen.

Wahrnehmungsfiguren für Erkennen kann es nicht geben: Imitate eines Aktes gibt es nicht.

„Schüttelt hier die Linke nicht die Rechte? Die Anonymisierung des Erscheinungsbildes Erkennen zu einer Erscheinungsform muß doch nicht Depersonalisierung bedeuten. 'Person' ist logischer Träger eines Aktes. Die Anonymisierung wahrt durch Einführung des metaphysischen Ich diese Beziehung zwischen Person und Akt. Das heißt, das metaphysische Ich ist der logische Träger der Erscheinungsform Erkennen."

Das „metaphysische Ich" ist eine philosophische Parabel vom kopierten Gottesbegriff: 'Was Gott erkennt, das können wir nicht erkennen' heißt, der Begriff Gott hat eine eigenständige Logik. Die Eigenschaften Gottes – allwissend, allmächtig, allgegenwärtig zu sein – sind logische Kennmarken unseres Sprechens von Gott. Sie erlauben, eine Metaphysik zu erzählen, und zeigen, weshalb eine Gott betreffende Erkenntnistheorie nicht Blasphemie, sondern ein logischer Mißgriff wäre. Und das Erkennen des metaphysischen Ich ist nicht das Meine und nicht das Deine – das metaphysische Ich bedürfte einer eigenständigen Logik. So wie 'Gott'? Aber eine philosophische Konstruktion, auch als Parabel von einer Praxis, schafft keine Praxis.

Es könnte bleiben: Nicht Erkenntnislehre als formale oder metaphysische Aktlehre des Erkennens, sondern als Lehre von den Erscheinungsbildern als Individuation der Erscheinungsformen. So sind Strukturmodelle – nicht ihre formalen, mathematischen Stilisierungen – Erkenntnisfiguren, die die Situierung eines Falles unter einen Sachverhalt leiten.

16. Weißwurm

„Ach, doppelt Ursach habe ich zu klagen, Liebster", lispelt Ratberts schwache Stimm in Ratbolds schlaues Ohr, „erst lockt mein Aug nicht dich, doch Taubens ätzend Kot, nun lockt noch Mondes gelb Gewühle des blauen Tages Hülle weg." – „Leg stille deine Klagen, denn Trost sei's dir, daß keine Fatums Schwinge sich rührte schattengleich an dir. Dein Glück verfing in Ursach Netz, das Unglück heißt, sonst weiter nichts. Schau, Liebling, die Struktur, hierarchisch gliedert sie das Ungedeih, das dich befiel: zwei manifeste Variablen a und b – in deinem Weh, der Taubens Kot und Mondes unerwartet früh Gebaren – erklären gut dein Seel Gedränge. Ein Rest von Varianz, kommt's von der Blumen Duft, dem frühen Schlag der Nachtigall?, ist einerlei, ist's putzig klein. So inniglich verwoben a und b mit der latenten Variablen c – der Seel Gedränge – nun seinerseits, der Seel Gedränge, des Kummer Herzens gut erklärt. Schau, Liebling, hoch von c die Ladung ist auf d, latente Variable gleichfalls in dem ganz Gescheh'n. Sie ist's, die störend Kummer legte dir in's Herz."

Sicherlich, die Überkreuz-verzögerte Panel-Analyse, das D-N-Modell, die Semantiktheorie der Wahrheit (außerhalb der Mathematischen Logik),... jede Spielart einer Philosophie der Rekonstruktion hätte, wie das Kausalmodell, das Beispiel einer Erkenntnisfigur abgegeben, etwa das D-N-Modell mit seiner Erkenntnisfigur für Erklärung „Ein Satz 'a' ist eine Erklärung dann und nur dann, wenn es eine Theorie gibt, in der ein Beweis für a existiert." oder „Ein Satz 'a' ist wahr dann und nur dann, wenn a in der betreffenden Sprache." als Erkenntnisfigur für Wahrheit.

Wenngleich die Eröffnung eines Blickes auf Vorfälle, Ereignisse,... nicht zwingend ist, so muß ihr zumindest eine gewisse Beliebigkeit abgespart sein. Und das wird sichergestellt durch ein metaphysisches Tafelwerk von Erkenntnisfiguren, die ihrerseits analysierbar sind. Ein derartiges Tafelwerk reguliert die Sprechweise, wann ein Modell zu Beobachtungen paßt. So verstehe ich nun das Modell, vorausgesetzt ich verstehe die Vorfälle, Ereignisse,... Und ich kann demonstrieren, welches Modell ein mögliches

Modell für die Vorfälle, Ereignisse,...ist. (Beschreibungen von den Modellen geben)

Erkenntnislehre als Lehre vom Passen der Modelle; als solche überflüssig für das Verstehen von Vorfällen, Ereignissen,..., da logisch parasitär. Eine Schachtel ist nicht darum eine Hutschachtel, weil alle meine Hüte in die Schachtel passen.

Daß ein Modell zu Beobachtungen paßt, heißt nicht, daß die Erscheinungen zu dem Modell passen. Und passen sie zu dem Modell, dann beschreibt dieses Modell die Erscheinungen auf seine Weise. Man könnte von einem solchen Modell als einer Erkenntnisattrappe sprechen.

AUSTINS (1965) sprachphilosophische Verästelungen von Sprechakten – Verdiktiva, Exerzitiva,... – sind zum Beispiel Attrappen für Erscheinungsbilder menschlicher Verständigung. Sie kennzeichnen nicht Unterschiede. Sie verweisen auf Unterschiede, die wir treffen, wenn wir sprechen. Und so leisten sie ihren Dienst und tun nicht einen philosophischen Dienst.

Ex post: Ein Allgäuer ist nicht immer ein unechter Schweizer

1967 schreibt RUNCIMAN, sich gegen die „Fetischisten der quantitativen Methoden" wendend:

Es ist nicht sehr schwierig, Behauptungen wie die, daß das Alter einer Person nicht von ihrer politischen Einstellung abhänge, auszuschließen. Bei der umgekehrten Behauptung ist das schon schwieriger, und bei dem Versuch, eine vollständige Kausalanalyse des politischen Handelns einer Person oder Personengruppe durchzuführen, erkennt man sehr schnell die Grenzen der Residualkorrelation. Jede angebotene Erklärung enthält notwendig irgendein nicht weiter reduzierbares intuitives Element, bestimmte Annahmen über menschliche Motive und Absichten, die selbst die beste Annäherung an experimentelle Prüfmethoden unmöglich eliminieren kann. (S.135)

Und:

Korrelationsmethoden sind ein außerordentlich nützliches Werkzeug bei der Ordnung von Material, sie sind aber niemals aus sich heraus ein Mittel zu dessen Erklärung. ... Man kann zum Beispiel nachweisen, daß Einstellungen gegenüber einer politischen Partei sich vorwiegend auf zwei oder drei grundsätzliche Standpunkte zurückführen lassen, die für die meisten Varianten gelten, wie sie bei der Beantwortung eines Fragebogens auftreten, der dazu dienen soll, alle denkbaren Nuancen der gängigen Einstellungen dieser Partei gegenüber zu erhellen. Aber auch das wieder dient nur dazu, die Frage »Warum?« genauer und ökonomischer zu formulieren. Das mag für den Forscher sehr nützlich sein, auch wenn es ihm nur ermöglicht, eine Anzahl denkbarer Interpretationen zu eliminieren. Aber es beantwortet ihm nicht die Frage, welche Interpretation er als die richtige wählen soll. All das liegt vielleicht auf der Hand; aber es ist von Anhängern wie von Gegnern der Sozialwissenschaft so vernachlässigt worden, daß es der Wiederholung wert ist. (RUNCIMAN 1967, S.138/S.139)

1972 expliziert RUNCIMAN diese Bemerkungen anläßlich seines Versuches, die These MAX WEBERs von der Unterschiedlichkeit der Sozial- und Naturwissenschaften ohne dessen Philosophie des Wertes als gültig nachzuweisen:

> Many art historians overtly assume the role not merely of expositor but of critic, just as many economists and political scientists quite deliberately... flout Weber's injunctions against using the lecture-room as a party rostrum, and the point at which exposition slides over into advocacy is not always easy to discern. But this doesn't constitute a counter-argument to my claim that description... can be distinguished not only from reportage and explanation on one side but from evaluation on the other; that it is this, and not the problem of 'values', which poses difficulties for the social scientist from which the natural scientist is spared; and that by drawing this distinction it is possible to endorse Weber's view that concept-formation in social science is somehow discretionary without being committed to the further concessions which he mistakenly made to the Idealist' side. (S.97)

Und:

> But the discretionary element in his [d.i. Max Weber] conceptual scheme consists in more than a choice of names on the one hand and a decision to allow or disallow evaluative overtones on the other. It consists in the possibility of alternative *descriptions* of those areas of behaviour, and therefore those states of mind of designated agents, which he has chosen to study, irrespective of the validity (or otherwise) of the causally explanatory hypotheses which he is seeking to vindicate. (RUNCIMAN 1972, S.81; '[...]' eingefügt)

Für RUNCIMAN ist der logische Status von formalen Modellen in den Sozialwissenschaften nicht weiter zu erörtern. Dieser Einstellung steht eine Gruppe von Sozialwissenschaftlern gegenüber, die, von der Philosophie MAX WEBERs ausgehend, für die Notwendigkeit einer sozialwissenschaftlichen Statistik argumentieren:

> Nun, wenn es sich wirklich so verhält, daß alle problemrelevanten wirtschafts- und sozialwissenschaftlichen Begriffe notwendig idealtypische Struktur besitzen, die Begriffe der Wirtschafts- und Sozial*statistik* dagegen, da ja nur gattungsmäßig Bestimmtes gezählt und gemessen werden kann, ebenso notwendig empirische Gattungsbegriffe sind, dann *muß* eine logische Diskrepanz zwischen den beiden Begriffsreihen die Folge sein, und diese Diskrepanz – nicht zu überwinden (denn sie bleibt grundsätzlich unüberwindlich), wohl aber auf das jeweils überhaupt mögliche Minimum zu reduzieren, wird zur primären und genuinen wissenschaftlichen Aufgabe der wirtschafts- und sozialstatistischen Methodologie. Erst die Lösung *dieser* Aufgabe erhebt die Arbeit des Wirtschafts- und Sozialstatistikers recht eigentlich auf die wissenschaftliche Ebene und macht die Ergebnisse dieser Arbeit zu einer echten, dem naturwissenschaftlichen Interesse freilich schlechterdings fremden Erkenntnisleistung. (HARTWIG 1956, S.261)

150

Es hat keinen Sinn, z. B. das Gewicht eines Apfels bis auf ein Milligramm genau zu bestimmen. Hier genügen nicht nur sehr viel gröbere Angaben, sie sind hier überhaupt allein sinnvoll. Denn der Tatbestand Apfel ist nicht in dem selben Maße scharf präzisierbar wie der Tatbestand spezifisches Gewicht von Blei oder Kupfer. Das Gewicht des Apfels ändert sich ständig durch Verdunstung von Wasser; der Apfel verliert sofort in nicht genau nachweisbarem Umfang an Gewicht, sobald man darüber wischt; es ist verschieden je nachdem wie man den Apfel vom Baume löst usw. Es ist trivial, das Beispiel weiter auszumalen. Es aber nicht überflüssig, sich klar zu machen, daß die Tatbestände, mit denen es die Sozialstatistik zu tun hat, grundsätzlich von derselben Art sind. (FLASKÄMPER 1940, S.41)

Statistische Ergebnisse sind also im Bereich der Sozialwissenschaften im Hinblick auf die Diskrepanz zwischen den sozialwissenschaftlichen und den statistischen Begriffen stets weniger präzis als im Bereich der Naturwissenschaften, und ihre aus der Begriffsbildung resultierenden Abweichungen von den eigentlich interessierenden Zahlen sind nicht durch wahrscheinlichkeitsrechnerische Methoden zu kennzeichen. Im Hinblick auf die daraus resultierende Unzulänglichkeit sozialstatistischer Zahlen verliert die Bestimmung ihrer zufälligen Abweichungen bereits viel von der Bedeutung, die ihr bei Ergebnissen der naturwissenschaftlichen Statistik zukommt. (BLIND 1953, S.303)

Die Kunst der wirtschafts- und sozialwissenschaftlichen Beweisführung ist nur eine grundlegend andere, wenn auch keineswegs einfachere als die des mathematischen Statistikers. Sie besteht in dem widerspruchsfreien Aufbau eines dem jeweiligen Gegenstande angemessenen vielschichtigen und verwickelten Systems von logischen Argumenten, die der Statistiker unter sorgsamer Abwägung ihrer Wahrscheinlichkeit zu einem Gedankengebäude zusammenfügt, bei dem ein Stein den anderen stützt und trägt.

Die Realgeltung der statistischen Urteile wird so mit einer an Gewißheit grenzenden inneren Wahrscheinlichkeit gesichert, auch wenn wir keine zahlenmäßige Angabe über den Grad dieser Wahrscheinlichkeit machen können. Für den Wirtschafts- und Sozialstatistiker ist der Begriff der Wahrscheinlichkeit ebenso wie für den Alltag nicht nur an die Wahrscheinlichkeitsrechnung gebunden, er ist viel allgemeiner, und eine wahrscheinlichkeitstheoretische Wirklichkeitserkenntnis ist dem Statistiker daher, ähnlich wie dem Kriminalisten, auch ohne wahrscheinlichkeitsrechnerische Verfahren möglich. (BLIND 1953, S.310)

So unterschiedlich die Argumentationsweisen auch sind, diese Autoren sind sich darin einig, daß die Besonderheit der Sozialwissenschaften gegenüber den Naturwissenschaften nicht verfahrenstechnischer, sondern begrifflicher Natur ist. Die jeweiligen formalen Modelle sind nicht Architekturen eines Erscheinungsbildes:

1. Die Sachlage, daß das Kreuzprodukt eines 2-dimensionalen Bernoulli-Vektors $\langle X_0, X_1 \rangle$ – also $P(X_0 = 1, X_1 = 1)P(X_0 = 0, X_1 = 0)$ $[P(X_0 = 0, X_1 = 1)P(X_0 = 1, X_1 = 0)]^{-1}$ – nur in ausgesuchten Fällen mit $Kor(X_0, X_1)$, der Korrelation von $\langle X_0, X_1 \rangle$, in Einklang steht, bedeutet nicht, daß wir es mit verschiedenen Arten der Abhängigkeit zweier Merkmale zu tun haben.

2. Jäger Humbald mag entdecken, daß er sein gleichbleibend außergewöhnliches Glück beim Rehbock-Jagen dem Umstand verdankt: beim Treiben streckt sein Spitz dem Wind die Zunge heraus, so daß dieser vor Wut die Witterung von der Nase des Rehbockes klaut. Als Humbald die Jagdgenossen von seiner Entdeckung in Kenntnis setzt, beschließen sie, ihm zu Ehren das Jagen von Rehböcken mit einem Spitz als Treiber Humbaldjagd zu nennen. Zuvor wurde von ihnen das Gegenargument eines Weidners als argumentum a tuto verworfen, daß das Zungeherausstrecken des Spitzes wie das Pfeifen des Teekessels mittels eines Servomechanismus erklärt werden müßte.

3. Das Auf und Ab des Laubfrosches an der Leiterstange mittels des Diagnostikums Barometer numerisch zu gestalten, ist der Erklärung beiläufig: Es gibt Laubfrösche, die können gleich uns Leiterübungen vollziehen.

Die Wohlgestalt einer Regressionsgleichung zwischen Prädiktorvariable „Luftdruck" und Kriteriumsvariable „Laubfrosch" begründet weder Beschreibung noch Erklärung des Laubfrosch-Verhaltens. Daß eine formale Wohlgestalt oft Ursache hiervon ist, davon wird gesprochen – das sind die fitzigen Flöhe in den abgefüllten Schläuchen wissenschaftlicher Erklärungsversuche.

Diese numerische Relation ist weder abstrakte Wiedergabe einer empirischen Vorlage noch Verweis auf die abstrakte Intimität eines empirischen Sachverhaltes. Wenn aber weder Architektur noch Stilisierung eines Erscheinungsbildes, was bleibt? – Man könnte sagen, daß formale Relationen Darstellungsmittel und nicht Werkzeuge für Einsichten sind.

Daß ein Ordnungsgefüge, ein formales Modell, zu Beobachtungen paßt, heißt nicht, daß die Erscheinungen zu dem Modell passen.

Modelle, die zu den Beobachtungen passen, setzen in Kenntnis, was sein könnte.

Modelle, zu denen die Erscheinungen passen, vermitteln Kenntnisse davon, was sein dürfte.

Im ersten Falle ist Modell Ersetzung eines Erscheinungsbildes durch eine Erscheinungsform; im zweiten Falle vertritt Modell ein Erscheinungsbild als eine Erscheinungsform.

'Erkenntnisfigur' und 'Erkenntnisattrappe' seien die tropologischen Benennungen dieser beiden unterschiedlichen Funktionsweisen von 'Modell'.

Beispiel: Die Schilderung eines seelischen Geschehens, eines seelischen Zustandes vertreten lassen durch einen Bericht von einem körperlichen Vorgang, von einem körperlichen Zusand – Einsetzen einer Erkenntnisattrappe. Die philosophischen Variationen dieses Themas, Beschreibungen körperlicher Vorgänge an die Stelle von Beschreibungen seelischen Geschehens setzen, sich herleitend von irgendeiner der metaphysischen Thesen über die „Körper-Seele-Beziehung" – Einsetzen von Erkenntnisfiguren. Varietäten einer gewissen wahrscheinlichkeitstheoretischen Struktur als Kausalmodelle, als Latente-Struktur-Modelle zu betrachten, ist ebenso eine Erkenntnisfigur wie auch die philosophische Frage nach der Existenz theoretischer Entitäten mit ihren Antwortkonstruktionen.

Nur diese beiden Funktionsweisen von 'Modell' sollen hier interessieren; und das auch nur ein Stück weit.

Sowenig man einem Seil ansieht, wozu es benutzt wird und wie es dabei gehandhabt wird, sowenig gibt es Merkmale des Modelles, die auf seine argumentative Funktion verweisen. Indessen bleibt ein Seil ein Seil, auch wenn ich es als Hosenträger benutze. Ein Globus bleibt ein Globus, auch wenn wir damit Kricket spielen; hingegen spielen wir in diesem Falle nicht mit einem Modell unserer Erde. 'Seil' und 'Globus' sind Inventarbegriffe, 'Modell' ist ein Umgangsbegriff. Und Umgangsbegriffe sind auch einige Tropen wie Metapher, Synekdoche, Metonymie, Bild, Vergleich... und nicht zuletzt Erkenntnisfigur und Erkenntnisattrappe.

Modelle als Erkenntnisfiguren haben eine zugeschriebene symbolische Leistung. Nicht weil wir solchen Modellen eine derartige Leistung zuschreiben; sie leisten keinen Ersatz. Sie ersetzen, weil sie an die Stelle von Erscheinungsbildern Erscheinungsformen setzen. Sie ersetzen nicht, weil sie als Ersatz dienen. Erkenntnisfiguren sind keine Imitationen oder Nachbildungen und schon gar nicht mögliche Imitationen.

Modelle als Erkenntnisattrappen haben eine ausgewiesene symbolische Leistung. Sie ersetzen, weil sie vertreten. Sie ersetzen nicht, weil wir sie als Ersatz dienen lassen. Es geht hier nicht um die institutionalisierte Kennung eines Ersatzes. Beispiele für letzteres wären Ersatzbürge und unter bestimmten Umständen auch Ersatzmittel wie Nachbier oder Zichorienkaffe. Ersatzteile sind hiervon ausgeschlossen, natürlicherweise.

Damit die Erläuterungen zu 'ersetzen' halbwegs geraten sind, sei 'ersetzen' auch noch im Zusammenhang mit Ersatzteil und Ersatzglied betrachtet.

Ersatzteile wie Ersatzglieder ersetzen – eine Syllepse.

Wenn ein Nußknacker seinen Knackzahn verliert und er einen neuen eingesetzt bekommt, so ist das keine zahnprothetische Maßnahme. Insofern der neue Knackzahn den alten ersetzt, ist der neue kein Ersatz für den alten Knackzahn. Wiederherstellung durch Austausch defekter Teile gegen entsprechende Ersatzteile – Ersatzteile sind keine Ersatzteile mehr. Wiederherstellung durch Anbringen eines Ersatzgliedes – Ersatzglied bleibt auch dann Ersatz, wenn es funktionstüchtiger ist. (Filibert vermag nach dem Einsetzen titanstählerner Zähne nicht nur Aschantinüsse, sondern auch Brasilnüsse zu knacken.)

Ersatzteile ersetzen – eine symbolische, nicht mechanische Funktion von Ersatzteil. Ersatzglieder ersetzen – eine mechanische, nicht symbolische Funktion von Ersatzglied.

Zur Illustrierung sei eine besondere Behandlung der Frage erwähnt, wie in der unsrigen modernen Zeit die Arzt-Patient-Beziehung zu beschreiben sei, eine Frage, die schlechthin einer Medizinischen Ethik zugehöre. (Inwiefern tatsächlich zu gelten habe, daß eine Erörterung der Arzt-Patient-Beziehung einer eigenen Medizinischen Ethik bedarf, und inwieweit eine derartige Disputation ab initio die Logik eines Fragens nach der Gesinnung de iure oder gar e colluvie exauktoriert, sei wirklich dahingestellt.) Jedenfalls werden u. a. verschiedene Modelle für diese Beziehung vorgeführt, so zum Beispiel das Eltern- und das Fiduzmodell. Ersteres besagt, daß der Arzt das uneingeschränkte Vetrauen des Patienten besitzt (wie die Eltern das des Kindes). Letzteres hebt hervor, daß der Patient die Frage, ob er kein Fiduz haben soll, fallweise an die Vorgehensweise des Arztes knüpft.

Hinsichtlich prothetischer Maßnahmen unterbinden die logisch unterschiedlichen Funktionsweisen von 'Ersatzteil' und 'Ersatzglied', daß die Arzt-Patient-Beziehung mit solchen Merkmalen des Fiduzmodelles beschrieben werden kann, mit denen man die Automechaniker-Autobesitzer-Beziehung beschreibt. Den Blick auf den Arzt qua Mechaniker als motivierten Vergleich zu rechtfertigen, worum sich zum Beispiel BAYLES (1978) müht, erläutert eben nur einen der Fälle, was wir meinen, wenn wir sagen, der & der Vergleich hinke.

Nach Wiederherstellung des wieder einmal verunglückten Rennfahrers hechelt dieser vor Freude, bei Aufregung winselt er, bei Unzufriedenheit knurrt er. Als das dem Hundebesitzer zu Ohren kommt, dessen Hund bei dem Massenunglück auch zu den Opfern gezählt werden mußte, macht er Ersatzansprüche geltend. Solche und ähnliche Schilderungen in STANISLAW LEMs (1981) Erzählung „Schichttorte" nehmen den Vergleich Unfallchirurgie qua Reparaturwerkstätte für Maschinen auf; und das Hinkende an diesem Vergleich läßt einen diese Schilderungen als Grotesken verstehen.

Das möge genügen.

„Erkenntnisfigur und Erkenntnisattrappe sind in der Regel Pseudotropen; man hat es mit mehr als einer Aussage zu tun." Gewiß. „Auch ist es doch so, daß man mit Mischmodellen rechnen muß." Nein, denn es gibt sie sicherlich. Von daher erübrigt es sich, daß man darauf gefaßt sein muß.

... Tomaszek, nun schon ein großes ungehorsames Bürschchen, glaubte Fräulein Celina von allem kein Jota. Es kam so weit, daß er sie einmal auslachte, als er ihre Erklärungen hörte, daß sich die Erde um die Sonne drehe, und in den Stall ging, um den Kutscher Ignacy Klimecki zu fragen. Im Stall gab man ihm den Rat: »Geh und sag dem Fräulein, daß die Hechte ihre Eier auf den Bäumen legen«, was er auch im Haus getreulich wiederholte. (MARIA DĄBROWSKA 1974; zitiert in der Übersetzung von L. LASIŃSKI)

Literatur

ARBUTHNOTT, J. (1710) : An Argument for Divine Providence, taken from the constant Regularity observ'd in the Births of both Sexes. Philosophical Transactions 27: 186-190.

AUSTIN, J.L. (1965) : How to do things with words. The Clarendon Press, Oxford.

BAYLES, M.D. (1978) : Physicians as body mechanics. In: DAVIS, J.W.; HOFFMASTER, B.; SHORTER, S. (Eds.): Contemporary issues in biomedical ethics. The Humana Press, Clifton.

BLIND, A. (1953) : Probleme und Eigentümlichkeiten sozialstatistischer Erkenntnis. Allgemeines Statistisches Archiv 37: 301-313.

DĄBROWSKA, M. (1974) : Nächte und Tage. Verlag Ullstein, Frankfurt am Main.

FLASKÄMPER, P. (1940) : Mathematische und nichtmathematische Statistik. In: BURGDÖRFER, F. (Hg.): Die Statistik in Deutschland nach ihrem heutigen Stand. Ehrengabe für Friedrich Zahn. Verlag für Sozialpolitik, Wirtschaft und Statistik, Berlin.

HARTWIG, H. (1956) : Naturwissenschaftliche und sozialwissenschaftliche Statistik. Zeitschrift für die gesamte Staatswissenschaft 112: 252-266.

LEM, S. (1981) : Mehr phantastische Erzählungen. Insel Verlag, Frankfurt am Main.

RUNCIMAN, W.G. (1967) : Sozialwissenschaft und politische Theorie. Suhrkamp Verlag, Frankfurt am Main.

RUNCIMAN, W.G. (1972) : A critique of Max Weber's philosophy of social science. Cambridge University Press, Cambridge.

WITTGENSTEIN, L. (1964) : Tractatus logico-philosophicus. Logisch-philosophische Abhandlung. Suhrkamp Verlag, Frankfurt am Main.

PETER K. G. GÜNTHER

Die Objektivität kasuistischer Betrachtungen
&
die Subjektivität Modell modellierter Blicke

> Es gibt eine Sucht, viele Dinge leicht erklärlich zu finden, ebenso
> wie es eine Sucht gibt, viele Dinge unerklärlich zu finden – und man
> fällt sehr leicht von einem Extrem ins andere.
>
> KARL PHILLIP MORITZ

Diese geistige Haltung sei herausgestellt: Nicht auf's Erzählen von einem
Fall kommt es an, sondern auf's Zählen von Fällen und ihre formal angemessene Verrechnung, wenn es um die Aufgabe geht, verbürgtes Wissen
mitzuteilen.

Ohne Zweifel, eine weit verbreitete Haltung, die auf die Frage nach ver-
bürgtem Wissen in der Psychoanalyse eine Antwort auch in diesen Worten
zuläßt:

> Unter psychoanalytischer Prozessforschung werden all jene Bemühungen zusam-
> mengefasst, die Beiträge zu einer Theorie des analytischen Verfahrens liefern
> wollen, welche über die naive, intuitive trial-and-error-Prozessforschung des kli-
> nisch tätigen Psychoanalytikers hinaus methodisch gesicherte Wege einschlagen.
> Im Folgenden skizzieren wir einzelne Forschungsansätze, die repräsentativen Cha-
> rakter haben, da sie typische und realisierbare Wege zeigen, auf welche Weise in
> der Psychoanalyse eine sozialwissenschaftlich gesicherte Prozessforschung durch-
> führbar ist. (KÄCHELE 1982, S.224)

Eine derartige Haltung sich zu eigen gemacht, kann auf die Frage – „Und
wer oder was bürgt für wen oder was?" – die Antwort lauten: das formale
Modell für die Daten.

Den Glauben, mit einer solchen Antwort seien Fragen nach verbürg-
tem Wissen um medizinische Diagnosen glücklich beantwortet, versuchte
CROOKSHANK (1926) als Irrglauben zu entlarven. Die Traditionen der
Schulen von Kos und Knidos gegeneinandersetzend schreibt er:

> To-day there are no more stubborn Cnidians than those statisticians who repose
> their strange belief in numbers upon a realism that allows them to fancy statisti-
> cal combinations to be something else than patterns of symbols, and statistical
> results to possess a value that renders inquiry into the original data otiose, if not
> mischievous. (S.996)

156

CROOKSHANKs technisch philosophische Konstruktionen zur Rechtfertigung dieses Porträts seien nicht weiter beachtet.

Stattdessen gelte die Suche sprachlichen Tatsachen, die die Haltung, Modell modellierter Blick und verbürgtes Wisen seien miteinander verwoben, als logische Fehlhaltung zeigen.

Man könnte zum Beispiel fragen, was aber, wenn es eine Richtigkeit mit WITTGENSTEINs (1964) Bemerkung hätte:

6.3 ... Und außerhalb der Logik ist alles Zufall.

Man hätte dann jene Haltung so zu verstehen, daß wir es mit einem anerkannten, nicht aber erkennbaren Spiel des Karten-Schlagens zu tun haben.

Hierzu seien einige Punkte unterschiedlichen Charakters glossiert. Einige sind Argumente, viele sind Hinweise, andere sind Erläuterungen, und abermals andere sind nichts dergleichen.

Anläßlich einer 1927 veröffentlichten Kasuistik, die eine posttraumatische Psychose zum Thema hat, merkt KÄCHELE (1981) an:

Die Sicherheit des Autors, den Schritt von der individuellen Bestandsaufnahme zur Verallgemeinerung machen zu können, liegt vermutlich in der Vielzahl anderer einschlägiger Erfahrungen, die aber *nicht* mitgeteilt werden. Dies ist die charakteristische Art der klinischen Forschungtradition, die von RAPAPORT als klinisch eindrucksvoll, aber nichtsdestotrotz als nicht valide gekennzeichnet wird. Denn man wüßte zu gerne, ob psychotische Episoden häufiger nach Augenoperationen als anderen Operationen auftreten, was man nach der überragenden Bedeutung des Auges als sexualorganisches Organ anzunehmen geneigt ist, oder ob der Befund nicht mehr dem Wunschdenken entspricht. (S.153)

Nach allem, was hier gesagt wird, ist 'Validität', genauer der terminus technicus externe Validität von Belang, ein Gütemaß, mit Modell modellierten Untersuchungen verknüpft, das eine modellgemäße Verallgemeinerbarkeit benennt.

Daß das & das Ergebnis gemäß dem & dem (formalen) Modell eine Verallgemeinerung zuläßt, erfährt seine Begründetheit durch das Modell selbst. Oder so: 'Verallgemeinern' benennt hier eine Technik.

Dem Gedankenspiel des gewöhnlichen methodologischen Kanons folgend, was Modell modellierte psychologische Forschung anbelangt, führt der Weg zur externen Validität über die interne Validität. Auf CAMBBELL u. STANLEY (1966) oder COOK u. CAMPBELL (1979) sei verwiesen; man findet dort die entsprechende Metaphysik sachkundig ausgesprochen.

Nun schreibt SCHILDER, Verfasser der erwähnten Kasuistik:

Ich zweifle nicht, daß der Kastrationskomplex für die Genese der postoperativen Psychose wichtig ist, und glaube, daß den Resultaten der Untersuchung dieses Falles eine allgemeine Bedeutung zugeschrieben werden muß. (zitiert nach KÄCHELE 1981, S.153)

Dem gewöhnlichen methodologischen Kanon gemäß müßte man sagen: der Verweis auf den Kastrationskomplex leistet den Dienst einer Absicherung der internen Validität. Hiermit vergleiche man jedoch KÄCHELES Begründung, weshalb eine Fallsammlung vonnöten sei: via Sicherstellung der externen Validität die interne Validität gewährt wissen wollen. Daß eine Kasuistik das aber nicht zu leisten vermag, kann nicht kennzeichnend für sie sein, da es überhaupt keine Modell orientierte Strategie geben kann, die das leistet.

Der Blick sei wieder auf 'externe Validität' gerichtet.

Weil man mit einer Kasuistik nicht eine Verallgemeinerung anstreben kann, ermangelt sie auch nicht externer Validität. Sie ist kein Meßdatum, das gemäß einer Verallgemeinerung als Technik um so und so viele „Meßdaten"-Kasuistiken zu ergänzen wäre. Das aber hätte zu erfolgen, damit die Stichprobe gewisse Gütekriterien (was ihren Umfang anbelangt) des Statistischen Schließens zum Beispiel à la mode NEYMAN / PEARSON oder à la mode FISHER erfüllt.

Wir sind es, die einer Kasuistik eine Verallgemeinerung zugestehen.

Wir setzen nicht eine Kasuistik zu einer Verallgemeinerung ein. An Hand einer Kasuistik vollziehen wir eine Verallgemeinerung: der anschauliche Fall steht stellvertretend für andere.

Oder so: 'der & der Kasuistik zufolge gilt das & das' drückt eine Charakterisierung aus. Der anschauliche Fall wird zu einem Kasus der Betrachtungsweise. Und so können wir von dazu ähnlichen und davon verschiedenen anschaulichen Fällen reden. Und keine mathematische Struktur mit einer gewissen formalen Mechanik kann stellvertretend dafür sprechen. Wenn wir davon reden, daß Schwäne weiß sind, dann charakterisieren wir sie als weiß. Wir geben nicht mehr oder minder unbeholfen eine mit dem Allquantor abgeschlossene Satzformel etwa der Prädikatenlogik 1. Stufe wieder. Eines schwarzen Schwanes ansichtig werden ist für uns nicht derart desaströs, wie es der Fall wäre, wenn ein schwarzer Schwan in einem formalen Modell auftaucht, in dem '$\forall x Ax \to Bx$' gleichwertig zu 'Alle Schwäne sind weiß' ist. In der Tat wäre hier der schwarze Schwan ein einfaches Beispiel, das zeigt, daß '$Ax \to Bx$' nicht allgemeingültig ist.

Mit 'erklären', 'verallgemeinern' teilt auch 'deuten' diese Beidseitigkeit: Deuten als eine Handlung und Deuten als eine Technik.

Deute ich einen Gesichtsausdruck als furchtsam, so mag ich schildern, wie ich dazu kam, indem ich auf die & die Umstände, die & die Situation, auf meine Kenntnis von dieser Person verweise: Anhaltspunkte, die nicht meine Deutung stützen, sondern meiner Deutung ihren Charakter geben.

Demgegenüber benutzt Deutung als Technik ihre eigenen Merkmale zur Orientierung: aus der Farbigkeit oder dem Lodern des Feuers, aus dem Vogelflug, der Kartenabfolge oder einem modellgemäßen Zahlenwerk den & den Sachverhalt erschließen.

An äußere Gegebenheiten ist dieser begriffliche Unterschied nicht gebunden. Ein Beispiel mag das verdeutlichen.

Mit der Farbigkeit des Feuers habe es folgende Bewandtnis:

> Sprach Rabbi Schim'on: Es ist ein weisheitsvolles Geheimnis, von dem wir sprechen, das im Zeichen heiliger Einung steht. Es bezeichnet nämlich das letzte HE des Gottesnamens das blauschwarze Licht, das sich der Dreiheit: JHWH als dem weißen Licht verbindet.... Dies ist auch das Geheimnis des Opferrauchs, der aufsteigt und jenes blaue Licht erweckt – dann kann es sich mit dem weißen verbinden und die Flamme brennt in voller Einung. (SOHAR, I. fol. 51a-b; zitiert in der Übertragung von Ernst Müller)

Vor diesem Hintergrund gilt:

Derjenige benutzte eine Deutung, der unberufen davon spräche, daß das Opfer angenommen sei, und dabei auf die Farbigkeit des Opferfeuers hinwiese. Verweist eine Autorität (Hohepriester) auf die Farbigkeit des Feuers, wenn sie sagt, daß das Opfer angenommen ist, dann haben wir es mit einer Deutung zu tun, die eine Handlung ist.

Weiterhin charakterisieren 'Lesart' und 'Lesemethode' jene Beidseitigkeit, wozu auch die Gegenüberstellung gehört: eine Einstellung, so & so die Dinge betrachten, und eine Denkhaltung, so & so auf die Dinge blicken.

Diese Gegenüberstellung soll jedoch hier nicht sehr weit begrifflich geklittert werden; nur so viel: 'etwas als eine Konstellation oder Gruppierung auffassen' steht gegenüber 'etwas als eine Figurierung begreifen'.

Zum Beispiel im Falle der SCHILDERschen Kasuistik: Sie trägt nicht eine Vermutung vor, daß man es mit einer irgendwie gearteten Beziehung zwischen Kastrationskomplex und einer postoperativen Psychose zu tun haben dürfte. Sie schildert eine Erfahrungsweise, was der Kastrationskomplex für eine Wirkung haben kann.

Von daher bedeutet es keineswegs eine logisch verunglückte Sprechweise, wenn man zum Beispiel davon spräche, hier zeige sich die Allmacht dieses Komplexes.

Sie führt vor Augen, wie der Kastrationskomplex sich geltend macht. Sie schlägt nicht vor, dem Kastrationskomplex die & die Geltung zu geben, einzuräumen. Nicht ein Erfahrungssatz wird formuliert, der mit allerlei technischen Handgriffen – etwa statistischen Modellkonstruktionen – einer formalen Bestätigung zugeführt werden soll. Der geschilderte Fall stellt eine Erfahrungsregel vor.

Es ist nicht eine Argumentationsfigur, die der Schilderung diese Lesart sichert, ihr dieses Gepräge verleiht, daß es sich um eine Erfahrungsregel handelt. Sie gehört zu dieser Lesart. Sie ist eine zugehörige Redefigur. Und sie kann diese Lesart auf ihre Weise zu einer charakteristischen machen: je nachdem, ob man diese Redefigur zum Beispiel als Figur des offenen (nicht motivierten) Vergleiches oder des motivierten Vergleiches begreift.

Eine Illustration:

In diesem Zusammenhang von „psychischer Energie" zu sprechen, kann ein Beispiel für die Figur des motivierten Vergleiches sein. Auf diese Weise verstanden kann dann dieser Lesart charakteristisch sein: die Erfahrungsregel spricht nicht nur aus, daß der Kastrationskomplex im menschlichen Leben seinen Platz hat, so & so im menschlichen Leben figuriert, sondern daß er als eine gestaltende Kraft zu begreifen ist.

Als Argumentationsfigur mißverstanden, hätte man es mit einem Erfahrungssatz zu tun, wie man sich die postoperative Psychose durch den Kastrationskomplex zustandegebracht denkt.

Aus einer Redefigur des Bildhaften wird eine Argumentationsfigur der bildhaften Anspielung.

Von daher gilt es nun zu erwägen, ob die Argumentationsfigur gültig ist. Nicht mehr handelt es sich um ein Abwägen, inwieweit die Redefigur treffend ist.

In dieser Lage befindet sich SHOPE (1971): Erwähnend, daß von einigen „psychische Energie" als Metapher verstanden und dieserhalb kritisiert wird, geht er dazu über, zu untersuchen, ob „psychische Energie" Bestandteil eines argumentum ad analogiam sein könnte. Nachdem er vier Fehlschläge vorgeführt hat, resümiert er:

The reason for this is that the psychoanalytic concepts of force and energy are simply not those of physics. Forces are conceived by psychoanalysis either as tendencies to bring about change or as a mental entity such as a wish which has such tendencies – with no conceptual requirement of opposing forces. And psychoanalysis conceives some forces as (entities having) tendencies to prevent changes towards which other forces are acting – as in the case of counter-cathectic forces. Psychic "energy" thought of not as uninvested "ego fuel" but as linked to psychic forces, is frequently conceived as a direct measure of strength of such tendencies. In this respect, the behavior conceptually required of such energy in psychoanalysis is analogous to the empirically discovered behavior of kinetic energy of gas held at constant temperature and volume, where there is a direct proportion between the pressure of the gas and the kinetic energy. (S.10)

Zur Einschätzung ist lediglich zu beachten, daß man mit derselben Technik zeigen kann, daß für uns ein Walfisch fälschlicherweise oder richtigerweise ein Fisch ist. Das besagt aber auch, daß SHOPE nicht etwa verabsäumte, eine konstruktive Semantik zumindest in Umrissen darzulegen. Es gilt gerade nicht, irgendeinen Standort in einem Gebiet einzunehmen, das durch allerlei technisch philosophische Versuche sich auszeichnet, Lesarten durch Lesemethoden zu ersetzen – bedachtes Reden gegen eine konstruktive Semantik einzutauschen, die Substitutionsregeln formuliert, wie „psychologische Prädikate" durch „physikalische Prädikate" zu ersetzen sind.

Für die Gegenüberstellung von 'Lesart' und 'Lesemethode' sind Einzelheiten solcher philosophischer Theorien unterdrückbar. Stattdessen dieser Hinweis: HANS CHRISTIAN ANDERSENS (1982) Geschichte „Feder und Tintenfaß" als Parabel vom notwendigen Scheitern solcher konstruktiven Semantiken lesen und dagegensetzen einen Leseversuch, sie sei Fabel einer unseligen Betrachtung, daß konstruktive Semantiken scheitern müssen. Dieser Versuch dürfte nicht fehlschlagen, wenn es sich nur um technische, empirische Schwierigkeiten bei der Prädikatsubstitution handeln würde. Mit gewissem Vorbehalt sei noch auf HORNSBYS (1980-81) Aufsatz verwiesen; von einem anderen Standpunkt als dem hier vertretenen führt sie andere logische Schwierigkeiten solcher Semantiktheorien vor.

Sicherlich, Modell modellierte Blicke sind nicht an formale Modelle gebunden. Ein Seitenblick, kurzweilig auf CARLO EMILIO GADDAS (1989) Erzählung „Adalgisa", leistet den Übergang.

Bruno kam, auf seinem Fahrrad, hoch und ruhevoll, wieder vorbei. Auch sein Blut mußte, Jahrtausende hindurch, eine ganze Serie von unendlich winzigen Problemen dargestellt und gelöst haben. Die unwägbaren Taten und Bewegungen, die geheimen und fast nicht wahrgenommenen Willensakte, die tiefen Entscheidungen der Instinkte, die minimalen Niveauüberschreitungen der Auswahl, »les petites perceptions«[13]) hatten sich in den Jahrtausenden geschichtet, um im Quellgebiet einer Person ans Licht zu treten.

---

[13]) *les petites perceptions* in der Psychologie von Leibniz (*Nouveaux Essais sur l'Entendment Humain*) sind unendlich kleine Elemente des Zuwachses im Leben des Individuums, unbemerkte Ursachen der Entscheidungen, der Wahl: wie *la fonction différencielle* eine winzige Zunahme in der algebraischen Funktion es ist. Manchmal scheint diese quantitative und mechanische und scheinbar banale Bezeichnung (*petites perceptions*) auf die Beweggründe und die Impulse der unbewußten Zone des Ichs anzuspielen. In dieser Verwendung müssen wir sie auffassen als ein idiomatisches, unzulängliches (Sechzehntes-Siebzehntes Jahrhundert) Symbol aus der expliziten und divulgativen Dialektik einer rationalisierenden Welt, die Beweismittel beibringt, um Phänomene und Fakten vorzustellen, welche nur eine künftige Dialektik, wenn nicht erst künftige Erfahrung und Bewußtheit (Dostojewski, Proust, Freud) eines Tages zu beschreiben und einzuordnen imstande sein würden.
(S.21 u. S.83/S.84; zitiert in der Übersetzung von T. Kienlechner)

Eine Lesart hiervon kann sein – es ist eine Redefigur der Ironie: den Leibnizschen philosophischen „petites perceptions" im menschlichen Leben einen Wirkungskreis mittels der Technik des Deutens sichern.

Eine andere Lesart wäre – es ist eine argumentierende Beschreibung, die eine philosophische Betrachtung erprobt: auch wenn sich die Bedeutung der „petites perceptions" einer näheren Darlegung entzieht, so müssen sie sich doch nicht notwendigerweise einer solchen entziehen. Ihr Vorhandensein, augenblicklich ganz von der Einbildungskraft getragen, ist eines Tages eine Frage der Vorstellungskraft.

Auf diese Weise ist das Zitat nun selbst ein Lehrstück divulgativer Dialektik: die Auffassung, Philosophie und Literatur sind ineinander verwoben, durch Literatur nahebringen, die diese Auffassung zu ihrem Thema erklärt.

Ob die Ironie nicht auf eine begriffliche Schwierigkeit dieser Auffassung hindeutet und ob etwa GADDA selbst mittels einer divulgativen Dialektik diese Ironie ironisiert, diesen Fragen wird an dieser Stelle nicht nachgegangen, nicht zuletzt, damit die Dialektik hier nicht ins Zigeunern gerät.

Als ein gegenläufiges Beispiel diene ein gewisser psychoanalytisch orientierter Umgang mit einem Stück Literatur, den philosophischen Betrachtungen HEINRICH VON KLEISTs zu dem Begriff ästhetische Erfahrung und seinem vermeintlichen Widerpart Erklärung als einer Methode. Die Rede ist von seiner Schrift „Über das Marionettentheater" (1810; 63.-66. Blatt der „Berliner Abendblätter").

'Gegenläufig' besagt: Der begriffliche Gegensatz 'Konstellation' und 'Figurierung' erschöpft sich nicht darin, daß 'Konstellation', 'Modell modellierter Blick' notwendigerweise Zubehör ausdrücklich formaler Strategien sind. Der begriffliche Gegensatz besteht zum Beispiel darin, daß 'Konstellation' an eine Argumentationsfigur, 'Figurierung' an eine Redefigur gebunden ist. Von daher kann auch eine psychoanalytische Theorie die Rolle eines formalen Modelles innehaben.

Es sei verbürgt, daß KLEIST an einer Phimose leidet, die er im Alter von dreiundzwanzig Jahren operativ beheben läßt.

Wie die Dinge liegen, hätte man das zu mutmaßen. Dann aber wäre das Nachfolgende erst recht uninteressant, da nichts weiter als ein logisch verunglücktes Sprechen zu bemerken bliebe: 'vermuten' und 'mutmaßen' würden in eins gesetzt.

SCHAEFER (1975) schreibt:

Although biographers have not been able to ascertain the exact nature of the problem, they agree that Kleist suffered from some penile difficulty which he sought to cure by an operation in Würzburg in 1800. It is thought that he may have had some kind of congenital penile deformation, such as a narrow foreskin or phimosis, which interfered with sexual adequacy... Kleist's penis problem, whether physical or functional only, was probably the deepest source of his preoccupation with mind-body fragmentation, paralysis of function, and loss of grace and beauty. The portrait of a fencer suddenly incapable of "thrusting" is a thinly disguised expression of a fear of sexual impotence. Kleist's depiction of the puppet's legs as "nothing but pendula," his notion of a dancer who has his "soul" in his "elbow," and the portrait of an adolescent suddenly unable to move his leg into a desired position all express symbolically the situation of sexual impotence. (The image of a dancer with his soul in the "small of his back" in addition suggests a feminine identification and anal penetretation fantasies.) All suggest a sexualized hyper-awareness, a feeling of deadness in, and a lack of control over a body part which is not fully integrated with the self. (S.383/S.384)

Um des Fortganges willen sei nur bemerkt und nicht weiter berücksichtigt: Man bedürfte eines anmutenden Bildes von der Anmut Priapos', um

162

SCHAEFERs Gleichsetzung des Jüngling-Beispieles mit den anderen Beispielen als Symbol sexueller Impotenz genießen zu können. Denn zumindest in KLEISTs Originaltext vermag der Jüngling fortlaufend sein eines Bein aufzurichten, nur fehlt diesen Bewegungen das freie Spiel des Graziösen der ersten Emporrichtung.

Das also ist ihre Argumentation zugunsten ihrer Aussage, KLEISTs Leiden an einer Phimose sei eine oder gar die Hauptursache für seine Beschäftigung mit der verlorengegangenen Anmut und Schönheit des Menschen gewesen.

Man hat es mit einer Argumentationsfigur der Aneignung zu tun: 'Symbol' leistet diesen Dienst.

Wenn wir davon sprechen, daß x Symbol oder symbolischer Ausdruck für y ist, daß x y symbolisiert, dann verweisen wir nicht auf einen Zusammenhang, der besteht: wir stellen x und y in einen Zusammenhang, in dem x an die Stelle von y tritt.

Mithin teilt 'Symbol' mit noch anderen Begriffen diesen logischen Charakter: 'x' vertritt 'y', weil 'x' 'y' ersetzt.

Dagegen steht u. a.: 'x' ersetzt 'y', weil 'x' 'y' vertritt, ein logischer Charakter, der zum Beispiel 'Wahrzeichen' zukommt.

Ein Kind, zu Bett gebracht, hält in seinen Händen einen kleinen hölzernen Hahn und murmelt „Lieber Veit weck mich zur rechten Zeit" – eine Anflehung des Heiligen Veit, des Schutzpatrones gegen Bettnässen. Heiligenattribut des Heiligen Veit ist der Hahn, ein Wahrzeichen des Heiligen Veit.

Zur Praktik der Anflehung gehört, daß der hölzerne Hahn dem Heiligen Veit geweiht sein muß: durch den Akt der Weihe wird der hölzerne Hahn zum Wahrzeichen.

Dadurch ist die Anflehung also tatsächlich eine Anflehung, als sie ihre Erfüllbarkeit ausspricht, durch den hölzernen Hahn als Wahrzeichen sichergestellt. Anderweitig wäre die Anflehung mißglückt. Sei es, daß der hölzerne Hahn nicht geweiht ist, sei es, daß ein anderer Gegenstand genommen wird, weil das ursprüngliche Wahrzeichen abhanden gekommen ist. Dieser Gegenstand, bei der Anflehung benutzt, wäre symbolischer Ersatz für das Wahrzeichen. An die Stelle einer Praktik wird eine Technik gesetzt. Dieser sprachlogische Umstand würde zu einem theologischen Verdacht gehören, daß die Anflehung zu einer Zauberformel verkommen sei; dieser Verdacht ist aber dadurch nicht in vollem Umfang begründet.

HELLER (1977-78) bemüht, SCHAEFERs Blick auf KLEISTs Schrift als fehlgeleitet zu kennzeichnen, schreibt:

For this method instantly raises the question of *what* it is that it explains, what it is that *can* be explained by the method even in its subtlest applications. In our case, Kleist's neurosis? But the diagnostic data at our disposal are far too scant to allow for any reliable findings. Yet even if these were entirely dependable, what

would be gained by such an analysis of the psyche behind the story? A better
understanding of the sickness of similar "patients"? This indeed would be putting
the cart before the horse; for it is from the presumed understanding of presumably similar "patients," from the direct examination of their complaints and
symptoms, that the psychoanalytical reading of Kleist's work would derive. And
assuming that even this topsy-turvy procedure did yield some "understanding,"
what kind of understanding would this be? (S.427)

Aber dieser psychoanalytisch orientierte Blick kann nicht als fehlgeleitet
gelten, weil KLEISTs Schrift – so jedenfalls HELLER – in der technisch
philosophischen Tradition PLATONs steht.

Einen Blick auf die & die Dinge kann ein anderer Blick nicht als falsch
erweisen, der dazu einen Gegensatz schafft oder etwas als Gegensatz hinstellt.

Es könnte jemand KLEISTs Schrift als einen Anwurf gegen den 102.
Brief an eine deutsche Prinzeß vorstellen, der EULER am 14.2.1761 u. a.
schreibt:

Wäre Adam im Paradiese auch ganz allein gelassen worden, so hätte er doch
eine Sprache haben müssen, oder er wäre in der tiefsten Unwissenheit geblieben.
Er würde die Sptache nothwendig gebraucht haben, nicht sowohl um die individuellen Gegenstände, die seine Sinne gerührt hätten, durch gewisse Zeichen zu
bemerken, als vornämlich, um die allgemeinen Begriffe, die er durch Abstraktion
von ihnen würde abgezogen haben, so zu bezeichnen, daß diese Zeichen seiner Seele
statt der Begriffe selbst dienten. (S.114)

Auch dann, wenn dieser Blick als gelungen hingestellt würde, hätte HEL-
LERs Blick nicht notwendigerweise als mißlungen zu gelten.

Hingegen hätte für denjenigen SCHAEFERs Blick als fehlgeleitet zu gelten, der die Einwände KOHUTs (1978-79) gutheißt, mit denen er ihre Vorgehensweise bedenkt. Das hieße jedoch nicht notwendigerweise, daß nun
KOHUTs (1977-78;1978-79) Blick auf KLEISTs Schrift als gelungen zu gelten
habe.

Und die sprachlogischen Umstände für die geschilderte Sachlage: Eine
Betrachtung handelt vom Verstehen, ein Blick führt ein Verständnis vor.
Die Einsichtigkeit einer Betrachtung ist an ihre Ausführung gebunden, die
Faßlichkeit eines Blickes an seine Durchführung, an seine Methode.

Gleichgültig, um welchen professionellen psychoanalytischen Blick auf
KLEISTs Schrift es sich auch handelt, er steht in völliger Beliebigkeit zur
Person KLEISTs.

Im Gegensatz hierzu denke man sich eine kasuistische Betrachtung, die
KLEIST als Patienten schildert. Sofern diese psychoanalytische Betrachtung nicht fehlgerät, steht sie nicht in völliger Beliebigkeit zur Person
KLEISTs. Das ist ein sprachlogischer Umstand, nicht ein Erfahrungssatz,
und ebenso, daß diese kasuistische Betrachtung von dem gleichen seelischen Leiden handeln kann, von dem SCHAEFER spricht.

Dieser sprachlogische Umstand kann auch so benannt werden: Modell modellierter Blick auf menschliches Leben zeichnet sich durch Subjektivität aus; kasuistischer Betrachtung kommt Objektivität zu.

Unbemerkt entgeht HELLER dieser sprachlogische Umstand, formuliert er doch in dem bereits erwähnten Zitat:

... for it is form the presumed understanding of presumably similar "patients," form the direct examination of their complaints and symptoms, that the psychoanalytical reading of KLEISTs work would derive.

Wenn auch psychologisch, so spricht REIK (1929) doch diesen Umstand der Subjektivität an, wenngleich er diese nicht seiner eigenen psychoanalytischen Studie zugestehen möchte. Bezüglich anderer Interpreten, die gleich ihm GOETHES Märchen von der Melusine eine ausgezeichnete Rolle bei der Beurteilung der Frage beimessen, weshalb GOETHE FRIEDERIKE BRION verließ, schreibt REIK:

Auch scheint uns die prospektive Tendenz, die darin liegen liegen soll, daß Goethe sich als künftiger Riese fühlt, der neben der Zwergin Friederike nicht leben kann, wenig glaubhaft. Es ist freilich möglich, das lebendig erzählte Märchen vom Standpunkte des Biographen, dem ein bestimmtes Bild von Goethes Größe vorschwebt, in dieser Art zu erklären, aber dann ist in ihm nicht Goethes, sondern der Herren eigener Geist. (S.495)

Nicht von ungefähr ist für REIK seine Deutung nicht Ausdruck eines „Herren eigenen Geistes".

Der Beliebigkeit eines Verständnisses steht die Bestimmtheit eines Verstehens gegenüber. Nicht vorführen, was ausschlaggebend gewesen sein könnte, daß GOETHE FRIEDERIKE BRION verließ, sondern aufzeigen, was ihn bestimmt hat, bestimmt haben dürfte. Letzteres ist nur denkbar, wenn Deuten keine Technik ist.

Wie aber sollte ein Blick vom Verstehen handeln können?

Für REIK wird diese Beziehung von ‚Blick' und ‚Verstehen' durch „psychologische Wahrscheinlichkeit" gewährleistet.

GOETHE wechselt in einem Wirtshaus die Kleidung mit einem Bauernburschen, der mit der Pfarrerfamilie BRION Verkehr hat, und nimmt einen in Papier eingewickelten Taufkuchen mit, das Geschenk einer Wöchnerin an die Frau des Pfarrers BRION.

Und hierzu schreibt REIK:

Wir brauchen nur an den letzten, bewußten Zweck der Verkleidung zu denken, Friederike und ihre Familie zu amüsieren, so wird es leicht fallen, den geheimen Sinn der Taufkuchenepisode noch näher zu bestimmen: es handelt sich unbewußt um ein Kind, das Goethe Friederike gibt, „schenkt". Dabei ist das Unbewußte so verfahren, als ob die „Frau Pfarrerin" ein Ersatz Friedrikens wäre, aber jene Wöchnerin, die den Kuchen sendet, zugleich Friederike darstelle.

165

... Der in die Serviette eingehüllte Taufkuchen und das Kind, das doppelsinnige Geschenk – auch das Kind wird als Geschenk bezeichnet – alles dies sind Züge, die den Analytiker zu der dargestellten Annahme drängen. (S.432)

Und in einer Fußnote:

Die obige Deutung kann durch eine andere Erinnerung Goethes, die sich auf eine Zeit kurz vor dem Straßburger Aufenthalt bezieht, in ihrer psychologischen Wahrscheinlichkeit unterstützt werden. (S.432)

GOETHE berichtet nämlich, daß bei einem der Unterhaltungsspiele im Hause KÄTHCHEN SCHÖNKOPFS ein zusammengeknüpftes Taschentuch eine Nachtigall gewesen ist.

Nicht darauf komme es an, daß REIK 'das & das vorstellen lassen' und 'ein Bild anwenden' in eins setzt, um einen Begriff von der „psychologischen Wahrscheinlichkeit" zu haben. Stattdessen interessiere der sprachlogische Einsatz von „psychologischer Wahrscheinlichkeit":

Dank „psychologischer Wahrscheinlichkeit" soll der Wechsel von einer Argumentationsfigur zu einer Redefigur klappen. Damit ist also der Taufkuchen nicht mehr ein Symbol für ein Kind, sondern der Taufkuchen ist unbewußt ein Kind. An die Stelle der Beliebigkeit einer symbolischen Beziehung ist die Bestimmtheit einer Identifikation getreten. Oder so: „Psychologische Wahrscheinlichkeit" stützt hier den Anspruch, die eigentliche Bedeutung des Taufkuchens in Erfahrung gebracht zu haben.

Aber ein Blick handelt nicht vom Verstehen. Von daher kann es keine Argumentation geben, die einen vorgeführten Sachverhalt in eine Sachlage überführt.

Die psychologische Frage, ob für GOETHE der Taufkuchen unbewußt ein Kind gewesen ist, könnte von REIK nur dann beantwortet werden, wäre GOETHE einer seiner Patienten gewesen.

Auch aus REIKs Deutung spricht also notwendigerweise sein „Herren eigener Geist". Wie professionell ein psychoanalytischer Blick ausfallen mag, er zeichnet sich durch Subjektivität aus, ein sprachlogischer Umstand, der gleichzeitig zuläßt, von der Objektivität einer kasuistischen Betrachtung zu sprechen.

Aber könnte nicht diese Vorgehensweise, die HELLER – vide obiges Zitat – mit Zweifel erwähnt, eine Objektivität sicherstellen: den psychoanalytischen Blick auf einen literarischen Fall durch Verweis auf ähnliche, wirkliche Fälle stützen? KOHUT jedenfalls glaubt das. Durch eine Technik des Deutens versucht er, HELLERs Zweifel zu beheben. Nach einem Zitat einer Fallbeschreibung aus seinem Buch „The analysis of the self" schreibt KOHUT (1977-78):

It is easily seen that the preceding statement apply to the paralyzing self-consciousness that overcomes Kleist's young man when his companion asks him to reinstate his former graceful position. Just as Mr. B.'s mother by her critical remark about a detail of his behavior at a moment when he offered her his total self for approval destroyed the cohesiveness of his self-experience, so was in Kleist's story the young man's cohesive self – the integrated unity of "action" and "being" – destroyed by his companion's malicious request that he repeat a spontaneous action because the request brought about split between volition (the self as a initiator of the act) and performance (the self within the act). (S.447)

Um des Egresses willen sei nur angemerkt und keineswegs weiter beachtet: KOHUTs Darstellung der Auflösung eines „kohäsiven Selbst" ist sprachlich verunglückt; denn zum Beispiel kann es keinen „Initiator eines Aktes" geben. Gäbe es einen solchen, man könnte danach fragen: Wenn N. N. jemanden grüßt, dann kann der Gegrüßte nicht nach dem Urheber des Aktes Grüßen fragen. Und so wird N. N. niemals zurückgegrüßt, weil keiner der von N. N. Gegrüßten den „Initiator" des Grüßens kennt.

Jedenfalls scheint die eigentliche Idee zu sein: statt mit „psychologischer Wahrscheinlichkeit" ist mit einer augenscheinlichen Ähnlichkeit zu einem wirklichen Fall zu argumentieren.

Beide Techniken des Deutens sind logisch verwandt. Von daher braucht es keine weiteren Worte.

Nach allem bleibt:

Mit Modell modellierten Blicken kann man sich vergegenwärtigen, was für Rollen die & die Begebenheiten in dem & dem menschlichen Leben erhalten, einnehmen. Nicht aber kann man gewahr werden, was für Rollen die & die Begebenheiten in dem & dem menschlichen Leben spielen. Letzteres ist an kasuistische Betrachtungen geknüpft. Diese können aussprechen, was in dem & dem menschlichen Leben zählt, sie verweisen nicht darauf, was für diese oder jene Rolle spricht, die eine Begebenheit durch einen Akt der Vergegenwärtigung erhält.

Das ist einer der Gründe, weshalb PHILLIPS (1982) die Behauptung gelingen kann, für Ödipus gelte nicht der Ödipuskomlex.

Und wenn uns ein anschaulicher Fall ein Kasus der Betrachtungsweise ist, dann haben wir zum Beispiel ein Bild von der Ursache; im Falle der SCHILDERschen Kasuistik: wir haben ein Bild von der Allmacht des Kastrationskomplexes.

Nicht darum kann es gehen, durch Sammeln von Fällen die ausgesuchte Sprechweise von einer Ursache als eine geglückte Anwendung des Begriffes Ursache darzustellen. Das gehört zu Modell modellierten Blicken.

Bemerkt, aber nicht eigens betont sei, daß der eingangs erwähnte Name des Autors, der gegen die SCHILDERsche Kasuistik spricht, katachrestisch gebraucht ist: Es lassen sich doch äußerst viele, wenn auch nicht beliebig endlich viele Publikationen nennen, in denen die Benutzung von formalen statistischen Modellen unfraglich als nützlich gilt, um Vermutungen, daß das & das gilt, zu stützen.

Kein Augenmerk wird der Frage nach der Anwendbarkeit von formalen Modellen geschenkt.

Daß eine derartige Frage zu stellen, nicht heißt, Tannenzapfen in den Tannenwald zu tragen, ist hingegen in der Angewandten Mathematischen Statistik ein anerkanntes Diktum:

Too often we use our models for support rather illumination. The passionate believer in non-parametric methods maintains that no assumptions on parameters are permissible, while the complacent accepter of normality declines to worry that non-normality might ever disturb his conclusions. In practice, no model suggested for data will describe them exactly in mathematical terms: either it will make excessive assumptions about a parametric structure, or it will ignore knowledge that cannot be expressed quantitatively. We must always recognize that analysis based upon a model ensures that any probabilistic inference is limited by the model. Formal inference must often be modified or made less rigid in order to take account of inadequacies in the model, and to provide conclusions relevant to the real data rather than to an abstraction. (FINNEY 1974, S.12/S.13)

Aber eine geglückte Anwendung eines formalen Modelles ist keine gelungene Anwendung. Und hierzu gehört auch: eine Anwendung, die einleuchtend ist, ist keine einsichtsvolle Anwendung.

Als eine wenn auch unbeabsichtigte Figur der Ironie hierauf kann nachfolgender Text gelesen werden:

Psychodiagnosis is much more difficult with children than with adults. Children do not have a stable personality structure for which there is either explicit or implicit normative data. The circularity and fluidity in their development is reflected in their test protocols; therefore, the tests tell (somewhat inaccurately) what the child's intelligence, scholastic abilities, and personality traits may be, but they quite frequently fail to show how he actually uses these traits and abilities in a day-to-day situation, or what roles he plays in the family constellation. (LEVINSON 1966, S.81)

Nach gewissen formalen und methodologischen Kriterien mag die Anwendung eines formalen statistischen Modelles geglückt sein. Die Wahl des Modelles ist mithin begründet, und die Anwendung wäre gelungen, wenn die Ausgesuchtheit des Modelles begründbar wäre.

Man kann sich, wie es bei empirischen Untersuchungen von der Stange geschieht, die ihre Daten „statistisch testen", an den hierbei benutzten formalen Prozeduren als Geschenken des Himmels erfreuen. Daß ein solches klandestines Sprechen von einer mathematischen Theorie nicht berechtigt ist, das ist ein weiteres anerkanntes Diktum in der Angewandten Mathematischen Statistik: Wie läßt sich die Anwendung einer formalen Theorie des Statistischen Hypothesentestes begründen?

Dieser Frage zugewandt, schreibt BIRNBAUM (1977):

As Tukey (1960) has emphasized, a conclusion reached in a scientific investigation... requires not only
  (a) statistical evidence of sufficient strength concerning the statistical hypotheses of interest.
In addition the investigator (or community of investigators) must judge
  (b) the adequacy of the mathematical-statistical model, which serves as the conceptual frame of reference for the interpretation of the statistical evidence, to represent the research situation in relevant aspects; and
  (c) the compatibility with other knowledge and evidence of a conclusion that may be supported by statistical evidence provided by current investigation...
These important considerations prevent us from regarding a scientific conclusion as being determined in any simple or exclusive way by the statistical evidence which may support it. (S.26/S.27)

Was Punkt (b) des Zitates anbelangt, sei ein interessierter Leser mit entsprechenden Kenntnissen der Mathematik auf MCKINLAY (1975) verwiesen. Dort mag er nachlesen, was für formale Probleme bestehen, wenn es um die formal statistische Modellkonstruktion von nicht-experimentellen Versuchsplänen geht. Leichtherzig dürften ihm dann würdige Würdigungen der äußerst vielen, wenn auch nicht beliebig endlich vielen Publikationen gelingen, in denen „statistisches Testen" eine unbedachte Praktik ist.

„Statistische Evidenz" ist zunächst ein bloßer Name für die formale Relation der formalen Kenngrößen Fehler 1. Art („α-Fehler") und Fehler 2. Art („β-Fehler") eines Statistischen Hypothesentestes à la mode NEYMAN / PEARSON. In schematischer Darstellung – 'H$_1$' und 'H$_2$' sind Akronyme für die formalen statistischen Hypothesen:

Wahl	(Formal) gültig	
von	H$_1$	H$_2$
H$_1$	$1-\alpha$	β
H$_2$	α	$1-\beta$

Daß die Argumente der formalen Relation „statistische Evidenz", die Wahrscheinlichkeiten α und β, von formalen Parametern wie Stichprobengröße und H$_1$-H$_2$-Abstand („Effektstärke") abhängig sind, gehört von Alters her zur Folklore der Mathematischen Statistik, und ist hier müßig zu betonen, da diese Parameter ex definitione nicht zur „statistischen Evidenz" gehören, auch wenn sie dazu passen.

In der NEYMAN / PEARSON - Theorie sind „Wahl von H$_1$" und „Wahl von H$_2$" formale Abbildungen („statistische Entscheidungsfunktionen"), denen eine Lesemethode vorgegeben wird: wohl definierten Ergebnissen

einer Untersuchung sind eindeutig wohl definierte Verhaltensmuster zugeordnet.

Nun sind diese formalen Abbildungen als Vorgaben des Entscheidens
lesbar geworden.

Für NEYMAN (1953) sind diese lesbar gewordenen formalen Abbildungen „Regeln des induktiven Verhaltens".

Nach Wahl eines Statistischen Experimentes sei $P(x \mid H_1) \leq \alpha$ – die
Wahrscheinlichkeit des formalen Objektes x unter Setzung des statisti-
schen H_1-Modelles. „Regeln des induktiven Verhaltens" könnten dann zum
Beispiel als Vorschrift oder als Maßregel angegeben sein:

⊚ Wenn $P(x \mid H_1) \leq \alpha$, dann setze das statistische H_2-Modell als formal
gültig.

⊚ Wenn $P(x \mid H_1) \leq \alpha$, dann erkläre das statistische H_1-Modell als nicht
formal gültig.

⊚ Wenn $P(x \mid H_1) \leq \alpha$, dann wird die Winterkollektion von Wasser permeablen Regenschirmen nicht ausgeliefert.

Hier ist 'x' die Anzahl der defekten Regenschirme, die wasserdicht sind.
Nachdem die Winterkollektion von Wasser permeablen Regenschirmen
fertiggestellt ist, läßt der Manufakturist diese statistische Qualitätskon-
trolle durchführen.

Für BIRNBAUM (1977, S.28 ff.) sind „statistische Evidenz" und „Regel des
induktiven Verhaltens" zwei „diskrepante theoretische Interpretationen"
ein und derselben mathematischen Theorie, die zu der gängigen Obskurität des Statistischen Hypothesentestes in Theorie und Praxis beitrü-
gen, da „statistische Evidenz" und „Regel des induktiven Verhaltens" im
allgemeinen nicht klar oder gar nicht geschieden würden.

Und wie sähe eine Klärung aus?

An interpretation which would reconcile this apparent discrepancy is to regard
the behavioral interpretation as not intended to apply in a situation of scientific
research in any direct, literal, or concrete sense which would be incompatible with
an evidential interpretation of the 'decisions' in question; but rather intended to
apply in such a situation in a way which is heuristic or hypothetical, serving to
explain the inevitably abstract theoretical meanings associated with the error
probabilities, formal 'decisions' such as 'reject H_1', and evidential interpretation
based on a formal model of a decision problem (test). Thus *hypothetical* behavioral
interpretations may be regarded as playing a role in the inner theoretical core of
the confidence concept. (BIRNBAUM 1977, S.32/S.33)

„Regeln des induktiven Verhaltens" sichern also die Anwendung des formalen Modelles, indem sie anwendbare Möglichkeiten umreißen.

170

Mithin gehören „Regeln des induktiven Verhaltens" als dramaturgische Begriffe zu einer Philosophie der Mathematik, die die Anwendbarkeit eines formalen Modelles von Anwendungsfall zu Anwendungsfall begründen möchte.

Man hat es mit einer Spielart des Trugschlusses Epische Figur zu tun: einen Begriff von der Angemessenheit eines formalen Modelles dadurch erlangen, daß von den formalen Begriffen gesagt wird, wovon sie handeln.

Für NEYMAN (1953) selbst sind „statistische Evidenz" und „Regel des induktiven Verhaltens" nicht zwei „diskrepante theoretische Interpretationen" ein und derselben mathematischen Theorie.

... in planning an experiment, we usually have in mind the verification of a hypothesis $\mathcal{K}$ which is *not a statistical hypothesis*. In order to be able to use the theory of statistics, an experiment is planned and it is postulated that its outcome will determine particular values of some random variables. Regarding these random variables, a statistical hypothesis H is then formulated so as to be intimately related to the nonstatistical hypothesis $\mathcal{K}$. However, H is never identical with $\mathcal{K}$. Finally, the test of H is considered to be in a sense, equivalent to the test of $\mathcal{K}$...
In spite of efforts to achieve a close connection between the primary nonstatistical hypothesis $\mathcal{K}$ and the corresponding statistical hypothesis H, this connection is frequently loose and there is the most unfortunate possibility of one being correct while the other is false. In this case the frequency of correct conclusions regarding the statistical hypothesis tested may be in perfect agreement with the predictions of the power function, but not the frequency of correct conclusions regarding the primary hypothesis $\mathcal{K}$. (NEYMAN 1953, S.290)

Die begriffliche Obskurität der Obskurität, die BIRNBAUM (1977) der Anwendung der NEYMAN / PEARSON - Theorie des Statistischen Hypothesentestes zu bescheinigen versucht, ist unter anderem diese:

„Statistische Evidenz" gehört zu der formalen Beweisfigur statistisches Schließen. Der Übergang von einem statistischen Schluß mit der & der „statistischen Evidenz" zu einer wägbaren Schlußfolgerung, das & das könnte der Fall sein, setzt voraus, daß die Ausgesuchtheit des formalen Modelles begründbar ist: der formalen Beweisfigur entspräche nun eine Argumentationsfigur, durch „Regeln des induktiven Verhaltens" ausgezeichnet.

Zu Modell modelliertem Blick hingegen gehört, daß der formalen Gültigkeit einer statistischen Hypothese eine vermutliche Gültigkeit der Hypothese entspricht.

'Eine der statistischen Hypothese H_1 zugeordnete Hypothese akzeptieren' und 'nach Maßgabe der & der „statistischen Evidenz" die statistische Hypothese H_2 akzeptieren' wären logisch unverträglich, wenn das formale Modell in seiner Ausgesuchtheit begründbar wäre: 'Formale Beweisfigur' und 'Argumentationsfigur' würden zueinander gehören und wären nicht durch eine technisch philosophische Konstruktion – zum Beispiel durch „Regel des induktiven Verhaltens" – miteinander in Beziehung gesetzt.

So aber gelingt diesem Versuch, die Anwendung des Statistischen Hypothesentestes zu begründen, nichts weiter als eine Varietät des Trugschlusses Epische Figur. Und die Stärke des Modell modellierten Blickes, des „statistischen Testens" von Daten als einer Entlehnung des Statistischen Hypothesentestes, ist weiter nichts als der Glaube, daß eine geglückte formale Anwendung eine gelungene Anwendung sein könnte.

Außerhalb der Mathematischen Statistik gibt es vielerlei Unternehmungen in den Sozialwissenschaften, „statistisches Testen" von Daten mehr als nur eine Entlehnung der NEYMAN / PEARSON - Theorie des Statistischen Hypothesentestes sein zu lassen. Als ein locus classicus solcher Unternehmungen kann HAYS' (1969) Lehrbuch der Statistik für Psychologen und andere Sozialwissenschaftler gelten:

... the occurrence of a significant result says nothing at all about the strength of the association between treatment and score. A significant result leads to the inference that some association exist, but in no sense does this means that an important degree of association necessarily exists. Conversely, evidence of a strong statistical association can occur in data even when the results are not significant. (HAYS 1969, S.324)

Als Maßzahl der „Stärke der Verknüpfung zwischen experimentellem Faktor X und abhängiger Variable Y" definiert HAYS (1969, S.325) $\omega^2 := (\sigma_Y^2 - \sigma_{Y|X}^2)\sigma_Y^{-2}$.

Unter mathematischem Gesichtspunkt wäre diese geistige Anstrengung nicht nötig gewesen, denn seit 1905 ist diese Maßzahl als Pearsonsches Korrelationsverhältnis in der Mathematischen Statistik wohl bekannt neben vielen anderen Maßzahlen für statistische Abhängigkeit zweier Zufallsvariablen.

Für Leser mit entsprechenden Kenntnissen der Mathematischen Wahrscheinlichkeitstheorie zum Nachvollzug:

$\langle \Omega, \mathcal{F}, P \rangle$ σ-W-Raum & X, Y reelle $\mathcal{F}$-Zva; '$E^X(Y)$' sei die Zva 'bedingte Erwartung von Y auf X'.

Via bedingter Varianz $V^X(Y) := E^X((Y - E^X(Y))^2)$ ist das Pearsonsche Korrelationsverhältnis η_{YX}^2 definiert als $1 - E(V^X(Y))V^{-1}(Y)$.

Trivialerweise gilt, wobei $M(\mathcal{R}) := \{f \mid f \in \mathcal{R}^{\mathcal{R}}$ & f messbar$\}$:

1. $\eta_{YX}^2 = Kor(Y, E^X(Y))^2$

2. $Kor(X, Y) \leq \eta_{YX}^2$ [wegen $h = \inf_{f \in M(\mathcal{R})} E(Y - f \circ X)^2 \Leftrightarrow h \circ X = E^X(Y)$ P-f.s.]

Für HAYS (1969) selbst hat sich diese Anstrengung gelohnt, die Maßzahl ω^2 außerhalb der öffentlichen Mathematik einzuführen, behauptet er doch (vide S.325), daß ω^2 nur „beinahe identisch" ist mit η^2. Er bleibt jedoch den formalen Aufweis schuldig. Freilich, das muß ja so sein, wenn es mit rechten Dingen im Kleinen zugehen soll: ω^2 ist nun einmal η^2. Stattdessen bietet er als eine Begründung, weshalb ω^2 und η^2 nur „beinahe identisch" sind, ein argumentum ad passiones zugunsten seiner Anstrengung:

So long as the group we are dealing with is, in fact, the population, the two indices ω^2 and $\eta^2_{X \cdot Y}$ are absolutely identical. However, the utility of the correlation ratio is rather limited if one desires more than a descriptive statistic for a sample. This is the reason that the symbol ω^2 has been used to discuss the *population* strength of total association in all of the foregoing: the correlation ratio $\eta^2_{Y \cdot X}$ usually applies only to a sample, and is usually discussed only when both variables X and Y are numerical. Applications of the two different η^2 indices make sense only when the sample is drawn as for a correlation problem. On the other the index ω^2 applies only to a population, and can be discussed even when the independent variable is categorical in character. (HAYS 1969, S.547)

Mathematischer Unfug wär's, das Pearsonsche Korrelationsverhältnis als eine Maßzahl für die formale Gültigkeit des H_1- oder H_2-Modelles beim Statistischen Hypothesentest zu setzen: η^2 gehört nicht zur formalen Theorie des Statistischen Hypothesentestes à la mode NEYMAN / PEARSON. Aber bei der Anwendung dieser formalen Theorie soll diese Maßzahl von Nutzen sein, so jedenfalls HAYS (1969) und viele andere, die ihm darin folgen und für die allesamt zum empirischen Forschen Nutzanwendungen mathematischer Erkenntnisse gehören.

Nur angemerkt sei, daß die Maßzahl ω^2, also η^2, ohne bei diesem Namen genannt zu sein, in der Klassischen Testtheorie der Psychologie eine ganz eigenständige Existenz unter dem Namen „Reliabilität eines Items, eines Tests" führt.

Verschiedene Vorschläge zur rechnerischen Bewältigung des Pearsonschen Korrelationsverhältnisses resümierend, die seit den Tagen von HAYS' ω^2 außerhalb der Mathematik in den Fachliteraturen der Psychologie veröffentlicht wurden, bekennt sich SMITH (1982) zu einer Nutzanwendung von η^2 in diesen Worten:

It should be noted again that although statistical evidence such as measures of variance accounted for provide additional information regarding the relationship between an independent and dependent variable, they, like statistical significance tests, should not be thought of as a sufficient criterion for judging the practical significance of a research study. Only a careful and subjective evaluation of the research findings, using such statistical criteria as evidence, can serve as an adequate vehicle for this judgment. (S.103)

Vor Jahrzehnten bereits hat doch NEYMAN (siehe letztes Zitat von NEYMAN) an statistischen Maßzahlen, die auch noch zur Theorie des Statistischen Hypothesentestes gehören, hervorgehoben: mit solchen Kenngrößen allein ist nicht ein Übergang von der formalen Gültigkeit einer Statistischen Hypothese zu der Gültigkeit der zugeordneten Hypothese begründbar.

Und das ist eben eines der Probleme, ein formales Modell in seiner Anwendbarkeit logisch zu begründen, daß formle Maßzahlen überhaupt keine Bedingungen sind. Ansonsten müßte man sagen können, wovon statistische Maßzahlen handeln, wenn sie keine formalen Größen sind.

Es kann nicht bleiben: Um eine Beziehung zur Anwendung des Statistischen Hypothesentestes herzustellen, müßte η^2 zu den „Regeln des induktiven Verhaltens" gehören. Jetzt hätte man es mit einem weiteren Beispiel für die begriffliche Obskurität derjenigen Obskurität zu tun, die BIRNBAUM (1977) der unbedachten Praxis des Statistischen Hypothesentestes à la mode NEYMAN / PEARSON zu bescheinigen versucht und die 1974 PEARSON in einem unveröffentlichten Kommentar zu BIRNBAUMs Analyse rückblickend beklagt:

... my outlook as a practising statistician would have been what you term evidential. But to build such a structure one had to set out a mathematical theory which led to rules which, on the face of things, suggested a behavioral interpretation.... I think you will pick up here and there in my own papers signs of evidentiality, and you can say now that we or I should have stated clearly the difference between the behavioral and evidential interpretations. Certainly we have suffered since in the way the people have concentrated (to an absurd extent often) on behavioral interpretations... (zitiert nach BIRNBAUM 1977, S.33)

Was jedoch bleibt, ist das: Der Blick auf die numerischen Resultate eines „statistischen Testens von Daten" wird durch eine statistische Relation, von der man eine Anwendung kennt, gestärkt.

Das ist beispielhaft für den Trugschluß Dramatische Figur: Eine formale Struktur weist aus, was der Fall sein könnte.

Solch eine Dramatische Figur gelingt auch SMITH (1982), indem er 'statistische Evidenz η^2' durch 'statistisches Kriterium η^2 als Evidenz' ersetzt – die Dramaturgie der Anwendung eines formalen Begriffes als Dramatischer Figur ist geglückt.

Oder so: Die Anwendbarkeit einer formalen Theorie zu begründen, macht es die begriffsleere Strenge einer formalen Theorie erforderlich, eine begriffsmäßige Beziehung zwischen 'formal geglückter Anwendung' und 'gelungener Anwendung' auszumachen. Die begriffsleere Strenge einer formalen Theorie erlaubt nicht, zu sagen, daß Anwendungen ihrer formalen Resultate durch die formale Theorie gestützt sind. Daß man mit gelungenen Anwendungen einer formalen Theorie, die geglückten formalen Anwendungen musternd, keine Erfahrungen des Gelingens und des Mißlingens sammeln kann, gehört auch hierzu.

Aber eine Dramatische Figur sichert diese begriffsmäßige Beziehung. Man hat nun einen Begriff davon, was der & der formalen Relation in

Wirklichkeit entspricht oder gleichkommt, und die Technik des Deutens, daß es sich so wirklich verhalten könnte, ist durch ein formales Regelwerk unterbaut.

Sicherlich, diese Dramatische Figur hat groteske Züge:

Um die Feuersbrünste in der Stadt einzudämmen, faßt der Stadtrat den Beschluß, die Feuerwehren abzuschaffen, denn die letzten Jahre zeigen, daß sich mit der Vermehrung der Feuerwehren die Feuersbrünste mehren. Rechnerisch mag sich ergeben, daß η^2 der Zufallsvariablen 'Anzahl der Feuersbrünste' und 'Anzahl der Feuerwehren' nahezu 1 ist.

„Durch Partialisierung der Zufallsvariablen zeigt sich, daß kein Zusammenhang zwischen Feuerwehren und Feuersbrünsten besteht." Die Groteske dieser Dramatischen Figur ist, daß eine formale Relation nun dafür steht, was gilt. Und eine technisch philosophische Variante hiervon:

GRÜNBAUM, der sich über viele Jahre und Publikationen hinweg um die Frage kümmert, inwiefern die Psychoanalyse eine Wissenschaft sei, benutzt zur Klärung in einem Aufsatz des Jahres 1990 ein formal statistisches Modell als Argumentationsfigur, das in seine Konstruktion die Frage nach der Anwendbarkeit miteinbezieht.

Es bedürfte gewiß keiner einzigen Veröffentlichung, wenn man fragte, ob die Psychoanalyse eine Wissenschaft genannt werden könnte; und je nach der Gesinnungslage in den einzelnen Gemeinden der Wissenschaftstheoretiker bedürfte es höchstens einer einzigen Veröffentlichung, wenn gefragt würde, ob die Psychoanalyse eine Wissenschaft genannt werden dürfte.

GRÜNBAUM (1990) kritisiert an der Psychoanalyse als Theorie und Therapie, daß kausale Beziehungen zwischen „thematisch verwandten Ereignissen" gefolgert werden, indem man sich auf die Verwandtschaft ihrer thematischen Inhalte beruft. Dieser Trugschluß fände sich zum Beispiel in FREUDs Übertragungstheorie:

An equally unfavorable epistemic judgment applies to the web of causal inferences that were drawn in Freud's theory of transference, which I have articulated. The patient's thematically recapitulatory behavior toward his doctor does not itself show that it is also *pathogenically* recapitulatory! How, for example, does the reenactment, during treatment, of a patient's early conflict show that the original conflict had been at all pathogenic in the first place? Nor does such an etiological inference gain cogency from the fact that the setting for the recapitulation is a bizarre fantasy focused on the analyst. (GRÜNBAUM 1990, S.573)

Und was nach GRÜNBAUM hier ein Trugschluß ist, erläutert er anhand eines Traumbeispieles auf diese Weise:

Evidently, when a house is an element of the manifest dream, the presence of a house theme in the prior day's waking experience does not meet the key requirement for being causally relevant to the presence of a house image in the dream. To put it more precisely, seeing a house on the day before a dream does not divide the class of the day's waking experiences on the prior days into two subclasses, such that the probabilities (or frequencies) of the appearance of a house in the next dream *differ* as between the two subclasses. (S.570)

Dann also ist der Schluß auf eine kausale Verknüpfung zwischen irgendwelchen Dingen kein Trugschluß, wenn die Klasse dieser Dinge in zwei Teilklassen mit unterschiedlichen Auftretenswahrscheinlichkeiten zerlegt werden kann. GRÜNBAUM scheint ein formales Modell zu kennen, das einem in die Lage versetzt, eine formale Relation zu einer gelungenen Kausalerklärung zu nutzen. Nicht weiter beachtet sei, wie in aller Welt man überhaupt die Wahrscheinlichkeiten oder auch Häufigkeiten der Tageserlebnisse einer Person im Wachzustand zu bestimmen hätte. Und um mit dem formalen Modell, das aufweist, wann eine Kausalerklärung gilt, noch näher bekannt zu werden, führt GRÜNBAUM aus:

Breathing is a necessary condition for being paranoid, because you have to be alive to be paranoid, *and* you have to breathe to be alive. Though it is a necessary condition, breathing is surely not causally relevant – within the class of persons – to becoming paranoid rather nonparanoid, since *non*paranoiacs breathe no less than paranoiacs do. In other words, breathing does make a difference to being alive, but not to being paranoid rather than nonparanoid. In the context of dreams as well, a state of type X may be a necessary condition for the occurrence of some sort of state Y, although X is not caussally relevant to Y within the pertinent reference class. If X is to be causally relevant to Y in a reference class C, X must *partition* C into *two* subclasses in which the probabilities or incidences of Y are different from one another. (S.571)

Wie die Zufälligkeiten doch spielen können: auch wenn GRÜNBAUM den eigentlichen Urheber dieses formalen Modelles nicht preisgibt, er ist bekannt.

SALMON (1971) bemängelt an einer gängigen technisch philosophischen Konstruktion, was eine „statistische Erklärung" zu sein habe, daß es nicht auf die „hohe Wahrscheinlichkeit" zwischen „Explanandum" und „Explanans" ankäme. Die formale Relation „statistische Relevanz" sei von Belang:

We do not ask, "Why is this thing yellow?" We ask, "Why is this Bunsen flame yellow?" We do not ask, "Why does this thing disappear?" We ask "Why does this streptococcus infection disappear?" In every case, I think, the question takes the form, "Why is this x which is A also B?" The answer then takes the form, "Because this x is also C." C must be an attribute that is statistically relevant to B within the reference class A. (SALMON 1971, S.51)

„Statistische Relevanz" stellt also sicher, wann eine geglückte Anwendung eine gelungene Anwendung ist. Und „statistische Relevanz" ist folgende Formalie (vgl. SALMON 1971, S.24):

$\langle \Omega, \mathcal{F}, P \rangle$ W-Raum & $\mathcal{F} \ni A, B$ beliebig fest gewählt.

$\mathcal{F} \ni C$ heißt statistisch relevant für B bzgl. $A :\Leftrightarrow P_{A \cap B}(B) \neq P_A(B)$

Hierbei heißen 'A' „Referenzklasse" und 'C', 'B' „Attribute".

Für eine Würdigung der Bemühungen GRÜNBAUMs (1990), die verzerrte Logik der Kausalerklärungen in der Psychoanalyse zurechtzurücken, genügt es, zu bemerken: SALMONs Dramatische Figur der „statistischen Relevanz" gerät unter GRÜNBAUMs Aneignung zu einer Groteske der Dramatischen Figur – „statistische Relevanz" ist nun eine formale Relation der „kausalen Relevanz".

Es bleibt: Nutzanwendungen formaler Modelle beim empirischen Forschen, durch Epische oder Dramatische Figuren gerechtfertigt, sind logisch anstößig, weil formale Modelle versichern, was der Fall sein könnte. Die Ausgesuchtheit eines formalen Modelles erweist sich als ein argumentum ex accidente.

Freilich, das Kökkenmöddingersche dieser Ausführungen zu 'Modell modelliertem Blick' ist nicht zu verkennen, denn die folgende Darstellung eines argumentum ex accidente würde genügt haben, auch wenn sie tatsächlich nicht genügt hätte:

In einem der „Hinz und Kunz" – Gedichte von MATTHIAS CLAUDIUS hätten beide zu gerne gewußt, was es mit der Größe der Sonne auf sich habe.

Hinz und Kunz

Was meinst du, Kunz, wie groß die Sonne sei? –
Wie groß, Hinz? Als ein Straußenei. –
Du weißt es schön, bei meiner Treu!
Die Sonne als ein Straußenei! –
Was meinst du denn, wie groß sie sei? –
So groß, hör, als ein Fuder Heu. –
Wer dächte, daß es möglich sei!
Potz tausend! Als ein Fuder Heu!

Wie die Dinge heutigentags liegen, können durch die treffende Wahl eines formalen Sachverhaltes Hinz und Kunz besänftigt werden: Der Satz von BANACH / TARSKI in der Mathematischen Logik besagt, daß eine in endlich viele Teile zerlegte Erbse sich zu der Größe der Sonne wieder zusammensetzen läßt.

So haben beide nicht unbedingt recht, aber beide sind unbedingt im Recht. Das sichert das gewählte formale Modell.

Literatur

ANDERSEN, H.C. (1982) : Sämtliche Märchen und Geschichten. Gustav Kiepenheuer Verlag, Leipzig.

BIRNBAUM, A. (1977) : The Neyman-Pearson theory as decision theory, and as inference theory; with a criticism of the Lindley-Savage argument for Bayesian theory. Synthese 36: 19-49.

CAMPBELL, D.T.; STANLEY, J.C. (1966) : Experimental and quasi-experimental designs for research. Rand McNally College Publishing Company, Chicago.

COOK, T.D.; CAMPBELL, D.T. (1979) : Quasi-experimentation. Design & analysis issues for field settings. Houghton Mifflin Company, Boston.

CROOKSHANK, F.G. (1926) : Theory of diagnosis. The Lancet 211(2): 939-942; 995-999.

EULER, L. (1986) : Briefe an eine deutsche Prinzessin über verschiedene Gegenstände aus der Physik und Philosophie. Friedr. Vieweg & Sohn, Braunschweig.

FINNEY, D.J. (1974) : Problems, data, and inference. Journal of the Royal Statistical Society, Ser. A 137: 1-22.

GADDA, C.E. (1989) : Adalgisa. Verlag Klaus Wagenbach, Berlin.

GRÜNBAUM, A. (1990) : "Meaning" connections and causal connections in the human sciences: The poverty of hermeneutic philosophy. Journal of the American Psychoanalytic Association 38: 559-577.

HAYS, W.L. (1969) : Statistics. Holt, Rinehart and Winston, London.

HELLER, E. (1977-78) : The dismantling of a marionette theater; or, psychology and the misinterpretaion of literature. Critical Inquiry 4: 417-432.

HORNSBY, J. (1980-81) : Which physical events are mental events? Proceedings of the Aristotelian Society 81: 73-92.

KÄCHELE, H. (1981) : Zur Bedeutung der Krankengeschichte in der klinisch-psychotherapeutischen Forschung. Jahrbuch der Psychoanalyse 12: 118-177.

KÄCHELE, H. (1982) : Ansätze und Ergebnisse psychoanalytischer Therapieforschung. In: BAUMANN, K. et al. (Hg.): Klinische Psychologie. Trends in Forschung und Praxis, Bd.4. Verlag Hans Huber, Bern.

KLEIST, H.v. (s. a.) : Berliner Abendblätter. Nachwort und Quellenregister von Helmut Sembdner. VMA-Verlag, Wiesbaden.

KOHUT, H. (1977-78) : Psychoanalysis and the interpretation of literature: A correspondence with Erich Heller. Critical Inquiry 4: 433-450.

KOHUT, H. (1978-79) : A reply to Margret Schaefer. Critical Inquiry 5: 189-197.

LEVINSON, B.M. (1966) : Some observations on the use of pets in psycho-diagnosis. Pediatrics Digest 8: 81-85.

MCKINLAY, S.M. (1975) : The design and analysis of the observational study – A review. Journal of the American Statistical Association 70: 503-520.

NEYMAN, J. (1953) : First course in probability and statistics. Henry Holt and Company, New York.

PHILLIPS, D.Z. (1982) : What the complex did to Oedipus. In: PHILLIPS, D.Z.: Through a darkening glass. Philosophy, literature, and cultural change. Basil Blackwell, Oxford.

REIK, T. (1929) : Warum verließ Goethe Friederike? Eine psychoanalytische Monographie. Imago 15: 400-536.

SALMON, W.C. (1971) : Statistical explanation. In: SALMON, W.C. (Ed.): Statistical explanation & statistical relevance. With contributions by Richard C. Jeffrey and James G. Greeno. University of Pittsburgh Press, Pittsburgh.

SCHAEFER, M. (1975) : Kleist's "About the puppet theater" and the narcissism of the artist. American Imago 32: 366-388.

SHOPE, R.K. (1971) : Physical and psychical energy. Philosophy of Science 38: 1-12.

SMITH, P.L. (1982) : Measures of variance accounted for: Theory and practice. In: KEREN, G. (Ed.): Statistical and methodological issues in psychology and social science research. Lawrence Erlbaum Associates, Hillsdale.

SOHAR (1932) : Das heilige Buch der Kabbala. Nach dem Urtext herausgegeben von Ernst Müller. Verlag Dr. Heinrich Glanz, Wien.

TUKEY, J.W. (1960) : Conclusions v. decisions. Technometrics 2: 423-433.

WITTGENSTEIN, L. (1964) : Tractatus logico-philosophicus. Logisch-philosophische Abhandlung. Suhrkamp Verlag, Frankfurt am Main.

DIE AUTORINNEN und AUTOREN

Prof. Dr.phil. BOOTHE, BRIGITTE
Abt. Klin. Psych., Psychologisches Institut der Universität Zürich
Schmelzbergstr. 40, CH-8044 Zürich, Schweiz

Dipl.Math. GÜNTHER, PETER K. G., M.A.
Klinik für Psychotherapie und Psychosomatik der Universitätskliniken
und Rheinische Landesklinik Essen
Virchowstr. 174, 45147 Essen

Em. Prof. Dr.med. HEIGL-EVERS, ANNELISE
Johann-Heinrich-Voss-Weg 4, 37085 Göttingen
Rheinische Landesklinik Düsseldorf
Bergische Landtstr. 2, Haus 20, 40629 Düsseldorf

Dipl.Psych. HENNEBERG-MÖNCH, URSULA
Niedenstr.4, 40721 Hilden

Dipl.Psych. Dr.phil. KEMMNITZ, WOLFGANG
Medizinische Hochschule Hannover, Zentrum Öffentliche Gesundheitspfle-
ge, Abt. IV – Allgemeinmedizin
Konstanty-Gutschow-Str. 8, 30625 Hannover

KÖNNECKE, NORBERT
Medizinische Einrichtungen der Universität Düsseldorf, Lehrstuhl für Psy-
chotherapie
Moorenstr. 5, 40225 Düsseldorf

Dr.med. Dr.phil. NAGEL, STEFAN
Varnhagenstr. 40, 40225 Düsseldorf

Dipl.Psych. Dr.phil. NITZSCHKE, BERND
Winkelsfelder Str. 4, 40477 Düsseldorf

Prof. Dr.med. ZEPF, SIEGFRIED
Institut für Klinische Psychotherapie, Universitätskliniken
Haus 2, 66421 Homburg